Robert Grünbaum
Deutsche Einheit

Robert Grünbaum

Deutsche Einheit

Ein Überblick 1945 bis heute

Berlin
Landeszentrale
für politische Bildungsarbeit

BUNDESSTIFTUNG
AUFARBEITUNG

METROPOL

Der Autor:
Dr. Robert Grünbaum, geb. 1967, ist stellvertretender Geschäftsführer der Bundesstiftung zur Aufarbeitung der SED-Diktatur. Veröffentlichungen vor allem zur Geschichte und Politik der Deutschen Demokratischen Republik und zum Themenfeld Deutsche Einheit.

Herausgeber:
Landeszentrale für politische Bildungsarbeit Berlin

Redaktion:
Ferdinand Schwenkner und Dr. Udo Wetzlaugk

ISBN: 978-3-940938-94-7

2., überarbeitete Auflage

Verlagsausgabe Metropol Verlag, Berlin 2010
www.metropol-verlag.de
Druck: MB Medienhaus, Berlin

Printed in Germany 2010

Inhalt

Einleitung

1990 war das letzte Jahr der Deutschen Demokratischen Republik (DDR). Seit dem Fall der Berliner Mauer am 9. November 1989 war alles rasend schnell gegangen. Nicht einmal zwölf Monate sollten bis zur Herstellung der staatlichen Einheit Deutschlands verstreichen. Die Geschwindigkeit wurde von der DDR-Bevölkerung und ihrem Willen zur grundlegenden politischen Veränderung bestimmt. Die scheinbar stabile Herrschaft der Sozialistischen Einheitspartei Deutschlands (SED) mit dem vermeintlich einheitlichen Gefüge von Partei, Staat und Gesellschaft hatte der revolutionären Volksbewegung nichts entgegenzusetzen; die DDR brach wie ein Kartenhaus zusammen. Binnen kurzer Zeit entstand auf deren Gebiet ein völlig anderes Gesellschaftssystem, gegründet auf der parlamentarischen Demokratie und geprägt von der sozialen Marktwirtschaft.

Wer dieses Jahrhundertereignis nur ein Jahr zuvor prophezeit hätte, wäre als politischer Träumer bezeichnet worden. So erschien vielen Deutschen die plötzlich möglich gewordene nationale Einheit als ein Geschenk des Himmels. Vor allem aber dem Mut und der Entschlossenheit vieler Menschen in der DDR ist es zu verdanken, dass das scheinbar Unmögliche wahr wurde. Die Friedliche Revolution beendete die deutsche Teilung. Erfüllt war dadurch der in der Präambel des Grundgesetzes formulierte Auftrag an das gesamte deutsche Volk, »in freier Selbstbestimmung die Einheit und Freiheit Deutschlands zu vollenden«.

Dieser Prozess ist ein herausragendes Ereignis der deutschen Geschichte mit weltpolitischen Dimensionen. Er bereitete nicht nur der zweiten deutschen Diktatur des 20. Jahrhunderts ein Ende. Indem er sich in die Reihe der Revolutionen einreihte, die zum vollständigen Zusammenbruch der kommunistischen Staatenwelt Mittel- und

Osteuropas führten, zog er auch einen Schlussstrich unter den internationalen Ost-West-Konflikt.

Im Gegensatz zu den separatistischen Bestrebungen in den früheren kommunistischen Staaten des Ostens (Sowjetunion, Tschechoslowakei, Jugoslawien), die schließlich zur Gründung neuer Staaten führten, vollzog sich in Deutschland der Zusammenschluss zweier Teile zu einem einheitlichen Ganzen. Nie zuvor in der Geschichte sind zwei Systeme mit so gegensätzlichen politischen, wirtschaftlichen, sozialen und gesellschaftlichen Strukturen derart schnell zusammengefügt worden. Nach jahrzehntelanger Blockade kam die deutsche Einheit so blitzartig, dass manche der dramatischen Stationen dieses Weges heute schon fast in Vergessenheit geraten sind. Darum soll eine Analyse von Ursachen, Rahmenbedingungen und Verlauf des historischen Wandels der Jahre 1989 und 1990 vorgenommen werden. Einer knappen Skizze der geschichtlichen Voraussetzungen seit dem Zweiten Weltkrieg folgen die weithin am zeitlichen Verlauf orientierten Hauptentwicklungslinien der Friedlichen Revolution sowie der Politik zur deutschen Einheit. Im Mittelpunkt stehen die Ereignisse in Ost und West sowie die innen- und außenpolitischen Entwicklungen, die die deutsche Zweistaatlichkeit nach über vierzig Jahren beendeten. Abgeschlossen wird die Darstellung mit den Stationen des Weges und der Art der Vereinigung sowie Betrachtungen zur Situation des vereinten Deutschland.

Deutsche Frage in der nationalen und internationalen Politik seit 1945

Nachkriegszeit

Die Teilung Deutschlands war nur mittelbar eine Folge des verlorenen Krieges. Unmittelbar war sie eine Folge der Gegensätze zwischen den westlichen Alliierten und der östlichen Siegermacht. Mit dem Verschwinden des weltpolitischen Ost-West-Gegensatzes stand auch die deutsche Zweistaatlichkeit zur Disposition.

Der Zweite Weltkrieg endete am 8. Mai 1945 mit der vollständigen Niederlage des nationalsozialistischen Regimes. Deutschland hörte auf, ein handlungsfähiges staatliches Gemeinwesen zu sein. Die maßgeblichen Entscheidungen fällten von nun an die alliierten Siegermächte. Doch die Vereinigten Staaten von Amerika, die Sowjetunion, Großbritannien und Frankreich verfolgten jeweils eigene deutschlandpolitische Ziele. Ihre unterschiedlichen Ansichten und Interessen bestimmten in hohem Maß die Nachkriegsordnung.

Die Siegermächte teilten das besetzte Deutschland in vier Zonen und das besondere Gebiet Berlin auf. In den Zonen hatte die jeweilige Besatzungsmacht allein die oberste Gewalt inne und gab die politische Richtung vor. Als gemeinsames Kontrollorgan errichteten die Alliierten den mit den vier Oberbefehlshabern der Zonen besetzten Alliierten Kontrollrat mit Sitz in Berlin. Zur gemeinsamen Verwaltung Berlins wurde als interalliierte Regierungsbehörde eine Alliierte Kommandantur geschaffen. Die Viermächte-Stadt galt trotz der Einteilung in Sektoren als zonale Einheit, in der die Sieger des Zweiten Weltkrieges die oberste Verantwortung zusammen trugen und jede Macht gleiche Rechte besaß. Der besondere, bis 1990 geltende Status, die geografische Lage und die politische Entwicklung machten Berlin zum bevorzugten Ort der Auseinandersetzung zwischen Ost und West.

Auf der Potsdamer Konferenz im Schloss Cecilienhof im Sommer 1945 bestimmten die Regierungschefs der drei alliierten Siegermächte (v. li. n. re.) Winston Churchill (Großbritannien), Harry S. Truman, (Vereinigte Staaten) und Josef W. Stalin (Sowjetunion) die Grundsätze einer Nachkriegsordnung für Europa und Deutschland.

Stichwort
Potsdamer Konferenz

Auf der Potsdamer Konferenz vom 17. Juli bis 2. August 1945 legten die Regierungschefs der Vereinigten Staaten (Harry S. Truman), Großbritanniens (Winston Churchill und seit 28. Juli Clement Attlee) und der Sowjetunion (Josef W. Stalin) die Grundsätze für die Besatzungspolitik in Deutschland fest, denen sich Frankreich kurz darauf unter Vorbehalten anschloss. Man einigte sich auf eine Entmilitarisierung, Entnazifizierung, Dezentralisierung und wirtschaftliche Entflechtung Deutschlands sowie auf eine Neuordnung von Justiz, Bildungswesen und kommunaler Selbstverwaltung. Zugleich wurde das nördliche Ostpreußen unter sowjetische Verwaltung gestellt und die Oder-Neiße-Linie bis auf Weiteres als Polens Verwaltungsgrenze bestimmt. Ein Rat der Außenminister der fünf Hauptmächte (Vereinigte Staaten, Großbritannien, Frankreich, Sowjetunion, China) mit Sitz in London wurde errichtet, um eine friedliche Regelung für Deutschland vorzubereiten. Das Schlussprotokoll der Konferenz (»Potsdamer Abkommen«) ging trotz der Einteilung in Besatzungszonen von der wirtschaftlichen Einheit Deutschlands aus.

Deutschlandpolitik der Alliierten

Trotz gemeinsamer Festlegungen zeigte die Praxis sehr bald, dass sich die ungleichen Siegermächte nicht auf eine einheitliche Besatzungspolitik verständigen konnten. Hintergrund der wachsenden Streitigkeiten zwischen Ost und West waren in erster Linie Bestrebungen der Sowjetunion, die osteuropäischen Staaten und die Sowjetische Besatzungszone (SBZ) ihrem kommunistischen Gesellschaftssystem anzupassen und von sich abhängig zu machen, während die Westmächte in ihren Zonen eine freiheitlich-demokratische Gesellschaftsordnung förderten. In Deutschland führte der sowjetische »Okkupationssozialismus«, wie ihn der Journalist und DDR-Kenner Karl Wilhelm Fricke nennt, zu Meinungsverschiedenheiten unter den Alliierten, zunächst über wirtschaftliche Fragen, die Struktur und Unabhängigkeit der neu entstehenden Parteien sowie über die Errichtung einer deutschen Zentralverwaltung.

Der Alliierte Kontrollrat für Deutschland konnte angesichts der Differenzen kaum sinnvoll handeln. 1948 zog sich die Sowjetunion sowohl aus diesem Gremium (März) als auch aus der Alliierten Kommandantur Berlin (Juni) zurück. Sie beendete die gemeinsame Arbeit dieser Institutionen auch formell und lähmte den überzonalen Mechanismus vollends. Mit der sowjetischen Blockade West-Berlins seit Juni 1948 erreichte der auf dem Ost-West-Gegensatz beruhende Kalte Krieg einen ersten Höhepunkt. Auf die Sperrung sämtlicher Zufahrtswege zu Land und Wasser zwischen den Westzonen und West-Berlin reagierten die Westmächte mit einer Luftbrücke. Durch diese Hilfsaktion und den Durchhaltewillen der Berliner konnte der Angriff auf die Freiheit der Stadt erfolgreich abgewehrt werden.

Gründung der Bundesrepublik Deutschland und der DDR

Die Ostzone und die Westzonen entwickelten sich politisch und wirtschaftlich weiter auseinander. Es trat immer offener das Bestreben der beiden Großmächte, Vereinigte Staaten und Sowjetunion, zutage, die eigenen politischen Ordnungsvorstellungen entschlossen umzusetzen. Das Ergebnis war die Entstehung der beiden deutschen Staaten. Unter Hervorhebung des provisorischen Charakters der Staatsbildung verabschiedete der Parlamentarische Rat der Westzonen am 8. Mai 1949 das von ihm im Auftrag der Alliierten ausgearbeitete Grundgesetz. Am 23. Mai wurde es verkündet und so die Bundesrepublik Deutschland ins Leben gerufen. Die Leitlinie zur deutschen Frage legte die Präambel dieser

Auf der feierlichen Abschlusssitzung des Parlamentarischen Rates im Bonner Zoologischen Museum König am 23. Mai 1949 erfolgt die Ausfertigung und Verkündigung des Grundgesetzes. Mit Inkrafttreten des Gesetzes am folgenden Tag war die Bundesrepublik Deutschland gegründet.

Anlässlich der am 7. Oktober 1949 gegründeten DDR lässt die FDJ-Führung am Abend des 11. Oktober in Ost-Berlin zweihunderttausend Jugendliche aufmarschieren.

Verfassung fest: »Das gesamte Deutsche Volk bleibt aufgefordert, in freier Selbstbestimmung die Einheit und Freiheit Deutschlands zu vollenden.« Diese Vorgabe hatten alle Bundesregierungen in ihrer Deutschland- und Außenpolitik zu berücksichtigen. Am 7. Oktober 1949 konstituierte sich der 2. Deutsche Volksrat in der Sowjetischen Besatzungszone als Provisorische Volkskammer und verabschiedete eine Verfassung. Dadurch war nach langer Vorbereitung die Gründung der DDR vollzogen. Deutschland sollte mehr als vierzig Jahre geteilt bleiben.

Kalter Krieg

Aufgrund seiner Lage in der Mitte Europas bildete Deutschland das Hauptfeld des Ost-West-Gegensatzes. Von einer eigenständigen Deutschlandpolitik konnte anfangs keine Rede sein. Wie sich zeigte, war die Teilung durch die Zonen der Besatzungsmächte politisch-territorial vorgegeben. Die Entstehung eines westlich orientierten deutschen Teilstaates aus den drei Westzonen ging weit mehr auf die Initiative der Alliierten zurück als auf die Vorstellungen westdeutscher Politiker. Doch erlangte die Bundesrepublik durch freie Wahlen sogleich eine demokratische Legitimation. In der Sowjetischen Besatzungszone und dann in der DDR hingegen galt allein der sowjetische Wille. Den Ostdeutschen wurde die kommunistische Diktatur aufgezwungen.

Westintegration

Schwerpunkt der frühen bundesdeutschen Außenpolitik war die Westintegration. Im Vordergrund stand die Überlegung des ersten Bundeskanzlers Konrad Adenauer, Westdeutschland vor einer weiteren Ausdehnung des sowjetischen Einflusses zu bewahren und schrittweise die Souveränität des westdeutschen Staates zu erlangen. Von dieser sicheren Basis aus, so die Annahme, sollte dann das Problem der Teilung lösbar sein: »Wiedervereinigung in Freiheit« lautete die Formel. Daraus ergab sich der politische Wille, die Bundesrepublik in das westliche Bündnissystem mit seiner freiheitlichen Gesellschaftsform einzubinden.

In knapp sechs Jahren legte Adenauers Außenpolitik die Fundamente für die Westorientierung der Bundesrepublik Deutschland: durch den Beitritt zum Europarat (1951), zur Montanunion (1952), zur North Atlantic Treaty Organization (NATO, 1955) und vor allem durch die Pariser Verträge (1955). Durch dieses Vertragswerk wurde das Besatzungsstatut aufgehoben und die Bundesrepublik in die (durch alliierte Vorbehalte und Rechte) eingeschränkte Souveränität entlassen. Darüber hinaus bekannten sich die westlichen Alliierten zum Ziel der Wiedervereinigung

Deutschlands. Die geglückte Westintegration war Grundlage und Maßstab der Politik der folgenden Bundesregierungen.

Ostintegration

Von Beginn an fügte die Sowjetunion die DDR fest in ihren Machtbereich ein. Entsprechend schnell schritt die Integration der DDR in den Ostblock voran. 1950 wurde sie Mitglied des Rates für Gegenseitige Wirtschaftshilfe (RGW), der von der Sowjetunion als Gegenstück zu den westlichen Wirtschaftsorganisationen geschaffen worden war. Der Warschauer Pakt, das östliche Militärbündnis, nahm die DDR 1955 auf. Im September 1955 schließlich gestand Moskau dem ostdeutschen Teilstaat vertraglich Souveränität zu. Hierbei handelte es sich jedoch nur um eine formale Deklaration, die ohne politische Bedeutung blieb.

Stichwort RGW

Der Rat für Gegenseitige Wirtschaftshilfe wurde 1949 als Reaktion auf die amerikanischen Hilfeleistungen des Marshallplans (European Recovery Program, ERP) für Westeuropa als Wirtschaftsorganisation der Ostblockstaaten von der Sowjetunion und Bulgarien, Ungarn, Polen, Rumänien und der Tschechoslowakei gegründet. Als weitere Mitglieder folgten später Albanien, DDR, Mongolei, Kuba, Vietnam und als teilassoziiertes Mitglied Jugoslawien. Der RGW diente der wirtschaftlichen Integration der sozialistischen Staaten und sollte den beteiligten Ländern ein Äquivalent für den zunehmend eingeschränkten Handel mit den westlichen Staaten bieten. Dafür fehlten der Sowjetunion jedoch die ökonomischen Ressourcen. Es gelang weder, eine gemeinsame konvertible Währung zu schaffen, noch eine überstaatliche gemeinsame Wirtschaftsplanung einzuführen. Nachdem am 1. Januar 1991 infolge des politischen Umbruchs in Osteuropa das bis dahin übliche Verrechnungssystem, das durch bilateralen Waren- und Dienstleistungsaustausch sowie politisch bestimmte Produktpreise beherrscht war, durch den Übergang zur Zahlung mit frei umtauschbaren Währungen abgelöst worden war, löste sich der RGW im Juni 1991 auf.

Stichwort Warschauer Pakt

Der Warschauer Pakt war das 1955 in Warschau als Gegenstück zur NATO gegründete Militärbündnis der sozialistischen Staaten Europas (Bulgarien, Polen, Rumänien, Tschechoslowakei, Ungarn, DDR und bis 1968 Albanien) unter Führung der Sowjetunion. Es handelte sich nicht um ein Bündnis gleichberechtigter Partner, sondern in erster Linie um ein Instrument der sowjetischen Kontrolle über Osteuropa. Deshalb diente das Bündnis auch zur Koordinierung der Außenpolitik der Mitgliedsländer und, wenn für notwendig erachtet, zur Disziplinierung unbotmäßiger Vertrags-Partner (Ungarn 1956, Tschechoslowakei 1968). Durch die revolutionären Umwälzungen in den osteuropäischen Ländern und das Ende des Ost-West-Gegensatzes verlor der Warschauer Pakt seine Funktion nach innen und außen und löste sich am 1. Juli 1991 auf.

Mit der Einbeziehung der beiden Länder in die gegensätzlichen Machtblöcke war die Teilung Deutschlands 1955 festgeschrieben. Der Westintegration und der Containment Politik der Westmächte, einer »Eindämmungs«-Strategie gegen sowjetische Expansionsabsichten, setzte die Sowjetunion 1952 ein Konzept der Neutralisierung ganz Deutschlands entgegen. Auf die Verschärfung des Kalten Krieges reagierten die Vereinigten Staaten unter Präsident Dwight D. Eisenhower mit der »Rollback-Konzeption« und die Sowjetunion unter Nikita S. Chruschtschow mit der Zwei-Staaten-Theorie für Deutschland. Während die Amerikaner das Ziel propagierten, den Kommunismus zurückdrängen zu wollen, entwickelte Moskau die These von der Existenz zweier gleichberechtigter Staaten in Deutschland, um zunächst den Status quo zu festigen.

Adenauers Deutschlandpolitik

Die Entwicklungen wurden von den Regierungen der Bundesrepublik und der DDR jeweils mitgetragen, und das Klima zwischen West- und Ostdeutschland wurde in hohem Maß von dem Verhältnis zwischen den Vereinigten Staaten und der Sowjetunion bestimmt. Dabei verfügte die Bundesregierung bald über ungleich mehr Spielraum als die DDR. Entschieden vertrat sie die nach dem Staatssekretär im Auswärtigen Amt Walter Hallstein benannte »Hallstein Doktrin« (1955), wonach die Bundesrepublik gegenüber der DDR das alleinige Recht zur internationalen Vertretung Deutschlands besaß. Die Aufnahme diplomatischer Beziehungen eines Landes mit der DDR wurde als unfreundlicher Akt betrachtet, der zum Abbruch der Beziehungen führen konnte. Auf diese Weise gelang über ein Jahrzehnt hinweg die weitgehende diplomatische Isolierung der DDR. Allgemein verfolgte Adenauer eine »Politik der Stärke«. Dem Konzept lag die Annahme zugrunde, ein starker Westen mit einer politisch stabilen und ökonomisch erfolgreichen Bundesrepublik könne durch seine Attraktivität wie ein Magnet auf die DDR wirken und dank seiner Überlegenheit östliche Zugeständnisse in der Vereinigungsfrage bewirken.

Allerdings erschwerte die strikte Nichtanerkennung eine flexible Außenpolitik. Hinzu kamen Differenzen mit den Verbündeten, setzten doch namentlich die Vereinigten Staaten unter Präsident John F. Kennedy angesichts des »atomaren Patts« seit Anfang der sechziger Jahre auf weltpolitischen Ausgleich bei gegenseitiger Tolerierung der Einflusssphären. Modifizierungen der Adenauerschen Außen- und Deutschlandpolitik durch seine Nachfolger lagen darum nahe.

Deutschlandpolitik der DDR

Die DDR vertrat in ihrer Frühphase ebenfalls einen gesamtdeutschen Anspruch. Allerdings sollte im Verständnis der SED eine Wiedervereinigung zu den eigenen Bedingungen, unter sozialistischen Vorzeichen, erfolgen. Unbeschadet der propagandistischen Bekenntnisse zur Einheit praktizierte sie seit den fünfziger Jahren zunehmend eine Strategie der Abgrenzung, wie beispielsweise im innerdeutschen Reiseverkehr. Das kommunistische Regime versuchte, die Zahl unkontrollierter persönlicher Begegnungen der Menschen in Ost und West Deutschland so weit wie möglich zu verringern.

Auch im Innern schlug die SED einen einheitsfeindlichen Kurs ein. Nachdrücklich wirkte sie an der Sowjetisierung des politischen, wirtschaftlichen und gesellschaftlichen Systems mit. Die Macht lag allein in den Händen der alles beherrschenden SED. Es gab keine freien Wahlen, keine grundlegenden Menschen- und Bürgerrechte. Nach sowjetischem Vorbild wurde die sozialistische Zentralverwaltungswirtschaft eingeführt.

Die Deutschlandpolitik der SED entpuppte sich als Wiedervereinigungspropaganda; am Fernziel Vereinigung hielt die Partei lediglich aus Rücksicht auf die Wünsche und Befindlichkeiten der Bevölkerung fest. Die Entwicklung in der DDR führte indessen zu wachsender Unzufriedenheit. Hunderttausende flohen in den Westen. Die kargen Lebensverhältnisse und staatliche Repressionsmaßnahmen verstärkten den Unmut der Menschen mehr und mehr.

Volksaufstand vom 17. Juni 1953

Normerhöhungen in der Industrie und der Bauwirtschaft lösten Proteste der Berliner Bauarbeiter am 16. und 17. Juni 1953 aus, die auf das Gebiet der gesamten DDR übersprangen. Die ursprünglich wirtschaftlichen Forderungen entwickelten sich schnell zu politischen, wie nach dem Rücktritt der Regierung, der Ablösung von SED-Parteichef Walter Ulbricht, freien Wahlen und schließlich auch nach der deutschen Einheit. Die SED-Führung war dieser Situation nicht gewachsen. Sie verlor die Kontrolle, und sowjetische Truppen mussten den Volksaufstand niederschlagen. Um jedes Risiko eines Krieges zu vermeiden, griffen die Westmächte in das Geschehen nicht ein. Sie beschränkten sich auf schriftliche Proteste.

Mauerbau am 13. August 1961

Sollten trotz der restriktiven Politik der DDR Hoffnungen auf ein Ende der Zweistaatlichkeit in absehbarer Zeit fortbestanden haben, so wurden sie am 13. August 1961 mit dem Bau der Berliner Mauer nachhaltig zerstört. Von diesem Tag an schien die Teilung Deutschlands unwiderruflich

Ost-Berliner Grenzanlagen an der Bernauer Straße, 1972: Nach Absperrung der Grenzen zur Bundesrepublik (einschließlich West-Berlin) am 13. August 1961 hat die SED-Führung im Lauf der Jahre den Grenzgürtel zur undurchdringlichen Mauer ausgebaut.

---

zu sein. Mit dem Mauerbau gestand die DDR das Scheitern ihrer Politik ein, die darauf abgezielt hatte, eine von der Bevölkerung anerkannte sozialistische Gesellschaftsordnung zu errichten, die dem Westen überlegen gewesen wäre. Gescheitert war aber auch die Hoffnung der Bundesrepublik, durch eine »Politik der Stärke« die DDR aus dem Ostblock herauslösen und so die Wiedervereinigung erreichen zu können. Wie am 17. Juni 1953 respektierten die drei Westalliierten auch 1961 die sowjetische Machtsphäre und schritten nicht ein. Man kam zu der bitteren Erkenntnis, dass es einen schnellen Weg zur deutschen Einheit nicht geben würde. Der Mauerbau hatte die deutsche Teilung buchstäblich zementiert.

Stichwort Mauer

Unter der Mauer im engeren Sinn versteht man die Befestigungsanlagen an der Grenze der DDR und Ost-Berlins gegenüber dem Westteil Berlins, die seit dem 13. August 1961 von der DDR errichtet wurden. Der laut SED-Terminologie »antifaschistische Schutzwall« mit einer Gesamtlänge von hundertfünfundfünfzig Kilometern wurde in der Folgezeit mit einem Aufwand von Milliarden an Mark zu einer fast unüberwindlichen Mauer ausgebaut. Im weiteren Sinn konnte die gesamte innerdeutsche Grenze mit einer Länge von eintausenddreihundertdreiundneunzig Kilometern als Mauer gelten. Die innerdeutsche Grenze wurde je nach Örtlichkeit mit einer Betonplattenwand und einem Metallgitterzaun, einem Kontrollstreifen (»Todesstreifen«) sowie Stacheldrahthindernissen, Sperrgräben, Stolperdrähten, optischen und elektrischen Warnanlagen, Minenfeldern, Schutzbunkern, Hundelaufanlagen und zeitweise auch Selbstschussanlagen gesichert und von etwa fünfundvierzigtausend Mann Grenztruppen bewacht. Bei Fluchtversuchen galt der Schießbefehl. Allein an der Berliner Mauer kamen zwischen 1961 und 1989 nachweislich mindestens hundertsechsunddreißig Menschen ums Leben. Insgesamt starben mehrere hundert Menschen bei Fluchtversuchen an den westlichen Grenzen der DDR.

In den folgenden Jahren verstärkten die SED-Machthaber ihre Bemühungen um internationale Anerkennung und Eigenstaatlichkeit. Zugleich wurde die Abgrenzungspolitik gegenüber Westdeutschland vorangetrieben. Der Parteichef und Staatsratsvorsitzende Walter Ulbricht betonte immer wieder, die DDR sei der einzig legitime deutsche Staat. 1967 verabschiedete die Volkskammer ein Gesetz über eine eigene DDR-Staatsbürgerschaft. In der neuen Verfassung von 1968 schließlich bezeichnete sich die DDR als »sozialistischer Staat deutscher Nation«.

Entspannungspolitik und achtziger Jahre

Der Regierungswechsel in Bonn 1969 von der Großen zur sozialliberalen Koalition unter Bundeskanzler Willy Brandt führte zu einem grundlegenden Kurswechsel in der Ost- und Deutschlandpolitik der Bundesrepublik. Die neue Regierung begriff das Ziel der Wiedervereinigung nunmehr als langfristiges Ergebnis einer Entspannung in Europa. Der Aussöhnung mit dem Westen sollte der Ausgleich mit dem Osten folgen. Brandt sah sich mit dieser Politik im Einklang mit den Vereinigten Staaten, die sich weiterhin um eine globale Entkrampfung der Beziehungen zur anderen Weltmacht bemühten. Angesichts des Gleichgewichts beider Militärblöcke standen Probleme der Abrüstung und Sicherheit im Mittelpunkt der Gespräche mit der Sowjetunion. Für die Amerikaner rückte die Lösung der deutschen Frage an den Rand des Interesses. Da ein »Gleichgewicht des Schreckens« die Weltpolitik bestimmte, akzeptierte der Westen den Status quo.

Ergebnisse der neuen westdeutschen Ostpolitik waren 1970 zunächst der Moskauer und der Warschauer Vertrag. Auf der Grundlage des Gewaltverzichts wurde in den Vereinbarungen mit der Sowjetunion und Polen die Unverletzlichkeit der europäischen Grenzen erklärt. Die allgemeine Entspannungspolitik ermöglichte schließlich das Viermächte-Abkommen über Berlin vom September 1971. Darin regelten die vier Siegermächte des Zweiten Weltkriegs erneut ihre Beziehungen in und gegenüber Berlin sowie die Lage der geteilten Stadt. Das Abkommen bestätigte die Rechte und Verantwortlichkeiten der vier Mächte unter Wahrung ihrer unterschiedlichen Positionen und legte fest, dass die bestehende Lage nicht einseitig verändert werden dürfe. Schrieb das Abkommen auf politischer Ebene den Zustand fest, so bestätigte es die Bindungen an die Bundesrepublik und brachte eine Reihe von Erleichterungen und praktischen Verbesserungen, wie Änderungen im Transit- und Reiseverkehr.

Grundlagenvertrag

In der DDR war im Mai 1971 Walter Ulbricht durch Erich Honecker abgelöst worden. Der Machtwechsel lag auch in der Tatsache begründet, dass der alte Parteichef mit seiner starren Haltung in der Berlin- und Deutschlandpolitik der Entkrampfung zwischen Moskau und Bonn und einer Entspannung des Ost-West-Verhältnisses im Weg stand. Honecker dagegen unterstützte die sowjetische Politik uneingeschränkt und handelte selbst. So konnte dem Viermächte-Abkommen der Grundlagenvertrag von 1972 folgen. Unterhalb einer völkerrechtlichen Anerkennung regelte er die Beziehungen zwischen der Bundesrepublik und der DDR.

Unbeschadet innenpolitischer Auseinandersetzungen in der Bundesrepublik, ob und inwieweit er einen Widerspruch zum Wiedervereinigungsgebot des Grundgesetzes darstelle, unbeschadet auch der Auslegung durch die SED, die aus dem Vertrag eine volle Anerkennung der DDR ableitete, sah die Bundesrepublik in ihm eine Möglichkeit, um über eine de facto-Anerkennung der DDR als Staat »in Deutschland« bilaterale Einzelfragen klären zu können und so eine graduelle Normalisierung des zwischenstaatlichen Verhältnisses und Regelungen im Interesse der Menschen zu erreichen. Der westdeutsche Vertragspartner vermied die völkerrechtliche Anerkennung der DDR, um so die deutsche Frage weiter offen zu halten.

Von der Spaltung Deutschlands als vorerst unabänderlicher Tatsache ausgehend, meinte die Regierung Brandt ebenso wie später die Regierung Schmidt, nicht eine Politik der Nichtanerkennung, sondern eine Intensivierung der innerdeutschen Kontakte würde dem nationalen Zusammenhalt dienen, die Situation für die Menschen im geteilten Deutschland erträglicher machen und die Wiedervereinigung in vielen kleinen Schritten erreichbarer werden lassen. Man setzte auf den viel

Bundeskanzler Helmut Schmidt im Gespräch mit dem Ersten Sekretär (ab 1976 Generalsekretär) des Zentralkomitees der SED Erich Honecker am 30. Juli 1975 auf der Abschlusssitzung der KSZE-Konferenz in Helsinki.

---

zitierten »Wandel durch Annäherung«, dessen Ausdruck der Grundlagenvertrag war. Erleichterungen für die DDR-Bevölkerung sollten nicht gegen das SED-Regime, sondern in Zusammenarbeit mit ihm erreicht werden.

Internationale Anerkennung der DDR

Der außenpolitische Handlungsspielraum und das internationale Gewicht der Bundesrepublik vergrößerten sich durch den Abschluss der Ostverträge und des Grundlagenvertrags erheblich. Die Deutschlandpolitik der Westalliierten konzentrierte sich auf Berlin-Fragen und betraf kaum mehr Deutschland als Ganzes. Der DDR gelang international der Durchbruch: Einhundertdreiundzwanzig Staaten (einschließlich der drei Westalliierten) erkannten sie völkerrechtlich an. 1973 wurden beide Staaten Mitglieder der Vereinten Nationen und nahmen 1975 an der Konferenz über Sicherheit und Zusammenarbeit in Europa (KSZE) gleichberechtigt teil. Die innerdeutschen Beziehungen verdichteten sich zunehmend, wie mehr als dreißig Abkommen zwischen der Bundesrepublik und der DDR von 1972 bis 1989 auf den verschiedensten Gebieten belegten.

Abgrenzungspolitik der SED

Das SED-Regime unter Honecker setzte gegenüber der Bundesrepublik jedoch bald wieder verstärkt auf Abgrenzung. Denn der Preis, den die Staats- und Parteiführung für die staatliche Aufwertung zu entrichten hatte, waren die vermehrten zwischenmenschlichen Kontakte und die Verpflichtung auf das Völkerrecht. Sie leugnete daher den Fortbestand der einheitlichen deutschen Nation; stattdessen kennzeichnete die These von den »Zwei Staaten – zwei Nationen« ihre Politik. Die SED-Führung versuchte, die Nation als wichtiges Bindeglied der Deutschen politisch zu eliminieren und künstlich eine eigene DDR-Identität zu begründen. Sie bezeichnete die Bundesrepublik Deutschland als Ausland und forderte, aus der faktischen Existenz zweier deutscher Staaten rechtliche Konsequenzen zu ziehen. 1974 entfernte sie alle gesamtdeutschen Bezüge aus der Verfassung. Das Wort »deutsch« verschwand weitgehend aus dem offiziellen Sprachgebrauch. Reisen in den Osten wurden 1980 durch die drastische Erhöhung des Zwangsumtauschs für Besucher aus dem Westen behindert.

> Das Bemühen der SED-Führung, im Bewusstsein ihrer Bürger eine eigene DDR-Identität aufzubauen, war vergeblich. Der Osteuropa-Experte Gerhard Wettig beschreibt die Folgen:
> »Da der Versuch scheiterte, der ostdeutschen Bevölkerung das Bewußtsein einer eigenen, von den ›kapitalistischen‹ Landesteilen im Westen getrennten ›sozialistischen‹ Nation zu vermitteln, blieb die Gesellschaft der DDR auf westdeutsche Verhältnisse und westdeutsche Vorstellungen fixiert. Damit war das Land aufgrund der gemeinsamen Kultur und Geschichte weiterhin anfällig für Werte und Normen aus der Bundesrepublik, die angesichts des von außen aufgezwungenen Charakters des kommunistischen Regimes weithin als das eigentliche Deutschland galt.«
> (Gerhard Wettig, Niedergang, Krise und Zusammenbruch der DDR. Ursachen und Vorgänge, in: Die SED-Herrschaft und ihr Zusammenbruch, hrsg. von Eberhard Kuhrt, Hannsjörg F. Bück und Gunter Holzweißig, Opladen 1996, Seite 391.)

Höhepunkt dieser Entwicklung waren 1980 Honeckers »Geraer Forderungen«. Weitere Fortschritte in den Beziehungen zwischen Ost- und Westdeutschland sollte es demnach nur geben bei Anerkennung der DDR-Staatsbürgerschaft, Umwandlung der Ständigen Vertretungen in Botschaften, Festlegung der Elbe-Grenze auf die Flussmitte und Auflösung der Zentralen Erfassungsstelle für DDR-Unrecht in Salzgitter. Mit diesen Maximen, die bis 1989 in Kraft blieben, wollte die SED den Grundlagenvertrag revidieren und die Spaltung Deutschlands dauerhaft besiegeln. Andererseits war – angesichts sich verschärfender Ost-West-Spannungen Anfang der achtziger Jahre (so der sowjetische Einmarsch in Afghanistan und der NATO-Doppelbeschluss im Dezember 1979) – auch die Führung der DDR darum bemüht, Auswirkungen der internationalen

Konflikte auf das innerdeutsche Verhältnis zu begrenzen. Statt eine neue »Eiszeit« einzuleiten, wurden die Kontakte aufrechterhalten, teilweise sogar verstärkt. Das Interesse der DDR an der Fortführung der Vertragspolitik hatte nicht zuletzt wirtschaftliche Gründe.

> Der ostdeutsche Historiker Stefan Wolle stellt das Dilemma dar, in dem sich die DDR-Führung mit ihrer Deutschlandpolitik befand:
> »Mit jedem Abkommen verlor der Kalte Krieg an Schärfe. Die völkerrechtliche Anerkennung, die Aufnahme diplomatischer Beziehungen zu vielen Staaten der Welt, der Eintritt in die UNO, die Gleichberechtigung mit der Bundesrepublik stärkten die Souveränität der DDR. Die entsprechend gefeierten Erfolge untergruben aber gleichzeitig ihre Existenzgrundlage. Die SED-Führung erstrebte die Normalisierung der Lage in Europa und hatte doch nichts mehr zu fürchten als ihre Verwirklichung. Der deutsche Halbstaat mit dem Unruheherd West-Berlin in der Mitte war historisch absurd und konnte nur in einer auf Konfrontation beruhenden internationalen Situation überleben. Mit dem Ost-West-Gegensatz mußte auch er von der politischen Bühne verschwinden. Deshalb betrieb er eine Schaukelpolitik, indem er die Entspannung begrüßte und gleichzeitig die ideologische Koexistenz bekämpfte. Auf die Dauer konnte dies nicht gelingen. Als schließlich die Feindbilder und Bedrohungsängste verblaßten, lockerte sich langsam, aber unaufhaltsam die Klammer, die den Staat zusammenhielt.«
> (Stefan Wolle, Die heile Welt der Diktatur. Alltag und Herrschaft in der DDR 1971–1989, Berlin 1998, Seite 343.)

Deutschlandpolitik seit 1982

Der Bonner Regierungswechsel von 1982 stellte keinen grundlegenden Einschnitt für die innerdeutschen Beziehungen dar. Die Koalitionsregierung von CDU/CSU und F.D.P. baute auf der Ost- und Deutschlandpolitik ihrer Vorgänger auf, setzte aber auch eigene Akzente. So ging Bundeskanzler Helmut Kohl zwar von den Machtverhältnissen in der DDR aus und führte die Zusammenarbeit auf der Grundlage der bestehenden Abkommen fort. Zugleich aber wurden die Westbindung, der Systemgegensatz und die Offenheit der deutschen Frage deutlicher als zuvor betont und die Einheit der Nation ausdrücklich zum Ziel bundesdeutscher Politik erklärt. Im politischen Alltag zeigte sich die Bundesregierung allerdings pragmatisch. Beispiele hierfür waren die beiden der DDR gewährten Milliardenkredite eines privaten Bankenkonsortiums von 1983 und 1984, für die die Bundesregierung bürgte, sowie der Staatsbesuch Erich Honeckers 1987 in Bonn. Auch wenn die Bundesregierung

Im September 1987 besucht der Staats- und Parteichef Erich Honecker erstmals die Bundesrepublik. Bei seiner Ankunft am 7. September schreitet er mit Gastgeber Bundeskanzler Helmut Kohl eine militärische Ehrenformation ab.

das Selbstbestimmungsrecht aller Deutschen und den Willen zur Einheit im Beisein Honeckers hervorhob, konnte sich der SED-Parteichef auf dem Höhepunkt seiner Deutschlandpolitik sehen, wurde er in der Bundeshauptstadt doch mit allen protokollarischen Ehren für das Oberhaupt eines souveränen Staates empfangen.

Für die Bundesregierung bedeutete eine pragmatische Deutschlandpolitik eine Abwägung zwischen menschlichen Erleichterungen auf der einen und einer äußerlichen Stabilisierung der SED-Herrschaft auf der anderen Seite. Bei aller Bereitschaft zu Dialog und Kooperation blieb die deutsche Frage politisch und rechtlich offen. Doch erst der Reformkurs des sowjetischen Staats- und Parteichefs Michail S. Gorbatschow, die Proteste der Menschen in der DDR und der dadurch bewirkte Zusammenbruch der SED-Diktatur sollten das Problem der deutschen Einheit erneut auf die Tagesordnung der nationalen und internationalen Politik bringen.

Friedliche Revolution

Beim Blick auf die Ereignisse von 1989 und 1990 fällt auf, dass für den historisch bedeutsamen Prozess lange Zeit eine klare Bezeichnung fehlte. Die unterschiedlichsten Terminologien fanden Verwendung. Zu Recht hat sich mittlerweile der Begriff »Friedliche Revolution« durchgesetzt. Er beschreibt angemessen den Doppelcharakter der historischen Ereignisse: Durch Massenproteste hunderttausender mutiger Demonstranten wurde die SED-Diktatur innerhalb kurzer Zeit gestürzt. Der Machtwechsel konnte dabei weitgehend friedlich vollzogen werden, Todesopfer waren nicht zu beklagen. Der noch immer vielfach genutzte »Wende«-Begriff ist dagegen historisch unzutreffend: Zum Ersten ist »Wende« in der politischen Geschichte Deutschlands bereits durch den Bonner Regierungswechsel von 1982 besetzt. Zweitens benutzte ihn der letzte SED-Generalsekretär Egon Krenz nach seiner Machtübernahme zur Beschreibung seiner Politik, die den Zweck verfolgte, die Macht der SED zu sichern. Vor allem aber wird er dem Geschehen nicht gerecht, beschreibt er doch eher eine begrenzte politische Richtungsänderung als einen umfassenden Systemwandel. Massenproteste der Bürger auf den Straßen, Sturz des Regimes, Einsetzung einer neuen Regierung, die frei vom Volk gewählt wurde, Schaffung einer neuen politischen Ordnung – die Diktatur in der DDR wurde vollständig beseitigt, der Weg zur Demokratie eingeleitet. Was 1989 und 1990 in der DDR geschah, war ein grundlegender Wandel der politischen Machtverhältnisse, getragen durch eine breite Volksbewegung. Das politische, wirtschaftliche, soziale und gesellschaftliche System des heutigen Ostdeutschlands hat nichts mehr mit dem seines Vorgängers gemeinsam. Eine solche radikale Umwälzung – auch wenn sie weitgehend gewaltfrei ablief – muss man Revolution nennen.

Krise des SED-Regimes

Äußere Faktoren

Die Volkserhebung vom Herbst 1989 war der End- und der Höhepunkt einer politischen, wirtschaftlichen und gesellschaftlichen Krise in der DDR. Im Gegensatz zu früheren Zeiten wie 1953 und 1961 versagten im Revolutionsjahr 1989 die erprobten Mechanismen der SED zur Unterdrückung der Konflikte. Da das sozialistische System politisch und wirtschaftlich an seine Grenzen gestoßen war, erlangte die Krise systemsprengende Wirkung. Das Zusammentreffen von grundsätzlichen Defekten im Gefüge der kommunistischen Diktatur, allgemeinen innen- und außenpolitischen Faktoren und aktuellen Anlässen führte zum Entstehen einer revolutionären Situation, an deren Ende die Entmachtung der Herrschenden stand.

KSZE-Prozess

In den siebziger, vor allem aber in den achtziger Jahren veränderten sich die internationalen Rahmenbedingungen für die DDR grundlegend. Einen unauflösbaren Konflikt brachten die Versuche der SED-Führung mit sich, innere Stabilität bei gleichzeitiger internationaler Absicherung des sozialistischen Staatswesens zu erreichen. Das ständige Bemühen der DDR, sich in der Völkergemeinschaft zu etablieren, fand seinen Ausdruck besonders im Rahmen des mit der Konferenz über Sicherheit und Zusammenarbeit in Europa (KSZE) verbundenen politischen Prozesses, der mit der Unterzeichnung der KSZE-Schlussakte Anfang August 1975 in Helsinki eingeleitet wurde.

Nach der internationalen Anerkennung der DDR als Ergebnis der Entspannungspolitik bot ihr der KSZE-Prozess erstmals die Plattform, sich gleichberechtigt in einem multinationalen Staatengremium am europäischen politischen Geschehen zu beteiligen. An der Entwicklung des KSZE-Prozesses hatte die DDR großes Interesse, da sie sich von ihm besonders die dauerhafte Festschreibung des völkerrechtlichen und politischen Status quo in Europa erhoffte. Tatsächlich enthielt die Schlussakte von Helsinki Maßnahmen zur kollektiven Friedenssicherung und wirtschaftlichen Zusammenarbeit sowie Grundprinzipien wie staatliche

Souveränität, Unverletzlichkeit der Grenzen, territoriale Integrität und Nichteinmischung in innere Angelegenheiten eines Staates.

Neben den staatlichen Bestandsgarantien beinhaltete das Dokument aber auch Forderungen nach der Einhaltung der Menschenrechte, der Gewährung von Grundrechten und -freiheiten und nach einer Zusammenarbeit im humanitären Bereich. Daraus ergab sich für die SED ein erhebliches Konfliktpotenzial im eigenen Land mit unerwünschten Folgen, die von den Ost-Berliner Machthabern als Destabilisierung ihrer Herrschaft empfunden wurden.

Mit steigendem Selbstbewusstsein forderten die Bewohner der DDR die Einhaltung der Grund- und Menschenrechtsgarantien aus den KSZE-Vereinbarungen, die die Regierung unterschrieben und in den eigenen Medien veröffentlicht hatte. Bürgerinnen und Bürger waren ermutigt, nach 1975 in stetig wachsender Zahl Anträge auf Ausreise in die Bundesrepublik zu stellen. Das KSZE-Dokument diente darüber hinaus Bürgerrechtsgruppen, die sich vor allem unter dem schützenden Dach der evangelischen Kirche bildeten, als Legitimationsbasis für ihr Wirken. Die SED-Führung glaubte jedoch, den notwendigen Dialog nach innen und außen voneinander trennen zu können. Während sie um internationale Kontakte bemüht war, verweigerte sie jedes Gespräch mit den Bürgerbewegungen. Je umfassender sich der KSZE-Prozess im Rahmen der Folgekonferenzen von Madrid (November 1980 bis September 1983) und Wien (November 1986 bis Januar 1989) entwickelte, desto offensichtlicher wurde der Widerspruch zwischen den auf den völkerrechtlichen Festlegungen beruhenden Forderungen der Menschen und der Verweigerungshaltung der SED – ein Widerspruch, der nach der Unterzeichnung des Wiener Schlussdokuments im Januar 1989, das in den Menschenrechtsforderungen weit über Helsinki hinausreichte und sich in vielem am Standard westlicher Demokratien orientierte, nicht länger zu verbergen war.

Stichwort KSZE

Die Konferenz über Sicherheit und Zusammenarbeit in Europa ist seit ihrer Gründung 1973 ein Verhandlungsforum aller europäischer Staaten, der Sowjetunion, ihrer Nachfolgestaaten, der Vereinigten Staaten und Kanadas mit dem Ziel, in Europa Sicherheit und Stabilität zu bewahren, Konflikte einzugrenzen oder zu verhindern und die gegenseitige Zusammenarbeit zu fördern. Die KSZE wurde am 3. Juli 1973 mit einem Außenministertreffen eröffnet. Als Ergebnis der Beratungen wurden drei Kommissionen für Fragen der Sicherheit in Europa, der wirtschaftlichen, technischen und wissenschaftlichen Zusammenarbeit und der menschlichen Kontakte sowie des Kultur- und Informationsaustausches eingesetzt. Auf dieser Grundlage unterzeichneten am 1. August 1975 fünfunddreißig Länder in Helsinki das Schlussdokument, in dem Regeln für den Verkehr zwischen Staaten sowie zwischen ihnen und ihren Bürgern aufgestellt wurden. Die Schlussakte leitete eine Reihe von Folgekonferenzen ein. Auf diese Weise konnte der KSZE-Prozess zu einer dauerhaften Entspannung in Europa beitragen. In den neunziger Jahren dienten die Folgetreffen der KSZE vor allem dazu, Konflikte, die sich aus dem Zusammenbruch des Kommunismus in Ost- und Mitteleuropa sowie dem Zerfall der Sowjetunion ergaben, im Vorfeld mit diplomatischen Mitteln zu entschärfen oder konkretes Krisenmanagement zu leisten. Seit 1995 heißt die KSZE Organisation für Sicherheit und Zusammenarbeit in Europa (OSZE). Mit sechsundfünfzig Mitgliedsstaaten (alle Staaten Europas, die Nachfolgestaaten der Sowjetunion, die Vereinigten Staaten und Kanada) ist sie die weltgrößte regionale Sicherheitsorganisation. Im Mittelpunkt ihrer internationalen Zusammenarbeit stehen eine abgestimmte Sicherheitspolitik sowie Maßnahmen der militärischen Vertrauensbildung, aber auch Fragen der wirtschaftlichen, technischen und ökologischen Zusammenarbeit sowie die Durchsetzung von Menschen- und Bürgerrechten.

Noch viel unmittelbarer und nachhaltiger als der KSZE-Prozess veränderte die Übernahme der Macht in der Sowjetunion durch Michail Gorbatschow 1985 die äußere Lage der DDR. Ohne die von Gorbatschow eingeführten Reformen des erstarrten Sowjetsystems ist der ostdeutsche Umbruch nicht zu verstehen. Der beispielgebende politisch-ideologische Erneuerungsprozess in der Union der Sozialistischen Sowjetrepubliken (UdSSR) war eine der entscheidenden Bedingungen für die Dynamik des revolutionären Wandels in der DDR.

Gorbatschow

Mit dem Amtsantritt des neuen Generalsekretärs des Zentralkomitees der Kommunistischen Partei der Sowjetunion (KPdSU) 1985 begann in der Sowjetunion eine neue Phase der Politik, die mit den Begriffen »Glasnost« (Offenheit, Transparenz) und »Perestroika« (Umgestaltung) charakterisiert wurde. Gorbatschow hatte die umfassende Krise des administrativ-zentralistisch organisierten Sozialismus erkannt, die vor allem auf wirtschaftlichem Gebiet ein Ausmaß des Verfalls erreicht hatte, das ein Kurieren an Symptomen nicht mehr zuließ. Das bürokratisch verkrustete System entsprach längst nicht mehr den Erfordernissen und gefährdete zunehmend seine Weltmachtstellung. Ging es zunächst um die Lösung ökonomischer Probleme, entwickelte der sowjetische Parteichef bald Vorstellungen zur Demokratisierung von Wirtschaft, Staat und Partei. Indem er seine Vorgänger kritisierte, machte er deutlich, dass nur ein tief greifender Wandel Verbesserungen bringen könne. Deshalb strebte Gorbatschow auch einen Abbau der gewaltigen militärischen Rüstung und einen Umbau des Wirtschaftssystems an, verbunden mit der Entfaltung kritischer Kräfte der Gesellschaft. Diese Maßnahmen zielten im Kern auf eine Reform des Systems, eine Stärkung des Sozialismus und nicht auf seine Abschaffung.

Neue sowjetische Außenpolitik

Die desolate Lage der Wirtschaft zwang die UdSSR zu einer Revision ihrer Außenpolitik. Der neuen Führung war klar, dass die Sowjetunion bei einer sich abzeichnenden neuen Runde des Wettrüstens nicht mithalten konnte. Darum trachtete sie danach, außenpolitische Konflikte abzubauen (Abzug der Truppen aus Afghanistan im Frühjahr 1988) und die Entspannungspolitik durch verstärkte Abrüstungsinitiativen voranzutreiben. Dabei gab die Sowjetführung einer Verständigung mit den Vereinigten Staaten und mit Westeuropa erkennbar den Vorrang vor der Kontrolle der sozialistischen Staaten. So hob der sowjetische Parteichef die Doktrin von der begrenzten Souveränität der sozialistischen Staaten auf (Breschnew-Doktrin). Diese Doktrin hatte die absolute Vorherrschaft der Sowjetunion festgeschrieben und zugleich den Bestand der kommunistischen Regime garantiert. Der Verzicht der Sowjetunion auf Intervention eröffnete nun den Weg zu einer Pluralisierung der inneren Ausgestaltung des Ostblocks. Erstmals gingen also von der Hegemonialmacht des Systems selbst grundlegende Veränderungen zur Reformierung der realsozialistischen Staaten aus, die nachhaltig auf ganz Osteuropa wirkten.

Stichwort Breschnew-Doktrin

Die Breschnew-Doktrin, benannt nach dem langjährigen sowjetischen Staats- und Parteichef Leonid I. Breschnew, beinhaltete das selbstgesetzte Recht der Sowjetunion, das Machtmonopol der Kommunistischen Partei der Sowjetunion und damit die tragende Säule des sozialistischen Lagers auch innerhalb der »Bruderstaaten« mit militärischen Mitteln zu sichern. Dieses Recht leitete die Sowjetunion aus ihrer Rolle als Vormacht des sozialistischen Weltsystems ab, die sie zum Schutz und zur Verteidigung der sozialistischen Errungenschaften in allen Ostblockstaaten verpflichte. Die Drohung einer militärischen Intervention schränkte die Souveränität und das Selbstbestimmungsrecht der anderen sozialistischen Staaten ganz erheblich ein.

Die neuen Freiräume nutzten die einzelnen Länder unterschiedlich. Vorreiter einer demokratischen Umgestaltung waren Polen und Ungarn. Im Januar 1989 wurden in Ungarn neue Parteien zugelassen; im Sommer brach die kommunistische Partei mit ihrer stalinistischen Vergangenheit.

In Polen verhandelte die Regierung im Februar 1989 mit der Opposition am Runden Tisch und ließ bereits im Juni halbwegs freie Wahlen zu, die im August zur Bildung einer neuen Regierung erstmals unter Leitung eines Nichtkommunisten führten. Die Politik von Glasnost und Perestroika ermöglichte – eher ungewollt als gewollt – den Zusammenbruch der kommunistischen Herrschaftssysteme in Europa.

Sowjetunion – Garantiemacht der DDR

Die DDR befand sich in einer besonderen Situation. Die Existenz des SED-Staates als »Vorposten des Sozialismus« unmittelbar an der Grenze zur westlichen Welt wurde von Beginn an durch die Siegermacht Sowjetunion garantiert, die ihr gesamtes System auf die DDR übertragen hatte. Die Anwesenheit sowjetischer Truppen auf deutschem Boden stellte ein grundlegendes Element innerer Stabilität der DDR dar, wie sich beispielsweise am 17. Juni 1953 gezeigt hatte.

Für die SED-Führung war die Sowjetunion jedoch nicht nur Garant und Modell sowie verbindlicher Interpret der jeweils gültigen Version der marxistisch-leninistischen Ideologie, sondern außerdem wichtigster Handelspartner, Rohstofflieferant und Hauptabsatzmarkt von Industriegütern. Mit der Aufgabe des Wahrheitsmonopols der kommunistischen Partei, dem einsetzenden Prozess der Demokratisierung, der schrittweisen Revision sicherheitspolitischer Positionen und dem Außerkraftsetzen der Breschnew-Doktrin durch Gorbatschow verlor die DDR nun den entscheidenden Rückhalt für ihr System. Die SED sah sich mit einem Reformprozess konfrontiert, dessen Bedeutung sie nicht nur unterschätzte, sondern der sie auch in die politische Handlungsunfähigkeit trieb.

Haltung der SED

Die Reformpolitik Gorbatschows traf auf großes Interesse der Bevölkerung in der DDR. Seit der zweiten Jahreshälfte 1986 wurde die Entwicklung in der Sowjetunion genau beobachtet und diskutiert. Deutsche Ausgaben sowjetischer Presseerzeugnisse wurden zu gefragten Informationsquellen und erfreuten sich bisher nicht gekannter Beliebtheit. Mit der Sympathie der Menschen für den sowjetischen Staats- und Parteiführer verband sich die Hoffnung auf demokratische Veränderungen im eigenen Land. Doch die SED fürchtete durch eine Aufdeckung und öffentliche Diskussion bestehender Missstände sowie durch die Forderung nach demokratischen Strukturen eine Destabilisierung ihrer Herrschaft. Andererseits war die Einheitspartei zeit ihres Bestehens vorbehaltlos der politischen und wirtschaftlichen Linie Moskaus gefolgt. Die führenden Repräsentanten der DDR hatten aufgrund ihrer politisch-kulturellen Sozialisation ein geradezu höriges Verhältnis zur Sowjetunion, besonders zum langjährigen Partei- und Regierungschef Josef W. Stalin, entwickelt und sich über Jahrzehnte mit dem »großen Bruder« identifiziert.

Doch die alte Losung »Von der Sowjetunion lernen, heißt siegen lernen« galt nicht länger. Die SED sperrte sich bei den ersten Anzeichen innerer Reformen in der Sowjetunion gegen ähnliche Schritte im eigenen Land. Plötzlich wurde die Eigenständigkeit des DDR-Sozialismus hervorgehoben. Nicht nur das für Ideologiefragen zuständige Mitglied des SED-Politbüros Kurt Hager konnte am 9. April 1987 in einem Interview mit der Illustrierten »Stern« feststellen, die DDR werde den Moskauer »Tapetenwechsel« nicht nachvollziehen.

> Kurt Hager, Mitglied des SED-Politbüros und Chefideologe der Partei, äußert sich in einem Interview mit der Illustrierten »Stern« im April 1987 zur Übertragbarkeit der sowjetischen Reformen auf die DDR:
> »Frage: Die SED-Führung unterstützt die von Michail Gorbatschow eingeleiteten Reformen in der Sowjetunion. Zugleich betont die DDR ihre Eigenständigkeit. Sind die Zeiten vorbei, in denen das Land Lenins für deutsche Kommunisten Vorbild war?
> Hager: [...] SED und KPdSU sind Bruderparteien und tauschen regelmäßig ihre Erfahrungen aus, um voneinander zu lernen. So war es, so ist es, und so wird es auch in Zukunft sein. [...] Dies bedeutete jedoch auch in der Vergangenheit nicht, daß wir alles, was in der Sowjetunion geschah, kopierten. [...] Übrigens kopiert die Sowjetunion auch nicht die DDR. Es scheint, daß westliche Medien an diesem Thema vom ›Kopieren‹ interessiert sind, weil es in ihr Trugbild von der ›Hand Moskaus‹ oder von der angeblichen Einförmigkeit und Eintönigkeit des Sozialismus paßt. Würden Sie, nebenbei gesagt, wenn Ihr Nachbar seine Wohnung neu tapeziert, sich verpflichtet fühlen, Ihre Wohnung ebenfalls zu tapezieren?«
> (Kurt Hager in: Neues Deutschland vom 10. April 1987.)

Die Reformen in Polen, Ungarn und der Sowjetunion galten den deutschen Kommunisten teils als Korrekturen bisheriger individueller Fehlentscheidungen dieser Staaten, wurden aber teilweise auch – durchaus zu Recht, wie sich später zeigen sollte – als das eigene System gefährdend eingeschätzt. Einen Reformbedarf bei sich selbst vermochte die SED nicht zu erkennen. Vielmehr verwies sie darauf, dass sich die DDR längst zu einem politisch stabilen und wirtschaftlich dynamischen Staat entwickelt hätte. Immer wieder betonte sie, die Bedingungen des sozialistischen Aufbaus in der UdSSR seien andere als in der DDR. Doch wie glaubwürdig konnte eine Parteiführung sein, die jahrzehntelang die sowjetischen Erfahrungen beschworen und den Slogan der französischen kommunistischen Partei aus der Zeit des Eurokommunismus vom »Sozialismus in den Farben Frankreichs« als Überbewertung nationaler Eigenarten verurteilt hatte?

> In einer Rede zum 70. Gründungstag der KPD prägte der Generalsekretär des ZK der SED, Erich Honecker, ein neues Motto, das fortan die besondere Entwicklung der DDR charakterisieren sollte:
> »Wir gestalten die entwickelte sozialistische Gesellschaft hier in diesem Land, nicht im luftleeren Raum und auch nicht unter Verhältnissen, wie sie anderswo, aber nicht bei uns bestehen. Wir gestalten sie in den Farben der DDR.«
> (Erich Honecker in: Neues Deutschland vom 30. Dezember 1988, Seite 3.)

Die geschichtliche Aufarbeitung des Kommunismus in der Sowjetunion traf schließlich einen zentralen Nerv der SED und entfaltete ihre Fernwirkung bis in die direkte Umbruchphase der DDR hinein. Das Überschwappen der sowjetischen Diskussion mit der Aufdeckung von Verbrechen des Stalinismus gefährdete die auf dem Antifaschismus beruhende historische Legitimation des sozialistischen deutschen Teilstaates, gerade auch angesichts personeller Kontinuitäten in der Partei- und Staatsführung. Gleichzeitig unterminierte die Untersuchung von Fehlern und tief greifenden »Deformationen« die geschichtstheoretischen Grundpositionen des Marxismus-Leninismus. Eine Auseinandersetzung mit der Vergangenheit wurde folglich von der SED kategorisch abgelehnt und die kritische innersowjetische Debatte von Erich Honecker als das »Gequake wildgewordener Spießer, die die Geschichte im bürgerlichen Sinne umschreiben möchten«, abqualifiziert.

Um jede Diskussion zu verhindern, griff die Partei auch zu drastischen Maßnahmen. Sie verbot die deutschsprachige sowjetische Zeitschrift »Sputnik«, die den Stand der Geschichtsaufarbeitung in der Sowjetunion wiedergab, verzögerte oder verhinderte die Auslieferung anderer Presseerzeugnisse des »Bruderlandes« oder untersagte die Aufführung antistalinistischer Kinofilme aus der Sowjetunion. Diese Maßnahmen führten in der Bevölkerung zu Unruhe und Protesten. Doch das Begehren der Menschen wurde auf altbewährte Weise ignoriert. Da Honecker davon ausging, dass die Reformpolitik Gorbatschows über kurz oder lang scheitern würde, glaubte er nur durchhalten zu müssen, bis es zu einem veränderten Kurs in der Sowjetunion käme. Diese Hoffnung sollte sich als Trugschluss erweisen. Vielmehr war es gerade die

»Freigabe« der DDR durch den »großen Bruder«, die die ostdeutsche Revolution ermöglichte.

Deutschlandpolitik der Bundesrepublik

Ein weiterer Faktor, der zum Niedergang der SED-Diktatur beitrug, war die Deutschlandpolitik der Bundesrepublik in den siebziger und achtziger Jahren. Basierend auf dem Grundlagenvertrag von 1972 wurde im Zuge der stetig ausgebauten innerdeutschen Beziehungen eine institutionalisierte Form des politischen, ökonomischen und kulturellen Austauschs geschaffen, der die Einheit der Nation zu wahren half.

Besonders fruchtbar gestalteten sich die Beziehungen auf wirtschaftlichem Gebiet. Der Praxis der Bundesregierung, politische Leistungen der DDR finanziell zu vergüten, wuchs eine immer größere Bedeutung zu. Die DDR erhielt milliardenschwere Zahlungen für den Reise-, Besucher- und Transitverkehr, für Dienstleistungen im Postverkehr und die Freilassung politischer Gefangener in den Westen. Darüber hinaus gewährte Bonn großzügige Vergünstigungen im Handelsaustausch und vergab oder vermittelte zinslose oder zinsgünstige Kredite. Die Bundesrepublik entwickelte sich so zum wichtigsten westlichen Handelspartner der DDR. Der ständige Devisenzustrom stellte einen tragenden Pfeiler der problembelasteten DDR-Wirtschaft dar. Schnell gewöhnte sich die SED an diese bequeme Einnahmequelle, die bald zum unverzichtbaren Bestandteil ihrer verfehlten Wirtschaftsplanungen wurde. Nach und nach zeigte sich auch, dass daraus eine zunehmende Abhängigkeit der DDR vom Westen entstand. Die Bundesregierung erwartete für ihre finanzielle Unterstützung vor allem auf humanitärem Gebiet Gegenleistungen. So sahen sich die SED-Machthaber zu immer weiteren politischen Zugeständnissen auf unterschiedlichen Ebenen genötigt.

Dazu zählte beispielsweise die Akkreditierung westdeutscher Journalisten als ein Ergebnis des Grundlagenvertrags. Deren Tätigkeit hatte weit reichende Folgen für einen besonders sensiblen Bereich der SED-Politik: Die Staatspartei musste die Aushöhlung ihres Informations- und Nachrichtenmonopols hinnehmen. Trotz vielfältiger Beschränkungen stellten die westdeutschen Korrespondenten eigene Nachforschungen auf dem Boden der DDR an. Die Ergebnisse ihrer Arbeit veröffentlichten die Medien der Bundesrepublik, und sie fanden als Gegenpol der offiziellen Propaganda durch das Fernsehen ihren Weg zurück in die Wohnzimmer der ostdeutschen Bürger.

Innerdeutscher Reiseverkehr

Ein anderes Resultat des Abhängigkeitsverhältnisses mit erheblichen Konsequenzen für das SED-Regime war die Zunahme des innerdeutschen Reiseverkehrs in den achtziger Jahren. Auf Druck der Bundesregierung verbesserten sich die Reisemöglichkeiten für DDR-Bürger nach Westdeutschland in dieser Zeit beträchtlich. Der Umfang des Reiseverkehrs von Ost nach West erreichte 1987 neue Dimensionen. Im Jahr der Visite Honeckers in der Bundesrepublik stieg die Zahl der Besuche von 1,7 Millionen 1986 (1,5 Millionen Rentnerreisen, 244 000 Reisende unter 60 Jahre) auf über fünf Millionen (3,8 Millionen Rentnerreisen, 1,2 Millionen Reisende unter 60 Jahren). Die Reisen erfüllten den von der Bundesregierung beabsichtigten Zweck: Zum einen erhielten die menschlichen Beziehungen das Zusammengehörigkeitsgefühl im geteilten Deutschland; zum anderen lernten die zahlreichen ostdeutschen Besucher erstmals persönlich die Verhältnisse in der Bundesrepublik kennen und konnten sie mit den Zuständen in der DDR vergleichen.

Das Urteil fiel für die SED-Führung überwiegend vernichtend aus. Immer mehr Menschen fühlten sich angesichts eines demokratischen und marktwirtschaftlich erfolgreichen Systems, das seinen Bürgern Freiheit und Wohlstand ermöglichte, von der SED betrogen. Das Gefühl, eingesperrt zu sein, wuchs. Diese Wahrnehmung führte zu wachsender Unzufriedenheit. Der Ausreisedruck nahm stark zu, und den Parteifunktionären gelang es immer weniger, der Bevölkerung den sozialistischen Staat als die bessere Alternative zur kapitalistischen Bundesrepublik zu vermitteln. Die SED verlor zunehmend an Glaubwürdigkeit. So betrachtet, leistete die Partei mit der Ausweitung der Beziehungen zur Bundesrepublik trotz der gleichzeitigen Abgrenzungspolitik selbst einen entscheidenden Beitrag zum Ende der eigenen Herrschaft.

Innere Faktoren

Der Zusammenbruch des Sozialismus in der DDR bedeutete das völlige Scheitern des Versuchs, der Gesellschaft im östlichen Teil Deutschlands nach dem Zweiten Weltkrieg gegen ihren Willen ein kommunistisches System aufzuzwingen. Zwar konnte der Zeitpunkt des Untergangs nicht vorausgesagt werden, doch das Ende dieses kommunistischen Regimes war in ihm bereits angelegt. Die selbst verschuldeten Strukturdefekte verursachten eine schwelende Krise, die beim Zusammentreffen mit den erwähnten äußeren Faktoren zum offenen Ausbruch gelangte.

Dass sich die Krise in der DDR zuspitzte, hatte seine Ursachen wesentlich in der Struktur und Funktionsweise des politischen Systems. Die SED vertrat die These, auf der Grundlage der marxistisch-leninistischen Ideologie wäre sie im Besitz der absoluten Wahrheit und würde die objektiven Entwicklungsgesetze der Geschichte kennen, unter deren

Nutzung sich der Übergang zum Kommunismus vollziehen ließe. Daraus leitete sie ihren verfassungsmäßig abgesicherten totalen Führungsanspruch in Staat und Gesellschaft ab.

Im Regierungssystem war die führende Rolle der SED durch die Machtkonzentration beim zentralen Parteigremium Politbüro und die Gewalteneinheit sowie durch das verbindliche Organisations- und Leitungsprinzip des demokratischen Zentralismus wirksam durchgesetzt und abgesichert.

Demokratischer Zentralismus

Der Politikwissenschaftler Klaus Schroeder definiert das Organisationsprinzip des demokratischen Zentralismus:

»Dieses leninistische Prinzip bedeutete eine strikte Hierarchisierung von Partei, Staat und Gesellschaft. Die jeweils untere Funktionsebene hatte sich der höheren unterzuordnen. Alle Bereiche mußten sich den Weisungen der obersten Führung unterwerfen. Die Parteiführung setzte mittels dieses Prinzips ihre Politik durch und verhinderte somit auch die Entfaltung innerparteilicher Demokratie. Das Attribut ›demokratisch‹ stellte angesichts des praktizierten administrativen Zentralismus nur eine leere Floskel dar. Die Rechenschaftsberichte auf den verschiedenen Parteiebenen reduzierten sich fast ausschließlich auf propagandistische Übungen, eine kontroverse Diskussion von Beschlüssen wurde nicht zugelassen. Parteiinterne Wahlen brachten stets einhellige Zustimmung zu den von übergeordneten Leitungen vorgeschlagenen oder zuvor gebilligten Kandidaten, die nach erfolgter Wahl nochmals vom Leitungsorgan bestätigt werden mußten.«

(Klaus Schroeder, Der SED-Staat. Partei, Staat und Gesellschaft 1949–1990, München 1998, Seite 389 f.)

Das Politbüro der SED traf alle grundlegenden Entscheidungen und legte ihre Ausführung fest. Die selbstherrliche Machtzentrale der Partei bildete die eigentliche »Regierung« der DDR. Die Zuständigkeit des Gremiums lag sowohl bei der Partei- als auch bei der Staatsführung und umfasste sämtliche Gebiete der Politik. Der Staatsapparat diente lediglich der formalen Legitimierung der Parteibeschlüsse und ihrer Umsetzung. Das bedeutete in der Praxis die bedingungslose Unterordnung des Staates unter die Partei. Auch die Massenorganisationen und Verbände hatten in ihren Programmen die führende Rolle der Partei mit dem Ziel festgeschrieben, die Politik der SED umzusetzen. Dieser Staatsaufbau strukturierte den gesamten politischen Willensbildungsprozess im Sinn der SED und gab ihr die Machtbefugnis, die politischen Richtlinien für das Handeln aller

Anleitung und Kontrolle des Staatsapparates der DDR durch die Sozialistische Einheitspartei Deutschlands (SED)

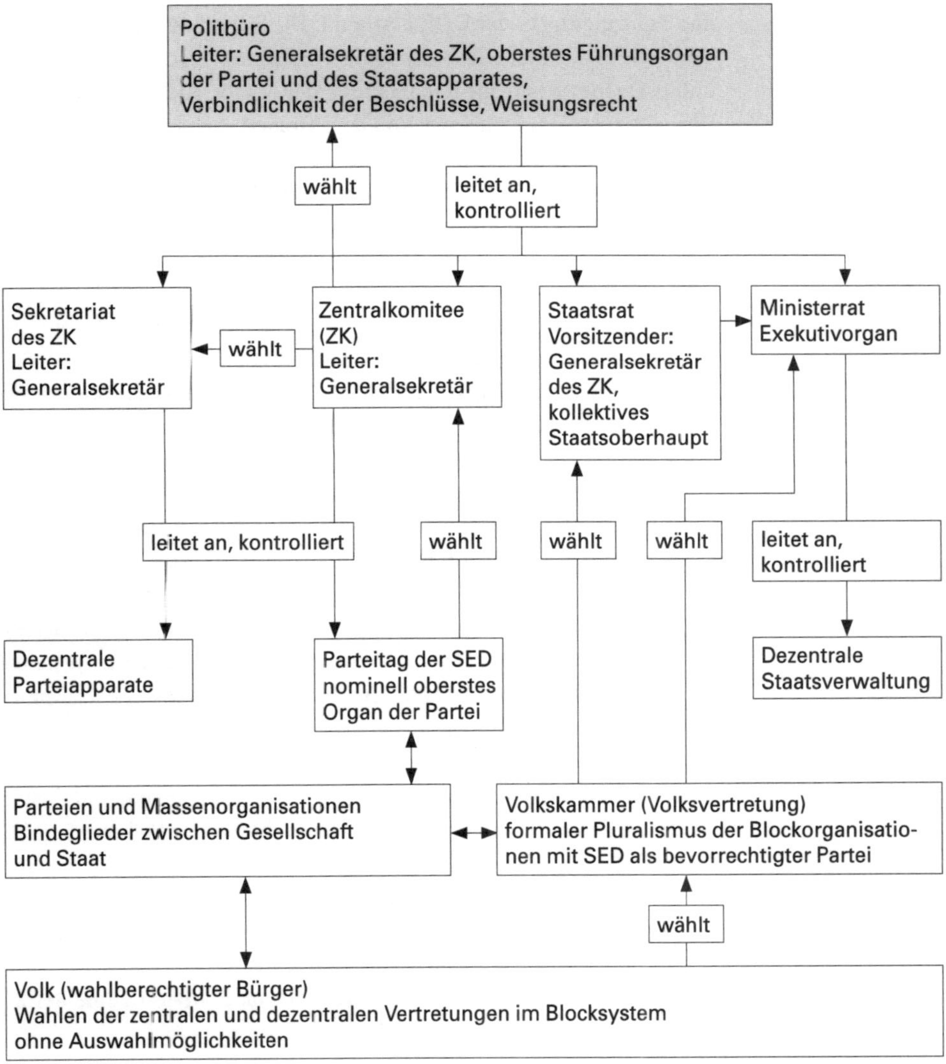

Der Aufbau des Partei- und Staatsapparats beruhte auf der überragenden Autorität der SED, die selber zentralistisch (»von oben nach unten«) organisiert war. Die Beschlüsse des Politbüros waren Grundlage und verbindlich für die Arbeit des gesamten Apparates. Die Wahlverfahren ohne Auswahlmöglichkeiten dienten lediglich der Bestätigung der Herrschaft der Partei.

Elemente des Systems auszugeben und deren Einhaltung zu überwachen. Tätigkeiten der verschiedenen Institutionen waren unwichtig, an erster Stelle stand ihre Funktionalisierung nach ideologischen Vorgaben.

Die SED war von vornherein zum uneingeschränkten Vorherrschafts- und Führungsorgan der DDR bestimmt. Die Sicherung ihrer Herrschaft stand an erster Stelle. Sie erlaubte keine pluralistischen Tendenzen, duldete weder Kontrolle noch Teilung der Macht und missachtete die Freiheitsrechte des Einzelnen. Von den Kirchen abgesehen, gab es keine Entfaltungsmöglichkeiten außerhalb des organisatorischen Rahmens, den die SED vorgab. Der Anspruch der Partei, das gesamte Leben der Gesellschaft zu regeln, führte zu einer Politisierung des öffentlichen Lebens, die bis in die Privatsphäre der Menschen reichte.

> Das einstige Politbüromitglied Günter Schabowski beschreibt die zentrale Bedeutung der Machtfrage für die SED:
> »Die Machtfrage war zwar in der Tat eine ganz wichtige Frage; doch sie wurde nicht nur als persönliche Macht Honeckers gesehen, sondern die Macht mußte gesichert werden, damit das sozialmessianische System nicht kaputt ging. Da es immer bedroht zu sein schien, wurde vieles von Honecker als Element der Machtfrage angesehen. Die Medienfrage war ein Teil der Machtfrage, weil über die Medien die Interpretation der Politik an die Bevölkerung erfolgte. Wer die Anleitung der Partei in Frage stellte, rührte an die Machtfrage. Wer die Ökonomie reformieren wollte, spielte mit der Macht. Wer die Armee von der Partei befreien wollte, stellte die Machtfrage. Wer den Demokratischen Zentralismus in Frage stellen wollte, stellte die Machtfrage. Das ist schon richtig: Die Machtfrage war die zentrale Frage des Sozialismus. Doch damit sind wir bei der merkwürdigen Perversion angelangt. Der Sinn und Zweck des Sozialismus, wurde gesagt, ist das Wohlsein des Volkes. Aber die zentrale Frage ist die Machtfrage. Damit man das tatsächliche oder vermeintliche Wohl des Volkes durchsetzen konnte, mußte das Volk parieren, was immer wir auftrugen oder vorsetzten, denn wir waren die einzigen, die wußten, was gut war für das Volk.«
> (Günter Schabowski, Das Politbüro. Ende eines Mythos. Eine Befragung, Hamburg 1990, Seite 156 f.)

Überforderte SED

Die Ausrichtung des gesamten Systems auf die allein herrschende Führung der Partei erwies sich allerdings als bedeutender Strukturfehler der DDR. Das Regime war unflexibel, wenn es darum ging, notwendige Reformen und Modernisierungen vorzunehmen. Veränderungen an der gesellschaftlichen Basis, das Entstehen neuer Interessen und Bedürfnisse der Menschen wurden von der politischen Führung zu spät oder gar nicht wahrgenommen. Die administrativ-zentralistische Entscheidungsfindung ließ zwar alle Informationen beim Spitzengremium der Partei zusammenlaufen. Doch die Kapazität des Politbüros zu ihrer Verarbeitung war begrenzt. So zeigte sich die Administration zunehmend überfordert. Der absurde Kontrast zwischen vollständiger Informiertheit und tatsächlicher Handlungsunfähigkeit lässt sich an den Berichten des Staatssicherheitdienstes aus der Endphase der SED-Herrschaft ablesen.

Gerade der allumfassende Führungsanspruch verhinderte eine sach- und problembezogene Politik. Die in westlichen Gesellschaften üblichen Kontroll- und Korrekturinstanzen existierten nicht. Das System musste keine Kompromisse eingehen und war darum nicht in der Lage, gesellschaftliche Veränderungen zu erkennen und aufzufangen. Wegen des Machtmonopols der kommunistischen Partei waren weder die so genannten Blockparteien und Massenorganisationen noch die Medien in der Lage, unterschiedliche und sich wandelnde Interessen zu berücksichtigen und die aus ihnen erwachsenen Konflikte abzubauen. Das mangelnde Bewusstsein der politisch Verantwortlichen und die fehlenden Mechanismen, Konflikte zu regulieren, mussten um so mehr zum Sprengsatz für das System werden, als nicht nur aktuelle Krisen, sondern auch zurückliegende, im Grund nie aufgearbeitete Erschütterungen der Gesellschaft zu bewältigen waren.

Zu den historischen Belastungen zählten vor allem der Volksaufstand vom 17. Juni 1953, der Mauerbau 1961 und die Auseinandersetzungen um den Prager Frühling des Jahres 1968. Der hinter den Ereignissen stehende Konflikt zwischen ideologisch durchzusetzender gesellschaftlicher Homogenisierung und Tendenzen zu Selbstständigkeit und gesellschaftlicher Vielfalt konnte sich langfristig nur in den öffentlichen Protesten von 1989 außerhalb der Institutionen bemerkbar machen, weil andere Wege nicht existierten.

Fehlende Legitimation

Der rasche Untergang der DDR offenbarte die fehlende Zustimmung der Bevölkerung zur Herrschaft der SED. Tatsächlich lassen sich auf allen wichtigen politischen, kulturellen, nationalstaatlichen, ökonomischen und wohlfahrtsstaatlichen Ebenen zum Ende der SED-Herrschaft Erosionen feststellen. In der offiziellen Ideologie bestand in der DDR eine Identität der Interessen von Herrschenden und Beherrschten, eine Willens- und Handlungseinheit von Volk und Staatspartei. Der Marxismus-Leninismus ging von der These der grundsätzlichen Übereinstimmung der staatlichen und gesellschaftlichen, der kollektiven und individuellen Interessen aus. Gemäß diesem Anspruch lehnte die SED die Überprüfung ihrer Handlungen durch freie Wahlen entschieden ab. Dass der SED-Staat keinen Rückhalt bei seinen Bürgern fand, dass es entgegen der offiziellen Ideologie Konflikte zwischen Herrschenden und Beherrschten gab, verdeutlichte allein schon die stetig wachsende Anzahl von Menschen, die flohen, übersiedelten oder Ausreiseanträge stellten, sowie die offenbar notwendigen Repressionen gegen die Bevölkerung. Sichtbarstes Zeichen des Dilemmas der SED war der Fortbestand der Mauer.

Stichwort
Repression in der DDR

Zur Sicherung ihres Führungsanspruchs und im Bestreben, die Menschen in der DDR zu regimekonformen Verhaltensweisen zu veranlassen und jede oppositionelle Regung zu verhindern, entwickelte die SED ein in sich abgestimmtes System spezifischer Unterdrückungsmechanismen. Dazu zählten der Auf- und Ausbau des Sicherheitsapparates, die Überwachung und Verfolgung Andersdenkender, ein politisches Strafrecht, Zensurmaßnahmen, ein Spitzelsystem, der gezielte Einsatz von Polizei- und Justizterror, die Planung und Vorbereitung von Internierungslagern für politische Krisenfälle, aber auch politisch-psychologische Sanktions- und Disziplinierungsmaßnahmen in Schulen, Hochschulen, Betrieben sowie in allen anderen Bereichen der Gesellschaft und des Alltagslebens. Träger der Repression waren unter Anleitung der SED das Ministerium für Staatssicherheit, der Polizei- und Justizapparat sowie verschiedene andere gesellschaftliche Organisationen. Im Alltag der DDR war dieses Unterdrückungssystem für den einzelnen Bürger jedoch sehr unterschiedlich wahrnehmbar.

Der Versuch, im Austausch für einen gewissen Wohlstand, soziale Sicherheit und die Respektierung eng begrenzter privater Freiräume eine Zustimmung zum System zu erreichen, schlug fehl. Zwar zeigte sich die DDR partiell leistungsfähig, und der allgemeine Lebensstandard stieg zunächst; doch die SED-Führung konnte dadurch allenfalls eine Duldung ihrer Herrschaft erreichen. Zu einer Identifikation der Mehrheit mit dem sozialistischen System kam es jedoch nie. Der eklatante Widerspruch zwischen parteiideologisch verkündetem Anspruch einerseits und der realsozialistischen Wirklichkeit andererseits trug zum Autoritätsverlust des Regimes bei.

Auch mithilfe des offiziellen Antifaschismus gelang es den Machthabern nicht, sich dauerhafte Zustimmung zu sichern. Der »Gründungsmythos« des sozialistischen Staates wirkte immer weniger als tragfähige

DDR-Sicherheitskräfte gehen 1988 in Ost-Berlin brutal gegen kritische Demonstranten vor.

Legitimationsstrategie der SED. In den siebziger und achtziger Jahren setzte ein Generationswechsel der Gesellschaft ein. Eine neue Generation wuchs heran, die mit dem in ritualisierter Form gepflegten Antifaschismus nichts anzufangen wusste. Zudem stellte sich ihnen die Zukunft wegen der wirtschaftlichen Lage als aussichtslos dar. Hinzu kamen die als Last empfundene politische Indoktrination, mangelnde Reisegelegenheiten für alle sowie die geringen Möglichkeiten zur individuellen Lebensgestaltung.

Umbruch der Mentalitäten

Zugleich setzte ein Wandel der Mentalitäten ein, der sich nicht allein auf die junge Generation beschränkte. Wie überall in der Welt veränderten sich auch in Ostdeutschland die Werte, an denen sich die Menschen orientierten, was zu neuen politischen Widersprüchen und Konflikten führte. In der scheinbar monolithischen DDR-Gesellschaft setzte eine zunehmende Differenzierung ein. Die Menschen entwickelten individuelle Verhaltensweisen jenseits des staatlich reglementierten Alltags. Auch der Wunsch nach mehr gesellschaftlicher Transparenz, Mitsprache und Öffentlichkeit spielte eine immer größere Rolle und wurde zunehmend ausgesprochen. Werte wie Demokratie, Menschenrechte und Schutz der Umwelt gewannen an Bedeutung.

Das alles traf auf ein nach wie vor zentriertes politisches und gesellschaftliches Einparteiensystem. So entstanden gegen den Willen der SED

Ende der siebziger Jahre zahlreiche unabhängige Friedens-, Menschenrechts-, Frauen- und Ökologiegruppen. Sie versuchten, Öffentlichkeit herzustellen, Problembewusstsein zu erzeugen und zur Mitarbeit anzuregen. In der Tat gelang es ihnen, einen innergesellschaftlichen Denkprozess einzuleiten. Obwohl sich die Machthaber gegen ihn stemmten, erwuchs aus diesem Prozess an der Basis mehr und mehr eine allgemeine Infragestellung der Autorität der SED. In den Tagen der Revolution bildeten die unabhängigen Gruppen die Keimzellen für die Massenproteste und wurden so zu wichtigen Trägern des revolutionären Umbruchs.

> Auch in den achtziger Jahren hielt die SED – allerdings mit abnehmendem Erfolg – an den drei grundlegenden Methoden zur Herrschaftssicherung fest, die in der Sowjetunion Stalins entwickelt worden waren. Der Mannheimer DDR-Forscher Hermann Weber hat sie so beschrieben:
> »a) Die Neutralisierung: ›Unpolitische‹ Menschen, die weder Gegner noch Anhänger des Systems waren, sollten bei wachsendem Wohlstand und einem Mindestmaß an persönlichem Freiraum ›passiv‹ bleiben.
> b) Die Indoktrination: Die Ideologie des ›Marxismus-Leninismus‹ sollte als Bindeglied der herrschenden Eliten fungieren und durch Bewußtseinsbildung zugleich neue Anhänger gewinnen. Diese Ideologie diente der Führung – neben der Anleitung des politischen und sozialen Handelns – als Rechtfertigungs- und Verschleierungsinstrument.
> c) Der Terror: Die Verfolgung des Staatssicherheitsdienstes und der Justiz richtete sich gegen eine Minderheit, die aktiv eine Änderung des Systems anstrebte. Terror, Willkür und Bespitzelung schufen eine Atmosphäre der Angst, um jede oppositionelle Regung zu verhindern.«
> (Hermann Weber, Aufstieg und Niedergang des deutschen Kommunismus, in: Aus Politik und Zeitgeschichte, Beilage zur Wochenzeitung Das Parlament B40, 1991, Seite 37.)

Offene nationale Frage

Die offene deutsche Frage trug ebenfalls zur Schwächung der SED-Herrschaft bei. In Abgrenzung zur Bundesrepublik, die das politische Ziel der Vereinigung Deutschlands nicht aufgab, befand sich die DDR unablässig auf der Suche nach einer eigenen Identität, strebte eine »sozialistische deutsche Nation« an. Die SED vermochte jedoch bis 1989 nicht, der Bevölkerungsmehrheit eine echte Staatsidentität nahezubringen. Trotz vielfachen Bemühens ließ sich kein eigenes Nationalstaatsbewusstsein aufbauen, weil das Land lediglich ein Teil der seit Langem bestehenden deutschen Nation war, die Menschen nur in einem von außen aufoktroyierten Staat lebten. Die Ostdeutschen blieben in hohem Maß auf das andere Deutschland, die demokratisch organisierte, wohlhabendere und schließlich für die Mehrheit der Bevölkerung attraktivere Bundesrepublik fixiert. Diese Einstellung sollte gravierende Auswirkungen auf das schnelle Ende der kommunistischen Diktatur und die zügige Herstellung der deutschen Einheit haben.

Sozialistische Wirtschaftsordnung

Eine entscheidende systemimmanente Ursache für die Krise der DDR war die sozialistische Wirtschaftsordnung, die sich den Herausforderungen der modernen Weltwirtschaft nicht gewachsen zeigte. Mit der Gründung der DDR im Jahr 1949 hatte die zentrale Planwirtschaft sowjetischer Prägung Verfassungsrang erhalten. Artikel 9 definierte sie durch die vier Ordnungselemente: sozialistisches Eigentum an Produktionsmitteln, zentrale Leitung und Planung der Volkswirtschaft, staatliche Festlegung des Währungs- und Finanzsystems sowie staatliches Außenwirtschaftsmonopol. Wie Politik und Gesellschaft hing auch die Wirtschaft von den Entscheidungen der SED ab und richtete sich ganz auf deren Machterhalt aus.

Ökonomisches Handeln hatte sich an ideologischen Vorgaben und politischen Handlungsanweisungen zu orientieren. Das machte das System der zentralen Planwirtschaft unflexibel, unproduktiv und ineffizient. Neben diesen grundlegenden Mängeln litt das gesamte wirtschaftliche Geschehen in der DDR an anderen Nachteilen wie Veralterung des produktiven Kapitals, fehlendem Binnenwettbewerb, Einkommensnivellierung, Interesselosigkeit der Produzenten, Verfall von Infrastrukturen und Lebensräumen, Missverhältnissen auf nahezu allen volkswirtschaftlichen Gebieten (zum Beispiel Angebot und Nachfrage, Import und Export, Akkumulation und Konsumtion), hohen Subventionen, geringer Wirtschaftsleistung und Arbeitsproduktivität, Verschwendung von Wirtschaftsgütern und Rohstoffen sowie einer dramatischen Umweltzerstörung

Schwelte die Krise lange Zeit nur im Verborgenen, trat sie in der Ära Honecker voll zutage. Die generellen Defizite des Wirtschaftssystems verstärkten sich in den achtziger Jahren erheblich und führten den SED-Staat in die offene ökonomische Krise. Für diese Zeit war kennzeichnend, dass vor dem Hintergrund falscher wirtschaftspolitischer Vorstellungen der Verbrauch deutlich höher lag, als er den Leistungen der Volkswirtschaft entsprach. Jubelfeiern und manipulierte Statistiken bildeten einen immer krasseren Gegensatz zum Alltagsleben der Menschen. Der technologische Rückstand der DDR gegenüber den westlichen Industriestaaten nahm zu, die ökonomische Situation verschlechterte sich dramatisch. Hinter den jahrelang geschönten Erfolgsziffern verbarg sich eine stagnierende, ja rückläufige Wirtschaft, die sich nur durch Kredite in frei konvertierbarer

Verfallende Innenstädte wie hier in Stralsund sind Ende der achtziger Jahre ein typisches Bild in der DDR. Der Volksmund spottete: »Ruinen schaffen ohne Waffen.«

Währung aus dem Westen und die staatliche Notenpresse über Wasser halten konnte.

Die SED-Führung erwies sich als unfähig, die ökonomischen Strukturen des Landes zu modernisieren. Ihre Investitionspolitik zielte lediglich auf die partielle Entwicklung einzelner Schlüsselindustrien wie beispielsweise die Mikroelektronik. Aber selbst hier blieb die DDR weit hinter dem westlichen Standard zurück.

Einheit von Wirtschafts- und Sozialpolitik

Die ohnehin knappen Investitionsmittel wurden zusätzlich durch die hohen Aufwendungen für sozialpolitische Maßnahmen verbraucht, die sich aus der 1971 proklamierten »Einheit von Wirtschafts- und Sozialpolitik« ergaben. Der Lebensstandard sollte in dem Maß steigen, in dem wirtschaftliches Wachstum erzielt würde. Die Parteiführung unternahm den Versuch, Leistungsbereitschaft der Produzierenden bei gleichzeitiger Loyalität gegenüber der gesellschaftlichen Ordnung und ihren Repräsentanten zu erzeugen. Das bedeutete überhöhte Ausgaben vor allem beim Wohnungsbau und der Subventionierung von Preisen. Allerdings hielt man sich in der politischen Praxis nicht an die Konzeption einer aufeinander abgestimmten Wirtschafts- und Sozialpolitik: Zwar wurde der verantwortlichen Führung bald klar, dass die sozialen Maßnahmen die ökonomische Leistungskraft überstiegen. Da die Sozialpolitik aber dem Kriterium der Herrschaftssicherung folgte, setzte man trotz sich verschlechternder wirtschaftlicher Rahmenbedingungen das kostenintensive Programm fort.

Die angespannte außen- und binnenwirtschaftliche Lage verringerte den ökonomischen Spielraum der DDR zusehends. Der von den westlichen Staaten vollzogene Strukturwandel fand in der DDR nicht statt. Während sich der Westen Deutschlands verstärkt innovativen Ideen und neuen Märkten öffnete, beharrte der SED-Staat auf den Grundsätzen der sozialistischen Ökonomie. So waren DDR-Produkte auf den internationalen Märkten immer weniger konkurrenzfähig, die Verschuldung nahm zu. Der ostdeutsche Teilstaat bewegte sich in seinem letzten Jahrzehnt am Rand des Staatsbankrotts. Die Versorgung wurde schlechter, die Schlangen vor den Geschäften länger. Da die Parteiführung ihr Versprechen – materiellen Wohlstand gegen politisches Wohlverhalten – nicht erfüllen konnte, wuchs in der Bevölkerung die Unzufriedenheit.

In einer Vorlage für das SED-Politbüro vom 24. Oktober 1989 wird ungeschminkt die ökonomische Lage der DDR dargestellt. Die Analyse des Vorsitzenden der Staatlichen Plankommission Gerhard Schürer gleicht einem wirtschaftspolitischen Offenbarungseid:

»Die Verschuldung im nichtsozialistischen Wirtschaftsgebiet ist seit dem VIII. Parteitag [1971] gegenwärtig auf eine Höhe gestiegen, die die Zahlungsfähigkeit der DDR in Frage stellt. [...] Im Zeitraum seit dem VIII. Parteitag wuchs insgesamt der Verbrauch schneller als die eigenen Leistungen. Es wurde mehr verbraucht, als aus eigener Produktion erwirtschaftet wurde zu Lasten der Verschuldung im NSW [Nichtsozialistischen Wirtschaftsgebiet], die sich von 2 Mrd. VM 1970 auf 49 Mrd. VM 1989 erhöht hat. Das bedeutet, daß die Sozialpolitik seit dem VIII. Parteitag nicht in vollem Umfang auf eigenen Leistungen beruht, sondern zu einer wachsenden Verschuldung im NSW führte. [...] Bei der Einschätzung der Kreditwürdigkeit eines Landes wird international davon ausgegangen, daß die Schuldendienstrate – das Verhältnis von Export zu den im gleichen Jahr fälligen Kreditrückzahlungen und Zinsen – nicht mehr als 25 % betragen sollte. Damit sollen 75 % der Exporte für die Bezahlung von Importen und sonstigen Ausgaben zur Verfügung stehen. Die DDR hat, bezogen auf den NSW-Export, 1989 eine Schuldendienstrate von 150 %. [...] Allein ein Stoppen der Verschuldung würde im Jahre 1990 eine Senkung des Lebensstandards um 25–30 % erfordern und die DDR unregierbar machen. Selbst wenn das der Bevölkerung zugemutet werden würde, ist das erforderliche exportfähige Endprodukt in dieser Größenordnung nicht aufzubringen.«
(»Analyse der ökonomischen Lage der DDR mit Schlußfolgerungen«, zitiert nach: Das Parlament Nr. 38 vom 23. September 1994, Seite 13 f.)

Der Unmut der Bevölkerung bezog sich vor allem auf das quantitativ wie qualitativ beschränkte Warenangebot, unzureichende Dienstleistungen, die veraltete Infrastruktur und eine fortschreitende Umweltzerstörung. Außerdem stießen das leistungshemmende Einkommenssystem und die fehlenden Aufstiegschancen der arbeitenden Bevölkerung auf immer heftigere Kritik. Berufliche Entfaltungsmöglichkeiten waren eingeschränkt: Führungspositionen wurden weniger nach fachlicher Qualifikation als nach Linientreue und sozialistischer Gesinnung vergeben. Enttäuschung und Verärgerung über die eigenen Lebensumstände nahmen zu. Die vor diesem Hintergrund offensichtlicher werdende Distanz großer Teile der Bevölkerung zum SED-Regime führte zu einem weiteren Autoritätsverlust der politischen Führung.

Machtverfall der SED

Die SED-Herrscher standen auf allen Gebieten der Politik, Gesellschaft und Wirtschaft vor einem Dilemma, dem sie taten- und führungslos begegneten. Je stärker das Weltbild der Altherrenriege im Politbüro und Zentralkomitee der SED ins Wanken geriet, umso verunsicherter reagierte sie auf Kritik und Widerspruch, desto mehr entbehrte ihr Agieren einer klaren Linie. Die im Land lauter werdenden Forderungen nach Reformen, den wachsenden Diskussionsbedarf der Bürger über mögliche alternative Wege der Gesellschaft und die zunehmende Kritik an Maßnahmen der SED beantwortete sie mit Repression.

Die Aufgabe des Machtmonopols und die Überwindung der stalinistischen Herrschaftsprinzipien sowie die notwendigen Wandlungs- und Modernisierungsprozesse lagen außerhalb des Handlungsspektrums der DDR-Führung. Der sozialistische Staat erwies sich als nicht reformierbar.

Auslöser und Verlauf der Revolution in der DDR

Kommunalwahlen

Die Krise des SED-Regimes hätte sich wohl noch einige Zeit hinziehen, sein Verfall noch andauern können, wenn 1989 nicht Umstände hinzugekommen wären, die unmittelbar für das Scheitern der Politik des Politbüros wirksam wurden und den Umbruch herbeiführten. Fast unmerklich begann im Frühsommer 1989 ein Prozess, der innerhalb weniger Wochen dramatische Ausmaße annahm. Zwar konnten die Machthaber noch den 40. Jahrestag der DDR-Gründung feiern, doch bald darauf sollte die Herrschaft der SED endgültig beendet sein.

In dem sich wandelnden binnen- und weltpolitischen Klima fanden am 7. Mai 1989 Kommunalwahlen in der DDR statt. Mit ihnen erreichte der innergesellschaftliche Konflikt eine neue Dimension.

Stichwort
Wahlen in der DDR

In der DDR gab es keine freien Wahlen nach demokratischen Regeln. Bei den alle fünf Jahre durchgeführten Wahlen zur Volkskammer und zu den örtlichen Volksvertretungen stimmte der Wähler nicht über konkurrierende Parteien oder Kandidaten ab. Es ging nicht um politische Alternativen, sondern darum, die Inhaber der Macht durch ein Plebiszit öffentlichkeitswirksam zu bestätigen und die angebliche Übereinstimmung des Volkes mit den Herrschenden zu demonstrieren. Den Wählern wurde eine Einheitsliste vorgelegt, auf der die Kandidaten aller Parteien und verschiedener Massenorganisationen auf der Grundlage des von der SED vorgegebenen Wahlprogramms und entsprechend der von der Staatspartei vorher festgelegten Mandatszahl vereinigt waren. Eine Auswahlmöglichkeit bestand nicht, vielmehr lag das Ergebnis, also die Zusammensetzung der jeweiligen Volksvertretung, von vornherein fest. Die SED erhielt 25,4 Prozent der 500 Volkskammermandate, die vier Blockparteien CDU, LDPD, NDPD und DBD bekamen je 10,4 Prozent. Einige Massenorganisationen waren ebenfalls vertreten: der Freie Deutsche Gewerkschaftsbund (FDGB) mit 12,2 Prozent, die Freie Deutsche Jugend (FDJ) mit 7,4 Prozent, der Demokratische Frauenbund (DFD) mit 6,4 Prozent, der Kulturbund mit 4,2 Prozent und die Vereinigung der gegenseitigen Bauernhilfe (VdgB) mit 2,8 Prozent. Da die meisten Repräsentanten der Massenorganisationen zugleich der SED angehörten, verfügte diese über eine absolute Mehrheit der Sitze in der Volkskammer. Die Wahlen beschränkten sich also auf die Zustimmung der Bürger zu der vorgelegten Einheitsliste. Eine Abwahl einer der Parteien oder Organisationen war nicht möglich. Obwohl die Verfassung geheime Wahlen vorsah, wurden die Wähler zur offenen Stimmabgabe genötigt. Als Wahlakt galt nicht das geheime Ankreuzen des Stimmzettels in der Wahlkabine, sondern das öffentliche Einwerfen des unveränderten Stimmzettels in die Wahlurne (»Zettelfalten«). Die Benutzung der Wahlkabine wurde als Ausdruck zumindest einer ablehnenden Haltung gewertet.

Ergebnisse der Wahlen zur Volkskammer der DDR 1950 bis 1986

Angaben in Prozent

Wahljahr	Ja-Stimmen	Wahljahr	Ja-Stimmen
1950	99,72	1971	99,85
1954	99,46	1976	99,86
1958	99,87	1981	99,86
1963	99,95	1986	99,94
1967	99,93		

Nach: Geschichte der DDR, Informationen zur politischen Bildung 231, hrsg. von der Bundeszentrale für politische Bildung, Bonn 1991, Seite 27.

Kommunalwahlen 1989

Nach den Kommunalwahlen vom 7. Mai 1989 verkündete die Partei ein amtliches Ergebnis von 98,85 Prozent für die Einheitsliste. Erstmals in der Geschichte der DDR gab sie weniger als 99 Prozent Ja-Stimmen zu. Auch die Wahlbeteiligung lag mit 98,78 Prozent unter den zuletzt üblicherweise verkündeten Werten. Um den Vorgaben der Parteispitze zumindest annähernd zu entsprechen, wurde bei der Stimmenauszählung im Wahllokal ebenso wie bei der überregionalen Zusammenfassung der Ergebnisse manipuliert sowie die Wahlbeteiligung durch Streichung von Nichtwählern aus den Listen künstlich erhöht. Den Nachweis, dass

Bei der Kommunalwahl in der DDR am 7. Mai 1989 werden in vielen Wahllokalen die Stimmen erstmals unter den kritischen Augen von Bürgerrechtlern ausgezählt.

---

weit mehr Gegenstimmen als offiziell angegeben zu verzeichnen waren, erbrachten oppositionelle Bürgergruppen. Sie hatten die öffentliche Auszählung der Wahlergebnisse überwacht und zehn bis zwanzig Prozent Nein-Stimmen errechnet.

> Am 7. Februar 1992 wurde der frühere Oberbürgermeister von Dresden, Wolfgang Berghofer, wegen der Fälschungen bei den Kommunalwahlen in der DDR am 7. Mai 1989 zu einem Jahr Freiheitsstrafe auf Bewährung verurteilt. In der Begründung des Urteils beschreibt das Dresdener Bezirksgericht die Praxis der Wahlfälschungen in der DDR:
> »Die Geschichte der Wahlen in der DDR ist somit auch eine Geschichte der Fälschungen der Wahlergebnisse. [...] Die Fälschungen und Manipulationen waren bei früheren Wahlen zumeist im Wahllokal bei der Auszählung der Stimmen. Daneben wurde aber auch in den Wahlkommissionen gefälscht. Dies geschah zunehmend ab Mitte der achtziger Jahre, nachdem oppositionelle Kreise damit begonnen hatten, die Auszählung in den Wahllokalen zu kontrol-

lieren. Hierbei wurden die Zahlen, die aus den Wahllokalen gemeldet wurden, in den örtlichen Wahlkommissionen verändert und die veränderten Zahlen an die überörtlichen Wahlkommissionen weitergegeben. Den Wahlvorständen waren zuvor von Parteibeauftragten ›Wahlprognosen‹ teils mündlich, teils schriftlich übergeben worden, wonach mit einer bestimmten Wahlbeteiligung, einem bestimmten Ja-Stimmen-Anteil und einer bestimmten Anzahl ungültiger Stimmen ›gerechnet‹ werde. Die Wahlvorstände verstanden diese ›Wahlprognosen‹ als von der Parteizentrale gewolltes Wahlergebnis und richteten sich danach.«
(Bezirksgericht Dresden vom 7. Februar 1992, 3 KLs 51 Js 530/91, Seite 17.)

Die offensichtliche Wahlfälschung löste Unmut aus. Zahlreiche empörte Bürger und Regimekritiker erhoben amtlich Einspruch und erstatteten Hunderte von Strafanzeigen gegen die Verantwortlichen. In Ost-Berlin und Leipzig kam es außerdem zu kleineren Demonstrationen. Die Manipulation der Kommunalwahl untergrub die Glaubwürdigkeit der SED-Führung um ein weiteres. Die Unzufriedenheit im Land erfasste immer breitere Kreise. Die Menschen verloren allmählich die Angst vor dem Regime. Indem viele ihre ablehnende Haltung öffentlich mit ihrer Nein-Stimme und der Kontrolle der Auszählung dokumentierten, ließen sie ihr gewachsenes Selbstbewusstsein gegen die Allmacht von Partei und Staat erkennen. Gleichzeitig bot sich der Bürgerbewegung eine Plattform, um mit ihren Forderungen nach Veränderung stärker als bisher an die Öffentlichkeit zu gehen. Die durch das geschönte Wahlergebnis ausgedrückte Verachtung des Volkswillens durch die SED förderte die Koordination der Bürgeropposition.

Harte Linie der SED

Doch die SED-Führung machte deutlich, wie sie darauf zu reagieren gedachte. Die Zustimmung zur brutalen Niederschlagung des Protestes chinesischer Studenten auf dem Platz des Himmlischen Friedens in Peking Anfang Juni 1989 signalisierte, welche Mittel die SED-Führung im äußersten Fall bereit hielt. Die Diffamierung der friedlich für Demokratie und Menschenrechte demonstrierenden Studenten als Konterrevolutionäre empfanden viele als eine Warnung an die Bevölkerung. Dennoch wuchs im Sommer 1989 die moralische Empörung der Bürger an. Die Einschüchterungsversuche der Staats- und Parteiführung förderten die Solidarisierung mit der chinesischen Demokratiebewegung und führten zu Protestveranstaltungen in zahlreichen Kirchen.

Massenflucht

Die Entscheidungen der SED im Revolutionsjahr trugen erheblich zu der aufgeladenen Atmosphäre bei. Schon im Januar 1989 hatte Erich Honecker erklärt, der »antifaschistische Schutzwall« habe die Lage in Europa stabilisiert und den Frieden gesichert. Die Mauer bleibe so lange bestehen, wie die Bedingungen nicht geändert würden, die zu ihrer Errichtung geführt hätten; die Mauer werde noch fünfzig oder hundert Jahre stehen. Die Erklärung empörte die Bürger. Viele Menschen sahen ohnehin keine Zukunft mehr in der DDR und strebten aus dem Land. Lag die Zahl der ausreisewilligen Menschen Anfang der achtziger Jahre bei zwanzig- bis fünfzigtausend pro Jahr, gab es im ersten Halbjahr 1989 über hundertfünfundzwanzigtausend Antragsteller. Mit dem Abbau des Stacheldrahts an der ungarisch-österreichischen Grenze im Mai 1989 und der Aufkündigung der »Grenzsicherungsgemeinschaft« des Ostblocks durch die Regierung in Budapest Anfang September wurde aus der bis dahin staatlich kontrollierten Ausreise eine nicht mehr zu steuernde Fluchtbewegung.

Die Öffnung der Westgrenzen – zunächst nur für die eigenen Bewohner – ließ Ungarn zur Hoffnung für viele fluchtwillige Ostdeutsche werden. Im Juli 1989 erschienen in den Medien erste Meldungen über die Versuche von DDR-Bürgern, die ungarisch-österreichische Grenze zu überschreiten. Außerdem versuchten Hunderte, durch eine Besetzung der diplomatischen Vertretungen der Bundesrepublik Deutschland ihre Ausreise zu erzwingen. Am 8. August mussten darum die Ständige Vertretung der Bundesrepublik in Ost-Berlin sowie am 13. und 23. August die Botschaften in Budapest und Prag wegen Überfüllung schließen. Am 24. August erhielten hundertacht Flüchtlinge in Budapest, ausgestattet mit Papieren des Internationalen Roten Kreuzes, die Ausreiseerlaubnis.

Öffnung der ungarischen Westgrenze

Daraufhin schwoll der Flüchtlingsstrom nochmals an. Viele DDR-Bürger nutzten die Gelegenheit, die sich ihnen in den sozialistischen Nachbarstaaten eröffnete. Aus ihren Urlaubsquartieren flohen immer mehr Menschen in die bundesdeutschen Botschaften, um über diesen Weg in den Westen zu gelangen. Ihre Hoffnungen sollten sich erfüllen.

In diesem Zusammenhang zitiert der Politologe Hans-Hermann Hertle den ungarischen Ministerpräsidenten:
»Am 25. August flogen Ministerpräsident Németh und Außenminister Horn in geheimer Mission nach Bonn. Németh eröffnete das Gespräch mit Bundeskanzler Kohl und Außenminister Genscher nach seinen

Ein Polizist vor der Ständigen Vertretung der Bundesrepublik bei der DDR in Ost-Berlin. Als exterritorialer Platz ist sie in den achtziger Jahren auch zu einem Fluchtort für ausreisewillige DDR-Bürger geworden.

Angaben mit den Worten: ›Herr Bundeskanzler, Ungarn hat sich entschieden, den DDR-Bürgern die freie Ausreise zu erlauben. Wir haben uns dazu vor allem aus humanitären Gründen entschieden.‹«
(Hans-Hermann Hertle, Chronik des Mauerfalls. Die dramatischen Ereignisse um den 9. November 1989, Berlin 2009, Seite 68.)

Bahnhof im bayerischen Hof am 5. Oktober 1989: Ein Sonderzug mit DDR-Flüchtlingen aus Prag über Dresden trifft in der Bundesrepublik ein.

Am 11. September 1989 öffnete Ungarn seine Grenze nach Österreich, alle im Land befindlichen DDR-Flüchtlinge (mittlerweile etwa siebentausend) konnten in den Westen ausreisen. Erstmals seit dem 13. August 1961 hatte der Eiserne Vorhang ein Loch. Die SED-Führung reagierte empört, warf der Regierung in Budapest die Verletzung völkerrechtlicher Verträge und die Einmischung in ihre inneren Angelegenheiten vor. Aber Ungarn war weder bereit, seine Entscheidung zurückzunehmen, noch gab es im Warschauer Pakt eine Mehrheit für die starre Position der DDR. Die offiziellen Medien der DDR machten ausschließlich materielle Anreize und westliche Propaganda für die Entwicklung verantwortlich, um von den eigenen Schwierigkeiten abzulenken. »Man sollte ihnen deshalb keine Träne nachweinen«, hieß es lakonisch in einem persönlich von Honecker redigierten Kommentar der SED-Parteizeitung »Neues Deutschland« vom 2. Oktober 1989 über die Flüchtlinge.

Massenflucht

Die ungarische Entscheidung zog weitere Massenausreisen nach sich. Innerhalb von nur drei Wochen verließen fünfundzwanzigtausend Menschen den ostdeutschen Staat. Als das Honecker-Regime Ende September mit einem Reiseverbot nach Ungarn reagierte, nahm die Zahl der Flüchtlinge in den bundesrepublikanischen Botschaften in Prag und

Flüchtlinge und Übersiedler aus der DDR in die Bundesrepublik Deutschland Januar 1989 bis Juni 1990

Zeitraum	Übersiedler				
	Ohne Genehmigung (Flüchtlinge)		Mit Genehmigung (legale Ausreiser)		Insgesamt
	Anzahl	Prozent	Anzahl	Prozent	Anzahl
1989					
Januar	889	19,1	3 741	80,9	4 627
Februar	921	18,4	4 087	81,6	5 008
März	1 184	20,9	4 487	79,1	5 671
April	891	15,1	4 996	84,9	5 887
Mai	1 527	14,3	9 115	85,7	10 642
Juni	1 783	14,3	10 645	85,7	12 428
Juli	2 144	18,3	9 563	81,7	11 707
August	8 143	38,9	12812	61,1	20 955
September	21 352	64,2	11 903	35,8	33 255
Oktober	26 426	46,3	30 598	53,7	57 024
November	—	—	—	—	133 429
Dezember	—	—	—	—	43 221
Zusammen	—	—	—	—	343 854
Januar bis Oktober	65 257	39,0	101 947	61,0	167 204
1990					
Januar	—	—	—	—	73 729
Februar	—	—	—	—	63 893
März	—	—	—	—	46 241
April	—	—	—	—	24 615
Mai	—	—	—	—	19 217
Juni	—	—	—	—	10 689
Januar bis Juni	—	—	—	—	238 384

Angaben des Bundesausgleichsamtes, Bad Homburg vor der Höhe. Zitiert nach: Hartmut Wendt, Die deutsch-deutsche Wanderung – Bilanz einer 40jährigen Geschichte von Flucht und Ausreise, in: Deutschland Archiv 24, 1991, Seite 393.

Warschau dramatisch zu. Die Bundesregierung bemühte sich erfolgreich, durch Verhandlungen eine Lösung zu finden. Anfang Oktober gelangten Tausende DDR-Bürger, die sich in beiden Botschaften aufgehalten hatten, mit Sonderzügen über das Gebiet der DDR nach Westdeutschland. Dabei kam es am 4. Oktober 1989 rund um den Dresdener Hauptbahnhof zu gewalttätigen Auseinandersetzungen zwischen Sicherheitskräften und mehr als dreitausend Demonstranten, die ebenfalls ausreisen wollten und versuchten, auf die Züge aufzuspringen. In Dresden herrschten bürgerkriegsähnliche Zustände.

Im Jahr 1989 siedelten fast dreihundertfünfzigtausend Ostdeutsche in den Westen über. Diese »Abstimmung mit den Füßen« war ein sichtbares Indiz für die Krise der staatlichen Autorität und den Realitätsverlust der Machthaber. Der Mangel an Kompetenz in der Führungsriege um Honecker hatte ein Ausmaß erreicht, das dem System den letzten Rest an Loyalität der meisten Bürger entzog. Indem die Flüchtlinge den sozialistischen Staat nach innen und außen delegitimierten, trugen sie maßgeblich zum Ende des Regimes bei.

Massenproteste und Opposition

Die Auswanderungsbewegung war der eigentliche Auslöser für die Revolution in der DDR. Das Weggehen vieler Menschen und die anschwellenden Proteste hingen eng zusammen. Die Fernsehbilder über die Fluchtbewegung führten in der DDR-Bevölkerung eine Debatte über die Ursachen des Exodus herbei. Der überwiegende Teil derjenigen, die in den Westen gingen, waren junge, gut ausgebildete Menschen. Neunzig Prozent waren jünger als vierzig Jahre, siebzig Prozent jünger als dreißig Jahre. Ein Viertel hatte das Abitur, etwa neun Zehntel eine abgeschlossene Berufsausbildung. Die Lücken, die ihr Weggang riss, konnten nicht mehr geschlossen werden. Die Fluchtwelle offenbarte den Zustand des Staates und brachte die schwelende Krise zum Ausbruch. Sie ermutigte zugleich diejenigen, die im Land blieben, sich aber mit den bestehenden Verhältnissen nicht abfinden wollten. Ihnen war klar, dass es angesichts der ernsten Lage nicht wie bisher weitergehen konnte. Immer mehr Menschen schlössen sich den nun beginnenden Demonstrationen an, zu denen sich Oppositionsgruppen im kirchlichen Raum trafen. Aus den Rufen »Wir wollen raus!« wurde die trotzige Losung »Wir bleiben hier!« – eine offene Kampfansage an die SED.

Hatte es zunächst so ausgesehen, als würde durch den massenhaften Weggang kritisch eingestellter Menschen das oppositionelle Potenzial geschwächt, stellte sich bald heraus, dass gerade der Flüchtlingsstrom den oppositionellen Kräften aus den Reihen der schweigenden Mehrheit neue Mitstreiter zuführte: Die Massenausreise wurde zur Voraussetzung des sich entfaltenden Massenprotestes.

Der Historiker Ralph Jessen beschreibt die Bedeutung von Flucht und Ausreise für das Erstarken der Protestbewegung in der DDR:
»Die Ausreise- und Fluchtwelle wirkte als kritisches Initialereignis, das die Erwartungen und Wahrnehmungsroutinen der Menschen erschütterte, in dem sich individuelle Betroffenheit zu kollektiver Krisenwahrnehmung verdichtete und das zu einer neuen, handlungsleitenden Situationsdeutung führte. Diese geänderte Situationsdeutung bezog sich sowohl auf die Beurteilung des politischen Regimes, das von immer mehr Menschen nicht nur als ›schlecht‹, sondern auch als handlungsunfähig und ›unmoralisch‹ wahrgenommen wurde, als auch auf die eigene Person. Immer mehr ganz normalen DDR-Bürgern erschienen die Folgen passiven Ausharrens bedenklicher als das Risiko aktiven Widerspruchs.«
(Ralph Jessen, Massenprotest und zivilgesellschaftliche Selbstorganisation in der Bürgerbewegung von 1989/90, in: Revolution und Vereinigung 1989/90. Als in Deutschland die Realität die Phantasie überholte, hrsg. von Klaus-Dietmar Henke, München 2009, Seite 166.)

Demonstrationen

Nachdem es seit Mai 1989 regelmäßig kleinere Protestaktionen wegen der gefälschten Ergebnisse der Kommunalwahlen gegeben hatte, spitzten sich Anfang Oktober die Verhältnisse zu. Die Zahl der Demonstrationen und der daran Beteiligten stieg sprunghaft an und entwickelte eine eigene Dynamik. Die ursprünglich aus dem engen Kreis der Friedensgebete in der Leipziger Nikolaikirche hervorgegangenen Montagsdemonstrationen wurden im Oktober 1989 zum Inbegriff des Revolutionsgeschehens. Innerhalb von nur sechs Wochen stieg die Zahl der Demonstranten um mehr als das Zweihundertfache. Die eigentliche Revolution begann. Trotz der Gefahr gewaltsamen Einschreitens der Sicherheitskräfte blieben die Demonstrationen, von einigen Übergriffen der Polizei abgesehen, friedlich. Außer in Leipzig gingen auch in anderen größeren und kleineren Städten die Menschen auf die Straße.

Ilko-Sascha Kowalczuk, Historiker und Mitarbeiter der Behörde der Bundesbeauftragten für die Unterlagen des Staatssicherheitsdienstes der ehemaligen Deutschen Demokratischen Republik (BStU), hat die Zahl der Demonstrationen im Herbst 1989 in der DDR ausgewertet:
»Die Demonstrationen erfassten bis zum 9. November etwa 250 Städte und Gemeinden. An ihnen beteiligten sich mehrere Hunderttausend Bürger und Bürgerinnen. In vielleicht nochmals 500, 600 Städten und Gemeinden gab es öffentliche oppositionelle Aussprachen und Diskus-

„Wir sind das Volk!". Die Leipziger Montagsdemonstrationen sind im Herbst 1989 Brennpunkt der Friedlichen Revolution.

sionen in Kirchen und anderen öffentlichen Gebäuden mit nochmals Zehntausenden Teilnehmern. Und selbst wenn in Rechnung zu stellen ist, dass praktisch in jeder Amtsstube, in jedem Betrieb, an jeder Hochschule, in der LPG oder Kaserne die Menschen in diesen Tagen über nichts anderes sprachen als über die innenpolitischen Vorgänge und die künftigen Entwicklungen, so blieben dennoch Millionen öffentlich passiv. Auch wenn in allen Großstädten und fast allen größeren Städten Demonstrationen und öffentliche Bürgergespräche stattfanden – in der DDR existierten 7563 Städte und Gemeinden, von denen bei großzügiger Schätzung Ende Oktober, Anfang November in etwa 800 oppositionelle Veranstaltungen stattfanden. Allerdings lebten in den 224 Städten mit mehr als 10 000 Einwohnern, die fast alle öffentlichen Aktionen aufweisen, etwa 60 Prozent der Gesamtbevölkerung, allein in den 15 Städten mit mehr als 100 000 Einwohnern über 27 Prozent. Selbst wenn sich nur ein geringer Teil der Bevölkerung aktiv beteiligte, so blieb selbst die inaktive Mehrheit nicht unberührt. [...]

Revolutionen sind niemals die Angelegenheiten einer Mehrheit. Die Minderheit begehrt nicht nur gegen kleine Herrschaftscliquen, ihren Massenanhang und/oder ihre Claqueure auf, sondern auch gegen die schweigende, passive Mehrheit. Revolutionen sind auch ein Kampf

Leipziger Montagsdemonstrationen von September 1989 bis März 1990

Montage	Teilnehmer	Montage	Teilnehmer
4. September 1989	1 200	4. Dezember	85 000
11. September	1 300	11. Dezember	75 000
18. September	2 500	18. Dezember	85 000
25. September	5 750	8. Januar 1990	150 000
2. Oktober	14 000	15. Januar	135 000
9. Oktober	70 000	22. Januar	112 500
16. Oktober	125 000	29. Januar	55 000
23. Oktober	225 000	5. Februar	75 000
30. Oktober	250 000	12. Februar	90 000
6. November	300 000	19. Februar	25 000
13. November	250 000	26. Februar	7 500
20. November	175 000	5. März	5 000
27. November	150 000	12. März	35 000

Zitiert nach: Friedliche Revolution 1989/90 in Sachsen, hrsg. von Hartmut Zwahr u. a., Leipzig/Dresden 2009, Seite 18 ff.

um diese Mehrheit. Wer sie für die eigene Angelegenheit mobilisieren kann, ist meistens siegreich. Die DDR-Revolution von 1989/90 stellt dafür ein nun auch klassisch zu nennendes Beispiel dar.«
(Ilko-Sascha Kowalczuk, Endspiel. Die Revolution von 1989 in der DDR, München 2009, Seite 436 f.)

Im Mittelpunkt der Massendemonstrationen stand das Verlangen nach einer demokratischen Umgestaltung der DDR, nach Parteienpluralismus und Zulassung oppositioneller Gruppen, nach wirtschaftlichen Reformen sowie freien Wahlen und Reisefreiheit. Der Ruf der Demonstrierenden »Wir sind das Volk!« wurde zum Symbol für die Emanzipation der Gesellschaft vom SED-Staat, für die Ablehnung des Totalitätsanspruchs der Einheitspartei. Je länger die SED an ihrer starren Haltung festhielt, desto mehr verwandelten sich die Forderungen nach Erneuerung in Proteste gegen das sozialistische System als solches.

Kirche und Opposition

Die Evangelischen Kirchen spielten eine wichtige Rolle bei der Herausbildung der unabhängigen Oppositionsbewegung in der DDR.

Der Kirchenhistoriker Peter Maser beschreibt Gemeinsamkeiten und Differenzen von Kirche und Opposition:

»Die Gruppen waren sachlich und personell mit den Kirchen verbunden. Diese gewährte den in den Gruppen engagierten Menschen vor allem individuelle Hilfe. Sie nahmen in persönlichen Gesprächen und auf ihren Synoden auch immer wieder den keineswegs stets spannungsfreien Dialog mit den Anliegen der Opposition auf und boten den Gruppen damit eine begrenzte Öffentlichkeit. Darüber hinaus wirkten die Kirchen insgesamt als ›Schutzdach‹ für die allmählich erstarkende Oppositionsbewegung. Trotzdem konnten sich die Kirchenleitungen, aber auch weite Teile der Gemeinden niemals vollständig mit den Auffassungen und Aktivitäten der Gruppenvertreter identifizieren. So kam es immer wieder auch zu Disziplinierungsversuchen gegenüber der Opposition, die zwischen Staats- und Kirchenvertretern abgesprochen worden waren. Die Gemeinsamkeit von Kirchen und Opposition war also, trotz aller sachlicher und personeller Verflechtungen, bei genauer Betrachtung eine Zwangsgemeinschaft, die nur so lange funktionierte, wie der Repressionsapparat des SED-Staates existierte. Das schloss jedoch keineswegs aus, dass Kirche und Opposition auch immer wieder bewusst Seite an Seite opponierten.«

(Peter Maser, Die Kirchen in der DDR, Bonn 2000, Seite 129.)

Opposition formiert sich

Die entscheidende Initiative für den Massenprotest ging von den Bürgerbewegungen aus. Die Gunst der Stunde nutzend, gelang es den Oppositionsgruppen, sich auch außerhalb der Kirchen Gehör zu verschaffen. Sie verstanden es, die Wünsche der Bevölkerung nach Mitsprache und demokratischer Umgestaltung des Systems aufzugreifen und öffentlich zu diskutieren. Indem sie zur Mitgestaltung aufforderten, boten sie den Bürgern Handlungsmöglichkeiten, die ihnen der SED-Staat vorenthielt.

In kurzer Zeit bildeten sich zahlreiche neue politische Parteien, Organisationen und Vereinigungen. Angesichts der erfolgreichen Demonstrationen organisierten sich die Oppositionellen, die bisher privat oder unter dem Schutz der Kirche gearbeitet hatten, im September und Oktober 1989 landesweit. So wuchsen eher kleine Menschen- und Bürgerrechtsbewegungen rasch zu ernst zu nehmenden politischen Kräften heran.

Die bedeutendste oppositionelle Gruppierung jener Zeit war das Neue Forum. Es wurde am 9. September von dreißig Vertretern aus elf Bezirken der DDR gegründet. Zu den Initiatoren gehörten Bärbel Bohley, Katja Havemann, Sebastian Pflugbeil und Jens Reich. Das Neue Forum wollte eine Bürgerbewegung sein, keine Partei. Es verstand sich, wie es im Gründungsaufruf hieß, als gemeinsame »politische Plattform für die ganze DDR, die es Menschen aus allen Berufen, Lebenskreisen, Parteien und Gruppen möglich macht, sich an der Diskussion und Bearbeitung lebenswichtiger Gesellschaftsprobleme in diesem Land zu beteiligen« (Die deutsche Vereinigung. Dokumente zu Bürgerbewegung, Annäherung und Beitritt, hrsg. von Volker Gransow und Konrad H. Jarausch, Köln 1991, Seite 60 f.). In inhaltlichen Fragen hielt sich dieses erste Papier bewusst zurück. Konkrete Ziele, die die Staatsmacht zusätzlich provoziert hätten, fehlten ebenso wie ein Bekenntnis zum Sozialismus. Statt dessen konstatierte der Aufruf eine Störung der Beziehungen zwischen Staat und Gesellschaft und forderte einen öffentlichen demokratischen Dialog im Sinn einer Erneuerung des Landes.

Am 19. September beantragte das Neue Forum beim Ministerium des Innern die Zulassung als politische Vereinigung und griff dadurch als erste Gruppe das Organisationsmonopol der SED an. Der Antrag wurde nur einen Tag später mit der Begründung abgelehnt, beim Neuen Forum handele es sich um eine »staatsfeindliche« Organisation, für die »keine gesellschaftliche Notwendigkeit« bestehe. Trotz des Verbots, oder gerade darum, wurde die überparteiliche Bürgerbewegung zum Symbol der Auflehnung. Schon nach zwei Wochen hatten viertausendfünfhundert Menschen den Aufruf unterzeichnet; bis Mitte November waren es bereits über zwanzigtausend.

Im gleichen Zeitraum formierten sich weitere oppositionelle Gruppierungen. Die Bürgerbewegung Demokratie Jetzt veröffentlichte am 12. September einen Gründungsaufruf, den unter anderem Hans-Jürgen Fischbeck, Ludwig Mehlhorn, Wolfgang Ullmann und Konrad Weiß unterzeichnet hatten. Neben einer demokratischen Erneuerung der DDR setzte sich Demokratie Jetzt für einen demokratischen Sozialismus ein.

In eine ähnliche Richtung zielten auch die programmatischen Vorstellungen des Demokratischen Aufbruchs, der sich am 1. Oktober in Berlin auf Initiative von über achtzig Oppositionellen, unter ihnen Rainer Eppelmann, Ehrhart Neubert, Rudi Pahnke, Edelbert Richter und Wolfgang Schnur, gründete und am 30. Oktober als Partei konstituierte, weil man im Gegensatz zu manch anderer Gruppierung die Übernahme politischer Verantwortung anstrebte. Die stark von kirchlichen Mitarbeitern geprägte Vereinigung forderte eine Pluralisierung von Staat und Gesellschaft mit einer sozialen Ausrichtung.

Am 7. Oktober trat schließlich die Sozialdemokratische Partei in der DDR (SDP) an die Öffentlichkeit. Ibrahim Böhme, Martin Gutzeit, Stefan Hilsberg, Markus Meckel und die anderen Gründungsmitglieder traten mit der SDP, die sich im Januar 1990 in SPD umbenannte, für die parlamentarische Demokratie, den Rechtsstaat und die soziale Marktwirtschaft ein.

Die in der Anfangsphase des Umbruchs entstandenen Gruppierungen SPD, Neues Forum, Demokratischer Aufbruch und Demokratie Jetzt erlangten die größte Bedeutung innerhalb der Opposition. In einer zweiten Phase bildeten sich von Oktober 1989 bis Januar 1990 noch viele andere Parteien und Organisationen wie die Grüne Partei, der Unabhängige Frauenverband oder die Vereinigte Linke. Sie alle kämpften hauptsächlich für eine umfassende Demokratisierung der DDR. Jenseits dieses verbindenden Elements war ihre Zusammensetzung jedoch so heterogen, dass sie später Schwierigkeiten hatten, wahlkampf-taugliche Programme mit unverwechselbaren Standpunkten zu entwickeln und Mehrheiten bei Wahlen zu gewinnen. Dieses schmälerte freilich nicht ihre Verdienste als Initiatoren der Massenbewegung und des demokratischen Umbruchs.

Der Religionssoziologe und ehemalige Bürgerrechtler Ehrhart Neubert beschreibt die schwierigen Arbeitsbedingungen der neuen oppositionellen Gruppierungen im Herbst 1989:

»Die Oppositionellen mussten eine enorme Organisationsarbeit leisten, ohne über nennenswerte Kommunikationsmittel, Geld und Papiervorräte verfügen zu können. Sie mussten Friedensgebete und Demonstrationen vorbereiten und durchführen, interne Konferenzen, Verbindungen zu Journalisten, später zu westlichen Politikern und ausländischen Botschaften knüpfen sowie Besuchergruppen und Revolutionstouristen aus aller Welt betreuen. Von September bis Dezember reisten die Initiatoren und Führungsleute unter schwierigsten Bedingungen durchs ganze Land, stellten ihre Gruppen vor, versuchten Aufbauhilfe zu leisten, stritten sich mit Kirchenoberen, die Hilfe verweigerten, und hielten Reden. Die Krise der SED verlief schneller als der Aufbau der Opposition. Die große Öffentlichkeit, die die Oppositionsgruppen im Westen hatten, täuschte über ihre tatsächliche Lage. Sie verfügten über keine eigenen Medien und waren noch monatelang auf Veröffentlichungen in der Art des alten Samisdat angewiesen. [...] Die Opposition war bis in die Inhalte ihrer Politik von einem Überforderungs-Syndrom gezeichnet, stand unter einem selbst auferlegten Erfolgszwang und musste gleichzeitig noch mit gesellschaftlichen Widerständen fertig werden. Bis zum Sturz Honeckers waren zudem die offenen Repressionen und Behinderungen spürbar.«

(Ehrhart Neubert, Geschichte der Opposition in der DDR 1949–1989, 3. Aufl., Berlin 2003, Seite 858.)

Niedergang der SED

40. Jahrestag der DDR

Die SED sah sich nicht nur mit der Problematik von Massenflucht und Bürgerprotesten konfrontiert, sondern auch mit einer organisierten Oppositionsbewegung, deren Dynamik auf eine Abschaffung des Regimes hinauslief. Die Staatspartei zeigte sich von dieser Entwicklung wenig beeindruckt. Sie konzentrierte sich ganz auf die bevorstehenden Feierlichkeiten zum 40. Jahrestag der DDR am 7. Oktober 1989. Wie jedes Jahr wollte Honecker das Datum mit einer Zurschaustellung des SED-Staates feiern lassen. Tatsächlich gelang es der Parteiführung an diesem Tag an vielen Orten, die alte Fassade der Aufmärsche und des jubelnden Volkes noch einmal aufzubauen. Angesichts der Probleme im Land wirkten die inszenierten Feste, wie ein Fackelzug der FDJ am 6. Oktober und die Militärparade am 7. Oktober in Berlin, fehl am Platz. Parallel zu den Feierlichkeiten rund um das DDR-Jubiläum kam es in Plauen, Dresden, Leipzig, Potsdam, Karl-Marx-Stadt, Ilmenau, Torgau und vielen weiteren Städten zu großen Demonstrationen mit Zehntausenden Teilnehmern für die Herstellung demokratischer Freiheiten und für einen reformorientierten gesellschaftlichen Dialog. Wie schon bei den heftigen Auseinandersetzungen zwischen der Staatsmacht und ausreisewilligen Demonstranten am 4. Oktober in Dresden lösten die Sicherheitskräfte diese Protestkundgebungen gewaltsam auf. Schlagstöcke und Wasserwerfer kamen zum Einsatz, die Verhafteten hielt man in eigens vorbereiteten, abseits gelegenen Bauten wie Turnhallen, Pferdeställen und Großgaragen unter schikanösen Bedingungen fest. Allein in Berlin wurden am 7. und 8. Oktober mehr als tausend Demonstranten vorläufig festgenommen und teilweise misshandelt. Die Herrschenden wollten sich ihre Feier nicht verderben lassen.

Der Demonstrant Klaus Laabs berichtete über seine Erlebnisse am 7. Oktober 1989 in Berlin:
»Als ich gegen Mitternacht zum Bahnhof Schönhauser Allee kam, traf ich auf eine größere Menschengruppe, die diskutierend zwischen Polizeikordons stand. Die gesamte Straße war abgeriegelt. Auf Befehl rückte die Sperrkette vor, um uns abzudrängen, obwohl wir bisher allen Aufforderungen, wie etwa zur Räumung der Fahrbahn, nachgekommen waren. Plötzlich und völlig unmotiviert sprangen dahinter Spezialeinheiten mit Gummiknüppeln hervor, die wahllos auf alle einschlugen. Mir galt offensichtlich ein besonderer Einsatz, da ich bis zu diesem Zeitpunkt versucht hatte, mit einem befehlskräftigen Offizier zu diskutieren. Wenigsten drei Polizisten stürzten

Von der Entwicklung im Land unbeeindruckt nimmt die Staats- und Partei-führung am 7. Oktober 1989, dem 40. Jahrestag der DDR, in Ost-Berlin eine Parade der Nationalen Volksarmee ab.

gleichzeitig auf mich los. Sie schlugen auch noch auf mich ein, als ich bereits am Boden lag. Mehrere Schläge waren auf meinen Kopf gerichtet, die anderen trafen meine Rippen und meine rechte Hand, mit der ich versuchte, mich an einem Fußgängergeländer festzuhalten. Auf einen Freund, der schrie, sie mögen damit endlich aufhören, gingen sie ebenfalls mit gezücktem Gummiknüppel los. Als ich der Zuführung zu entkommen suchte und von einem Bereitschaftswagen sprang, wurde ich von einem anderen Polizei-Lkw angefahren und überrollt. Insgesamt habe ich drei Wochen mit einem schweren Schädelhirntrauma, zwei Platzwunden am Hinterkopf und perforiertem Trommelfell in den Krankenhäusern zugebracht.«
(Zitiert nach: Chronik der Wende, Bd. 1: Die DDR zwischen 7. Oktober und 18. Dezember 1989, hrsg. von Hannes Bahrmann und Christoph Links, Berlin 2009, Seite 10.)

Noch nie aber war die Partei- und Staatsführung nach innen und außen so isoliert wie in diesen Tagen. Während im Ost-Berliner Palast der Republik die gespenstisch wirkende Festveranstaltung vor zahlreichen internationalen Staatsgästen ablief, Honecker die DDR als einen Staat mit einem funktionierenden sozialistischen Gesellschaftssystem beschrieb, vom »vertrauensvollen Gespräch in Stadt und Land« sprach und reimte »Vorwärts immer, rückwärts nimmer!« (Neues Deutschland vom 9. Oktober 1989), skandierten die Protestierenden vor dem Gebäude »Gorbi hilf uns!«. Zuvor hatten die westlichen Medien Gorbatschows Mahnungen zu Reformen und seinen inzwischen legendären Ausspruch verbreitet: »Wer zu spät kommt, den bestraft das Leben.«

Der sowjetische Staats- und Parteichef Michail Gorbatschow sprach am 7. Oktober 1989 vor dem SED-Politbüro:
»Ich kann ihnen versichern, daß es keine leichte Sache ist, einen Beschluß über politische Veränderungen zu fassen. Mutige Zeiten erwarten Sie, mutige Beschlüsse sind erforderlich. [...] Ich halte es für sehr wichtig, den Zeitpunkt nicht zu verpassen und keine Chance zu vertun. Die Partei muß ihre eigene Auffassung haben, ihr eigenes Herantreten vorschlagen. Wenn wir zurückbleiben, bestraft uns das Leben sofort.«
(Zitiert nach: Fred Oldenburg, Das entgleiste Bündnis. Zum Verhältnis DDR–Sowjetunion im Zeichen von Perestroika und »neuem Denken«, in: Die SED-Herrschaft und ihr Zusammenbruch, hrsg. von Eberhard Kuhrt, Hannsjörg F. Bück und Gunter Holzweißig, Opladen 1996, Seite 223.)

Beim Staatsbesuch in Ost-Berlin im Oktober 1989 anlässlich der Vierzig-Jahr-Feier der DDR fordert Michail Gorbatschow, Partei- und Staatschef der Sowjetunion (rechts neben Erich Honecker) die DDR-Führung indirekt zu Reformen auf.

Die Feierlichkeiten zum 40. DDR-Jubiläum gerieten für die SED zum Fiasko. Zum endgültigen Wendepunkt des Geschehens geriet der 9. Oktober 1989 in Leipzig, wo über siebzigtausend Menschen für eine demokratische Erneuerung demonstrierten und die Staatsmacht auf den ursprünglich geplanten Einsatz von bewaffneten Kräften verzichten musste. Die Staatsmacht kapitulierte vor den Volksmassen. Auf den Straßen von Leipzig erzielten die Demonstranten den entscheidenden Durchbruch. An diesem Tag entschied sich der friedliche Verlauf der Revolution. Der Zusammenbruch des SED-Regimes schritt unaufhaltsam voran.

Die Diktatur hatte Schwächen gezeigt, die SED den uneingeschränkten Machtanspruch verloren. Die vergeblichen Versuche, die Demokratiebewegung zu unterdrücken, beschleunigten die Krise nur und führten der Opposition neue Kräfte zu. Ein neuer Abschnitt in der Geschichte der DDR hatte begonnen. Es sollte der letzte sein.

Handlungsunfähigkeit der SED

Die offizielle Politik reagierte anscheinend überhaupt nicht auf die Krise. Den Zustand der SED kennzeichnete Handlungsunfähigkeit. Politbüro und Zentralkomitee verharrten in einer mehrwöchigen Phase der

Sprachlosigkeit. Alle administrativen Versuche, der Lage Herr zu werden, waren gescheitert. In der Führungsetage der Partei gab es offenbar keinerlei Konzept, wie mit den aktuellen Problemen umzugehen wäre.

In einem Bericht analysierte das Ministerium für Staatssicherheit am 8. Oktober 1989 die innenpolitische Lage in der DDR in der Wahrnehmung der Parteimitglieder und registrierte eine stark abnehmende Regimeloyalität in der Bevölkerung:
»Unter den Werktätigen wachsen Zweifel an der Perspektive des Sozialismus in der DDR. Zahlreiche progressive Kräfte, darunter viele Werktätige, vor allem älterer Jahrgänge, befürchten, daß es zu großen Erschütterungen in der Gesellschaft komme, die von der Partei nicht mehr beherrschbar seien. Bereits jetzt – so argumentieren sie – befände sich die DDR in einer Situation wie kurz vor den konterrevolutionären Ereignissen am 17. Juni 1953. Besorgt äußern sie sich vor allem über den weiter zunehmenden Vertrauensschwund der Werktätigen gegenüber der Partei- und Staatsführung.
Viele Werktätige, einschließlich zahlreicher Mitglieder und Funktionäre der Partei, sprechen ganz offen darüber, daß die Partei- und Staatsführung nicht mehr in der Lage und fähig sei, die Situation real einzuschätzen und entsprechende Maßnahmen für dringend erforderliche Veränderungen durchzusetzen. Sie könne angesichts ihrer altersmäßigen Zusammensetzung nicht mehr flexibel reagieren, [...]. Das zeige sich auch in der durch führende Vertreter der Partei und des Staates vergebenen Chance, ihre Auftritte im Rahmen der Feierlichkeiten zum 40. Jahrestag der Gründung der DDR dafür zu benutzen, klare und offene Worte für die derzeitige Situation zu finden und entsprechende Lösungswege anzudeuten.«
(Zitiert nach: Ich liebe Euch doch alle! Befehle und Lageberichte des MfS Januar bis November 1989, hrsg. von Armin Mitter und Stefan Wolle, Berlin 1990, Seite 204 f.)

Erst nach der Leipziger Großdemonstration vom 9. Oktober setzte bei einzelnen Mitgliedern der Parteispitze ein Prozess des Umdenkens ein. Das Politbüro rang sich zu einer Erklärung durch, die es am 12. Oktober in der Parteizeitung »Neues Deutschland« veröffentlichte. Erstmals wurde die Flucht von DDR-Bürgern bedauert, zugleich aber die Schuld dem »Imperialismus der BRD« zugewiesen. Außerdem drohte man der Opposition, indem man deren »konterrevolutionäre Attacken« verurteilte, die angeblich »verantwortungslos Ruhe und Ordnung« störten. Gleichzeitig fand sich aber auch der Satz: »Die Probleme des Sozialismus in der DDR lösen wir selbst – im sachlichen Dialog und im vertrauensvollen politischen Miteinander.« Hinter dieser scheinbar konzilianten Offerte steckte allerdings nichts weiter als der Versuch, die Opposition, die ja eigentlich als einziger Gesprächspartner infrage gekommen wäre, zu neutralisieren. Die indirekte Botschaft der Erklärung lautete: Geringe Veränderungen ja, aber nur unter Führung der SED und in dem von ihr abgesteckten Rahmen. Doch für die Partei zeigte die Uhr bereits »fünf nach zwölf«. Ihre Strategie fruchtete nicht. Auch das Dialogangebot konnte die Menschen nicht mehr von ihren Protesten abbringen.

Sturz Honeckers

In dieser Situation setzte die SED auf einen Wechsel der Führungsspitze. Sie war bemüht, Zeit zu gewinnen und die politische Kontrolle über das Geschehen zurückzuerlangen. Am 18. Oktober, nur elf Tage nach den Feierlichkeiten zum 40. Jahrestag der DDR, wurde Erich Honecker von seinen Funktionen abgelöst. Zusammen mit Honecker mussten die Sekretäre des Zentralkomitees für Wirtschaft und Medien, Günter Mittag und Joachim Herrmann, gehen. Nachdem das Politbüro Egon Krenz das Amt des Generalsekretärs des ZK übertragen hatte, wurde er am 24. Oktober von der Volkskammer auch zum Staatsratsvorsitzenden und Vorsitzenden des Nationalen Verteidigungsrates ernannt. Krenz kündigte zwar eine »Wende« an, doch verstand er darunter nur einige geringfügige Korrekturen der verfehlten Politik und keine grundsätzliche Erneuerung des politischen Systems, wie sie von der Bevölkerung gefordert wurde. Die SED-Spitze verhielt sich, als ob sie die uneingeschränkte Führungsrolle beibehalten könnte. Hinter dem Machtwechsel stand hauptsächlich die Absicht des durch Kompromisse und Reformen flankierten Systemerhalts. Trotz anderslautender Beteuerungen dienten alle nachfolgenden Entscheidungen nur dem Ziel, die Herrschaft der SED zu sichern. Denn auch den sogenannten Reformern war klar, dass eine wirkliche Demokratisierung gleichbedeutend mit der Abschaffung des sozialistischen Staates sein würde.

Mit der Wahl des langjährigen »Kronprinzen« Egon Krenz in die Spitzenämter wollte das Politbüro wieder handlungsfähig werden und die angespannte Situation beruhigen. Doch die Opposition und die Demonstranten registrierten die Ereignisse als erste Erfolge ihres Aufbegehrens. Die Entmachtung des ersten Mannes von SED und DDR zeigte ihnen, dass die Staatspartei angeschlagen war. Der Druck von unten bestimmte den Gang des Geschehens, die Staats- und Parteiführung wirkte weiterhin wie gelähmt.

Mitglieder der SED Ende 1988 bis Anfang 1990

Bestand: Mitglieder und Kandidaten		
Dezember 1988	2 324 775	
31. August 1989	2 296 775	
Neuaufnahmen: Kandidaten		
Januar bis Juni 1989	21 087	
Januar bis 31. August 1989	31 216	
Schwund: Mitglieder und Kandidaten		
Januar bis Juni 1989	35 500	ausgeschieden
Januar bis 31. August 1989 insgesamt	36 534	gestrichen, ausgeschlossen und ausgetreten
davon	11 500	ausgeschlossen
davon	1 900	ausgeschlossen wegen partei- und staatsfeindlicher Hetze
Januar bis 31. August 1989	23 295	verstorben
Januar bis November 1989	66 000	ausgeschieden
November 1989 bis Januar 1990	907 480	ausgetreten

Nach: Wilfriede Otto, Widerspruch und abweichendes Verhalten in der SED, in: Materialien der Enquete-Kommission Aufarbeitung von Geschichte und Folgen der SED-Diktatur in Deutschland, hrsg. vom Deutschen Bundestag, Bd. VII,2, Baden-Baden 1995, Seite 1491.

Großdemonstration am 4. November 1989

Die Massendemonstrationen rissen nicht ab. Die Einsetzung von Krenz ließ die Protestwelle sogar anschwellen. Die Macht lag in dieser Phase der Revolution förmlich auf der Straße; nur wer sie wann aufheben würde, war unklar. Am 4. November kam es in Ost-Berlin zur größten Protestdemonstration in der Geschichte der DDR. Etwa eine halbe Million Menschen versammelten sich im Zentrum der DDR-Hauptstadt, um ihren Forderungen für eine demokratische Erneuerung des Staates, für Presse-, Reise-, Meinungs- und Versammlungsfreiheit sowie für freie Wahlen und die Aufgabe des Führungsanspruchs der SED Nachdruck zu verleihen. Nach dem entscheidenden 9. Oktober 1989 in Leipzig war diese systemkritische Demonstration, die erstmals live vom Fernsehen der DDR übertragen wurde, ein weiterer Meilenstein der Demokratiebewegung. Der Versuch der Einheitspartei, sich aus

Am 4. November 1989 demonstrieren auf dem Ost-Berliner Alexanderplatz und vor dem Palast der Republik (Bild) mehr als fünfhunderttausend Menschen für politische Rechte und Freiheiten und gegen das Machtmonopol der SED.

---

einer Machtposition heraus zum Vorreiter der Reform aufzuschwingen, war gescheitert.

Hans Modrow neuer Ministerpräsident

Die Massenkundgebung sowie weitere Demonstrationen wirkten bis in die Reihen der SED. Die Partei zeigte deutliche Zerfallserscheinungen. Immer mehr SED-Mitglieder nahmen an den Protestveranstaltungen teil, forderten Krenz zu wirklichen Reformen auf oder verließen die Partei. Verlor die SED im Oktober etwa zweihunderttausend Mitglieder, so waren es im November schon dreihunderttausend. Der Auflösungsprozess schritt fort. Als Konsequenz kam es lediglich zu personellen Veränderungen. Am 7. November trat der Ministerrat unter der Führung von Willi Stoph zurück. Hans Modrow, als Dresdner Bezirksparteisekretär von manchen hoffnungsvoll als ostdeutscher »Gorbatschow« gehandelt, wurde wenige Tage später neuer Regierungschef. Einen Tag danach trat das Politbüro der SED geschlossen zurück, und das Zentralkomitee wählte ein anderes, um neuen, reformfreudigeren Genossen (unter ihnen Modrow) Platz zu machen.

Auch die Blockparteien sahen sich veranlasst, ihre Vorsitzenden und Leitungsgremien auszuwechseln und sich von der SED zu distanzieren.

So strich die Volkskammer am 1. Dezember 1989 ohne Gegenstimme und bei nur fünf Enthaltungen den Führungsanspruch der SED aus der Verfassung (Artikel 1). Dadurch bestand verfassungsrechtlich die Möglichkeit, einen wirklichen Parteienpluralismus zu schaffen, wie ihn die oppositionellen Parteien und Gruppen als Voraussetzung für zukünftige freie Wahlen gefordert hatten. Die Aufgabe des Führungsanspruchs der SED bedeutete jedoch nicht, dass die DDR-Verfassung von nun an demokratisch gewesen wäre. Nur Artikel 1 war geändert worden.

> Ehrhart Neubert, Wissenschaftler und DDR-Oppositioneller, hebt die Bedeutung der Sprache in der Revolution von 1989/90 hervor und spricht in diesem Zusammenhang von einer »Sprachrevolte«:
> »Der Kampf um die Macht [war] ein Kampf um die richtige Bedeutung der Wörter. Die machtpolitischen Auseinandersetzungen 1989/90 wurden daher mit, um und durch die Sprache geführt. Bis heute ist ein Großteil der Erinnerungen an die Revolution an Sprachereignisse geknüpft: ›Wer zu spät kommt, den bestraft das Leben‹, ›Wir wollen raus‹ und ›Wir bleiben hier‹, ›Wir sind das Volk‹ und ›Wir sind ein Volk‹, ›Ich liebe Euch doch alle‹, ›Der Sozialismus steht nicht zur Disposition‹, ›Sofort, unverzüglich!‹, ›Jetzt wächst zusammen, was zusammen gehört‹ und ›Überwindung der Teilung durch Teilen‹. [...] Im Sprechen selbst ereignete sich die Revolution, kam es zur Enttabuisierung des Bestehenden und zur Entdeckung neuer Möglichkeiten.«
> (Ehrhart Neubert, Unsere Revolution. Die Geschichte der Jahre 1989/90, München 2008, Seite 19.)

Trotz der verzweifelten Bemühungen gelang es der SED nicht, sich zu konsolidieren. Das Misstrauen in der Bevölkerung blieb bestehen, zumal jetzt der jahrzehntelange Amtsmissbrauch, die Korruption und die vielfältigen Privilegien der Spitzenfunktionäre ans Tageslicht kamen. Der zunehmende innerparteiliche Druck und die sich immer noch steigernde Kraft der Revolution führten schließlich zum geschlossenen Rücktritt von Politbüro und Zentralkomitee am 3. Dezember 1989.

Rücktritt von Egon Krenz

Nach nur achtundvierzig Tagen Amtszeit war die Ära Krenz beendet. Stimmen, die eine Auflösung der SED und die Neugründung einer sozialistischen Partei forderten, konnten sich aber nicht durchsetzen, vor allem, weil man dann auf das in über vierzig Jahren angehäufte Parteivermögen hätte verzichten müssen. Die Partei gab sich lediglich eine neue Struktur und einen neuen Namen: Sie hieß von nun an SED-PDS (Partei des Demokratischen Sozialismus). Doch auch mit dieser Maßnahme konnte das Vertrauen der Bevölkerung nicht zurückgewonnen werden. Zwar versuchte die SED-PDS, als reformkommunistische Partei die politische Initiative zurückzugewinnen.

Doch es gelang ihr nicht, die proklamierte politische Wandlung glaubhaft zu machen. Sie hatte längst den Anschluss an die Volksbewegung verpasst. Die SED-PDS musste sich damit abfinden, nicht mehr im alleinigen Besitz der politischen Macht zu sein und sich nunmehr in Konkurrenz mit anderen Parteien dem freien Wählervotum stellen zu müssen.

Mauerfall

Krenz stand am Beginn seiner Amtszeit unter großem politischem Druck. Vor allem die schnelle Lösung des zentralen Reiseproblems wurde von ihm erwartet. Schon in der ersten Ansprache unmittelbar nach seiner Ernennung am 18. Oktober versprach er deshalb eine neue Regelung. Mit dem Ziel, Zeit zu gewinnen, leistete die SED eine erste Anzahlung auf die in Aussicht gestellte Reisefreiheit: Der Ministerrat hob zunächst die Beschränkungen für Fahrten in die Tschechoslowakei zum 1. November 1989 auf. Sofort strömten erneut Tausende in die bundesdeutsche Botschaft in Prag. Um die Frage der Botschaftsflüchtlinge zu lösen, erlaubte die DDR-Führung drei Tage später den Bürgern, nunmehr einfach unter Vorlage des Personalausweises von der Tschechoslowakei aus in die Bundesrepublik zu reisen. Mit dieser Entscheidung eröffnete sie den Weg der unkontrollierten und ungenehmigten Ausreise über die Tschechoslowakei in den Westen. Die DDR-Bürger begriffen die neue Lage sofort: Allein innerhalb der ersten zwei Tage verließen auf diesem Weg über dreiundzwanzigtausend Menschen ihr Land; bis zum 9. November waren es mehr als achtundvierzigtausend.

Grenzöffnung

Die SED-Führung musste angesichts der andauernden Fluchtwelle reagieren, zumal die tschechoslowakische Regierung aufgrund eigener innenpolitischer Schwierigkeiten nicht länger bereit war, die Massenausreise der DDR-Bürger durch ihr Land zu dulden. Am 6. November wurde von der Partei der erste Entwurf für ein Reisegesetz veröffentlicht, der noch immer zahlreiche Einschränkungen enthielt und den Widerstand der Opposition und des Volkes herausforderte. Auf der Montagsdemonstration erschallte der Ruf »Zu spät«. Tags darauf lehnte der zuständige Ausschuss der Volkskammer die Vorlage als »unzureichend« ab. Das Politbüro stand unter Druck. Bis zur geplanten Inkraftsetzung des Entwurfs Anfang Dezember konnte nicht mehr gewartet werden. Die Parteispitze entschloss sich zur Flucht nach vorn: Auf einer Plenarsitzung am 9. November 1989 beschloss das Zentralkomitee der SED nach langem Hin und Her, in das auch der noch amtierende Ministerrat einbezogen war, neue, als Übergangsregelung geplante Reisebestimmungen, über deren Wirkung sich die Anwesenden offenbar nicht im Klaren waren.

> Am Abend des 9. Novembers gegen 19 Uhr gab das Politbüromitglied Günter Schabowski auf einer Pressekonferenz eher beiläufig und offensichtlich unvorbereitet die noch vorläufigen Regelungen bekannt, deren Veröffentlichung erst für einen späteren Zeitpunkt geplant war: »›Privatreisen nach dem Ausland können ohne Vorliegen von Voraussetzungen – Reiseanlässe und Verwandtschaftsverhältnisse – beantragt werden. Die Genehmigungen werden kurzfristig erteilt. Die zuständigen Abteilungen Pass- und Meldewesen der VPKA – der Volkspolizeikreisämter – in der DDR sind angewiesen, Visa zur ständigen Ausreise unverzüglich zu erteilen, ohne dass dabei noch geltende Voraussetzungen für eine ständige Ausreise vorliegen müssen. Ständige Ausreisen können über alle Grenzübergangsstellen der DDR zur BRD erfolgen.‹ Von Journalisten befragt, wann der Beschluss in Kraft treten würde, kam es zum historischen Missverständnis: Schabowski erklärte, dass Reisen ›sofort, unverzüglich [...] über alle Grenzübergangsstellen‹ erfolgen könnten.«
> (Zitiert nach: Hans-Hermann Hertle, Chronik des Mauerfalls. Die dramatischen Ereignisse um den 9. November 1989, Berlin 2009, Seite 145 f.)

Ein achtundzwanzig Jahre währender Traum ging in Erfüllung: Die Mauer fiel. Dem Mut und der Entschlossenheit der vielen Tausend Demonstranten auf den Straßen der DDR ist es zu verdanken, dass die SED-Machthaber die Grenze freigeben mussten. Erstmals nach einer Generation bestand für die Ostdeutschen die Möglichkeit, sich frei in den Westen zu begeben und auch zurückzukehren. Kaum war die Sensation über die westlichen Medien verbreitet, nutzten die DDR-Bürger die sich ihnen bietende Chance. Zu Tausenden erschienen sie an den Grenzübergangsstellen in und um Berlin und erzwangen deren Öffnung. Begeisterte Menschen strömten nach West-Berlin und in das Bundesgebiet, um »sofort« die neue unerwartete Reisefreiheit zu genießen. Sie feierten ein spontanes Volksfest am Kurfürstendamm und tanzten auf der Mauer, die ihre Funktion nun verloren hatte. Als die Abgeordneten des Bundestages

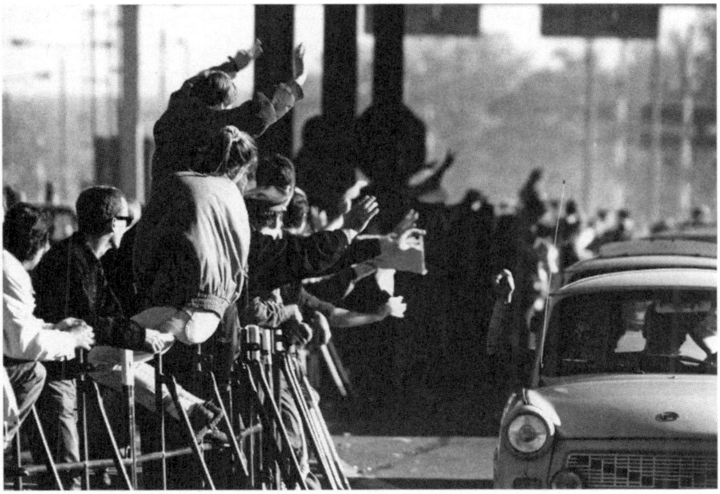

Am Abend des 9. November 1989 erzwingen DDR-Bürger die Öffnung der Grenze. Am Tag danach brechen viele Menschen zu Reisen in den Westen auf, wo sie begeistert empfangen werden.

während einer Sitzung am Abend dieses Novembertages die Nachricht aus Ost-Berlin erhielten, erhoben sie sich von ihren Plätzen und sangen die Nationalhymne. Auf einer Veranstaltung am Abend darauf vor dem Schöneberger Rathaus in Berlin fand Willy Brandt, der zur Zeit des Mauerbaus Regierender Bürgermeister der Stadt gewesen war, die prägenden Worte: »Jetzt wächst zusammen, was zusammen gehört.«

Die von der revolutionären Volksbewegung ertrotzte Grenzöffnung führte an dem auf den 9. November folgenden Wochenende zu einer wahren Völkerwanderung in den Westen. Hunderttausende aus allen Gegenden der DDR strömten in den Westteil Berlins oder in die grenznahen Orte der Bundesrepublik. In der West-Berliner Innenstadt herrschten chaotische Verhältnisse, der Autoverkehr brach zusammen, S- und U-Bahnen konnten wegen des großen Andrangs zeitweilig nicht verkehren. Die ehemals geteilte Stadt befand sich in einem Freudentaumel.

Skeptische Bürgerbewegung

Aber nicht bei jedem wollte Begeisterung aufkommen. Besonders die SED hatte wenig Grund zur Freude. Schließlich verlor sie mit der Grenzöffnung endgültig die Initiative. Statt, wie angestrebt, den Machtverfall aufzuhalten, beschleunigte er sich. Auch die Bürgerbewegung stand dem Geschehen reserviert gegenüber. Selbst noch mit strukturellen Schwächen kämpfend und auf die Auseinandersetzung mit der Staatspartei fixiert, fürchtete sie um die Früchte ihres Engagements. Die Opposition sah ihr Ziel eines reformierten, demokratischen Sozialismus in Gefahr. Schon früh ahnten ihre Vertreter, dass der Fall der Mauer auch das Ende der DDR bedeuten würde.

In einer Erklärung begrüßte das Neue Forum zwar den Mauerfall, warnte gleichzeitig aber auch vor den möglichen Folgen für den weiteren politischen Prozess:
»Auf diesen Tag haben wir fast 30 Jahre gewartet. Mauerkrank haben wir an den Gitterstäben des Käfigs gerüttelt. Die Jugend wuchs mit dem Traum auf, einst frei zu werden und die Welt zu erfahren. Dieser Traum wird jetzt erfüllbar sein: Es ist ein Festtag für uns alle! [...] Laßt Euch nicht von den Forderungen nach einem politischen Neuaufbau der Gesellschaft ablenken! Ihr wurdet weder zum Bau der Mauer noch zu ihrer Öffnung befragt, laßt Euch jetzt kein Sanierungskonzept aufdrängen, das uns zum Hinterhof und zur Billiglohnquelle des Westens macht! [...] Wir werden für längere Zeit arm bleiben, aber wir wollen keine Gesellschaft haben, in der Schieber und Ellenbogentypen den Rahm abschöpfen. Ihr seid die Helden einer politischen Revolution, laßt Euch jetzt nicht ruhig stellen durch Reisen und schuldenerhöhende Konsumspritzen!«
(Zitiert nach: Zeno und Sabine Zimmerling, Neue Chronik DDR, 2. Folge, Berlin 1990, Seite 88 f.)

Die Grenzöffnung hatte weitreichende Folgen. Die SED-Führung konnte nicht mehr daran denken, den Reiseverkehr in den Westen auf irgendeine Weise einzuschränken. Tatsächlich machte die Bevölkerung von den neuen Möglichkeiten innerhalb der folgenden Wochen reichlich Gebrauch. Allein in den ersten zehn Tagen nach dem Mauerfall besuchten elf Millionen Menschen West-Berlin und die Bundesrepublik. Außerdem konnten sie jetzt ohne Behinderungen dauerhaft in die Bundesrepublik ausreisen. Die SED hatte die Gewalt über ihre Bürger verloren.

Forderung nach Vereinigung

Durch die Öffnung der Grenze hatte die DDR-Bevölkerung in großer Zahl erstmals die Gelegenheit, die Bundesrepublik mit ihrer parlamentarischen Demokratie, zuallererst aber mit den ungleich besseren Lebensverhältnissen, durch eigenes Erleben kennenzulernen. Dadurch schwanden die Vorstellungen, die DDR wäre reformierbar. Der Wunsch nach einer baldigen Vereinigung wuchs. Nach dem 9. November wurde zunehmend deutlich, dass die Mehrheit das durch die Revolution entstandene Machtvakuum nur durch Übernahme des Modells Bundesrepublik überwinden zu können glaubte. Diese Forderung stand von nun an im Mittelpunkt der zahlreichen Demonstrationen. Aus der Parole »Wir sind das Volk!« wurde in der zweiten Novemberhälfte der Ruf »Wir sind ein Volk!«. Der Fall der Mauer in Berlin und an der innerdeutschen Grenze erwies sich als erster Schritt auf dem Weg zu einem vereinigten Deutschland.

Zahlreiche Legenden ranken sich um dieses politische Jahrhundertereignis. Schon kurze Zeit nach dem 9. November reklamierten führende Politbüro-Mitglieder, die Grenzöffnung sei das geplante Ergebnis absichtsvollen Handelns im Sinn der DDR-Bürger gewesen. Teile der Bürgerbewegung interpretierten das Geschehen als einen bewussten Versuch der SED-Führung, die politische Opposition zu marginalisieren, sie um ihre Revolution zu betrügen. Wieder andere sahen im Fall der Mauer das »Opus magnum« des Staatssicherheitsdienstes der DDR, also den gewissermaßen krönenden Abschluss einer finalen Verschwörung des Ministeriums für Staatssicherheit gegen den SED-Staat, um in einer scheinbar ausweglosen und zugleich gefährlichen Situation die Existenz dieser Institution notfalls auch auf Kosten der Partei zu retten.

Hans-Hermann Hertle gelang es 1996, detailliert nachzuweisen, dass die Maueröffnung von keinem der beteiligten Akteure gewollt oder geplant war:

»Keiner von denen, die auf den geschilderten Ablauf Einfluss genommen und das Ergebnis mit herbeigeführt haben, hat dieses auch nur ansatzweise im Sinn gehabt. Handlungsrahmen und Entscheidungshintergrund der vorausgehenden Ereignisse zeigen, dass im Nachhinein beanspruchte Autorenschaften aus dem Kreis der SED-Führung ebenso unbegründet sind wie die per Rekonstruktion zugewiesene des MfS. […] Vom kumulierenden äußeren und inneren Problemdruck zu Ad-hoc-Entscheidungen jenseits der jahrzehntelang eingespielten Routinen gezwungen, in ihrem Problemverständnis und Handlungsrepertoire gleichwohl nachhaltig von diesen geprägt, haben die beteiligten Akteure mit ihren jeweils individuellen Situationsdefinitionen, daraus resultierenden Entscheidungen und Handlungszügen einen Ablauf in Gang gesetzt, dessen Dynamik und Richtung sie so nicht gewollt und allenfalls im Nachhinein durchschaut haben.«

(Hans-Hermann Hertle, Der Fall der Mauer. Die unbeabsichtigte Selbstauflösung des SED-Staates, Opladen 1996, Seite 299.)

Wie so oft bei historischen Vorgängen handelte es sich beim Fall der Berliner Mauer um das Ergebnis eines Prozesses, der in einer dramatischen Situation eine Eigendynamik annahm und sich völlig überraschend entwickelte. Dies ändert jedoch nichts am Resultat dieses spektakulären Ereignisses deutscher Geschichte: Nach dem von den DDR-Bürgern erzwungenen Sturz des SED-Regimes war die Grenze zwischen Ost und West offen. Der Weg zur staatlichen Einheit Deutschlands war frei.

Wege zur Vereinigung

Zentraler Runder Tisch

Bei der Maueröffnung war die deutsche Einigung noch keineswegs abzusehen. Die Revolution in der DDR traf die nationale und internationale Politik unvorbereitet. Dementsprechend unsicher reagierten die politisch Verantwortlichen. Angesichts des Volkswillens konnte es aber bald kaum Zweifel über die Richtung der politischen Entwicklung geben. Der innen- und außenpolitische Weg, der schließlich zur Vollendung der nationalen Einheit Deutschlands am 3. Oktober 1990 führte, zeichnete sich innerhalb weniger Monate ab.

Neue Rolle für Parteien und Volksvertretungen

Der Übergang zur Demokratie vollzog sich in der DDR von Anfang Dezember 1989 bis zum 18. März 1990, dem Tag, an dem die ersten freien Wahlen stattfanden. Angesichts des Verlustes an Autorität und Führungsfähigkeit der SED verlagerte sich in den letzten Wochen des Jahres 1989 die Macht von der Partei zunehmend auf den Staat. Formal hatten während der vierzigjährigen DDR-Geschichte äußerlich Strukturen einer parlamentarischen Demokratie bestanden. Nach dem Zusammenbruch der SED-Diktatur eigneten sich die Blockparteien und Massenorganisationen ebenso wie die Volksvertretungen von der Gemeinde bis zur zentralen Ebene die ihnen bis dahin versagte Unabhängigkeit sowie die in der DDR-Verfassung aufgeführten Funktionen an. Vor allem der Volkskammer fiel dadurch eine neue Rolle zu. Die nicht aus freien Wahlen hervorgegangene oberste Volksvertretung der DDR erhielt die Chance, nunmehr wirksam in das politische Geschehen einzugreifen.

In den früheren Blockparteien vollzog sich zwischen Oktober und Dezember 1989 ein Wandel in der Programmatik: weg von der Rolle der SED-Verbündeten hin zu Fürsprechern demokratischer Alternativen, die sich allmählich deutlich im Sinn von Pluralismus und sozialer Marktwirtschaft artikulierten. So entstand die merkwürdige Situation, dass – mit wenigen Ausnahmen – dieselben Politiker und Funktionäre, die wenige Monate zuvor noch Ergebenheitsadressen an die SED-Führung gerichtet

Teilnehmer am Zentralen Runden Tisch

Neue Parteien und Organisationen	Alte Parteien und Organisationen
Initiative Vereinigte Linke	Sozialistische Einheitspartei Deutschlands (SED, seit 16. Dezember 1989: SED/PDS, und seit 4. Februar 1990: Partei des Demokratischen Sozialismus, PDS)
Sozialdemokratische Partei (SDP, seit 13. Januar 1990: SPD)	Liberal-Demokratische Partei Deutschlands (LDPD, seit 1. Februar 1990: Liberal-Demokratische Partei, LDP)
Bürgerbewegung Demokratie, Jetzt	National-Demokratische Partei Deutschlands (NDPD)
Bürgerbewegung Neues Forum	Demokratische Bauernpartei Deutschlands (DBD)
Grüne Partei	Christlich Demokratische Union Deutschlands (CDU)
Initiative Frieden und Menschenrechte	Vereinigung der gegenseitigen Bauernhilfe (VdgB)
Grüne Liga	Organisation der Genossenschaftsbauern und -gärtner sowie Träger Bäuerlicher Handelsgenossenschaften
Bäuerlicher Unabhängiger Frauenverband	
Partei Demokratischer Aufbruch	

Dem Zentralen Runden Tisch in Ost-Berlin gehörte ein Vertreter des Sorbischen Runden Tisches als Vertreter der nationalen Minderheit der Sorben an. Außerdem nahmen an ihm als Beobachter Mitglieder des Demokratischen Frauenbunds (DFB), des Verbandes der Konsumgenossenschaften und der Umweltschutzpartei teil.

Nach: Der Fischer Weltalmanach, Sonderband DDR, Frankfurt am Main 1990, Seite 187.

hatten, nun den Versuch unternahmen, sich mit »gewendeten« Positionen an die Spitze des politischen Neuanfangs zu stellen.

Auf diese Weise konnte auch die SED als stärkste Volkskammerfraktion noch bis ins Frühjahr 1990 der Regierung vorstehen, die unter Ministerpräsident Modrow im politischen Tagesgeschäft an Bedeutung gewann. Die Opposition sah sich weder konzeptionell noch organisatorisch und personell in der Lage, die buchstäblich auf der Straße liegende Macht zu übernehmen.

Einsetzung des Rundes Tisches

Da die Volkskammer ohne demokratische Legitimation war und die oppositionellen Gruppierungen kein parlamentarisches Mitspracherecht hatten, musste ein Weg gefunden werden, Gespräche über eine neue Politik in einem institutionalisierten Rahmen führen zu können. Die neuen politischen Organisationen und Parteien sowie die Regierung einigten sich auf die Einrichtung eines Runden Tisches als Interessenvertretung für das Volk, der am 7. Dezember 1989 erstmals in Berlin zusammentrat und bis zum 12. März 1990 tagte. In Abgrenzung zu gleichlautenden Foren im Land wurde er später Zentraler Runder Tisch genannt. An den Gesprächen und Verhandlungen waren beteiligt: je drei Vertreter von SED-PDS, CDU, LDPD, NDPD, DBD und Neues Forum sowie je zwei Vertreter von FDGB, VdgB, SDP (seit Januar 1990 SPD), Initiative Frieden und Menschenrechte, Demokratischer Aufbruch, Demokratie Jetzt, Vereinigte Linke, Unabhängiger Frauenverband, Grüne Liga und Grüne Partei. Dadurch waren die bisherigen und die neuen Kräfte paritätisch vertreten. Moderiert wurde das Gremium von Vertretern der Kirchen.

Auf der ersten Sitzung formulierte der Zentrale Runde Tisch in Berlin, der eigentlich eckig war, sein Selbstverständnis:
»Die Teilnehmer des Runden Tisches treffen sich aus tiefer Sorge um unser in eine tiefe Krise geratenes Land, seine Eigenständigkeit und seine dauerhafte Entwicklung. Sie fordern die Offenlegung der ökologischen, wirtschaftlichen und finanziellen Situation in unserem Land. Obwohl der Rundtisch keine parlamentarische oder Regierungsfunktion ausüben kann, will er sich mit Vorschlägen zur Überwindung der Krise an die Öffentlichkeit wenden. Er fordert von der Volkskammer und der Regierung, rechtzeitig vor wichtigen rechts-, wirtschafts- und finanzpolitischen Entscheidungen informiert und einbezogen zu werden. Er versteht sich als Bestandteil der öffentlichen Kontrolle in unserem Land. Geplant ist, seine Tätigkeit bis zur Durchführung freier, demokratischer und geheimer Wahlen fortzusetzen.«
(Zitiert nach: Uwe Thaysen, Der Runde Tisch oder: Wo blieb das Volk? Der Weg der DDR in die Demokratie, Opladen 1990, Seite 50 f.)

Der Runde Tisch verstand sich als Organ zur Beratung und Kontrolle der Regierung und des Parlaments. Gleichzeitig sollte der Demokratisierungsprozess vorangetrieben werden. Dazu wurden sechzehn Arbeitsgruppen eingerichtet, die für den Umbau von Staat und Gesellschaft erforderliche rechtliche Regelungen entwarfen. Im Mittelpunkt der

Die Selbstdemokratisierung der DDR beginnt am Zentralen Runden Tisch. Vertreter von Opposition und Regierung verhandeln ab dem 7. Dezember 1989 in Ost-Berlin über die Zukunft der DDR.

Aufmerksamkeit standen die Kommissionen Wahlgesetz, Parteien- und Vereinigungsgesetz und Neue Verfassung, die baldige freie Wahlen und einen Verfassungsentwurf vorbereiteten.

In der Verfassungsgebung sah die Bürgerbewegung den entscheidenden revolutionären Neuanfang, um die bestehende Ordnung aufzuheben und eine Staatsform zu schaffen, die die vollzogenen gesellschaftlichen Veränderungen berücksichtigte und die durch freie, demokratische Wahlen legitimiert werden sollte. Ein weiteres zentrales Thema war die Auflösung des inzwischen in Amt für Nationale Sicherheit umbenannten Staatssicherheitsdienstes. Die Auseinandersetzung um diese Institution geriet zur offenen Konfrontation der neuen politischen Kräfte des Runden Tisches mit der Regierung, die sich den Forderungen des Gremiums nach Preisgabe des Machtinstruments durch hinhaltenden Widerstand lange zu entziehen versuchte. Erst der wachsende innenpolitische Druck und die Erstürmung der Staatssicherheitszentrale in der Ost-Berliner Normannenstraße am 15. Januar 1990 zwangen Modrow in dieser wichtigen Frage zum Einlenken.

Der Runde Tisch war das einzige Gremium in der DDR, in dem die Konflikte und Probleme offen diskutiert und ausgetragen werden konnten und in dem auch die Opposition eine gleichberechtigte Plattform besaß. Er war als Ergebnis des Sieges der Opposition eine von den Kräften des alten Regimes zögerlich akzeptierte Ebene des Dialogs mit den bis zu dieser Zeit unterdrückten Bewegungen, die nun legalisiert und in Prozesse politischer Willensbildung einbezogen wurden. Ursprünglich als »Veto-Organ« (Uwe Thaysen) zusammengetreten, um öffentlich gegen das SED-Regime zu opponieren, beschränkte er sich nicht nur auf eine Kontrollfunktion, sondern entwickelte sich zur »zentralen politischen Steuerungsinstanz der DDR« (Uwe Thaysen).

Runder Tisch als Nebenregierung

Im Lauf der Zeit entwickelte sich der Runde Tisch zu einer Art Nebenregierung. Er war allerdings kein Ersatzparlament. In seiner Zusammensetzung entsprach er nur mittelbar einer Willensäußerung des Volkes und wies darum einen gewissen Mangel an Legitimität auf. Auch seine Kompetenzen waren unklar. Dennoch verliehen ihm die von ihm eingeforderten Reformen Glaubwürdigkeit.

Die Regierungsvertreter wollten mithilfe des Runden Tisches die Situation stabilisieren und ihre Macht sichern. Sie tolerierten seine Vorschläge deshalb nur widerstrebend. Die Opposition sah im Runden Tisch dagegen einen Hebel zum endgültigen Sturz der SED. Angesichts der wirtschaftlichen Probleme, der sich überstürzenden Veränderungen im innerdeutschen Verhältnis und um dem befürchteten Chaos zu entgehen, einigten sich die Regierung und der Runde Tisch Ende Januar 1990 darauf, die ursprünglich auf den 6. Mai 1990 festgesetzte Volkskammerwahl auf den 18. März vorzuziehen. Ferner setzte der Runde Tisch durch, dass Anfang Februar eine »Regierung der nationalen Verantwortung« gebildet wurde: Dem Kabinett Modrow traten acht Vertreter der neuen politischen Organisationen und Parteien als Minister ohne Geschäftsbereich bei.

Ebenso wie die namensgleichen Einrichtungen in Städten, Gemeinden und Institutionen wirkte sich der Zentrale Runde Tisch in Berlin stabilisierend auf den gesellschaftlichen Umbruch aus. Er war ein Organ, in dem sich Interessen artikulierten, dass darüber hinaus die Entwicklung in dieser bewegten Zeit mitgestaltete und auf geordnetem Weg Reformen ermöglichte. Mit seinen Entscheidungen, vor allem mit der Abfassung eines Wahlgesetzes, schuf er die Rahmenbedingungen für eine grundlegende Veränderung des politischen Systems. Indem er den Zerfall des gesamten Regimes politisch begleitete und den friedlichen Verlauf der Ereignisse abzusichern half, erwarb er sich große Verdienste um den demokratischen Neubeginn in der DDR. Zugleich suchte der Zentrale Runde Tisch nach einer neuen Konzeption für die Gesellschaft.

Der Politikwissenschaftler Uwe Thaysen hat die Arbeit des Zentralen Rundes Tisches in Berlin von Anfang bis Ende unmittelbar beobachtet. Er beschreibt ihn als Übergangsphänomen:

»Runde Tische sind Noch-Nicht-Demokratien angemessen. Sie sind nicht demokratisch gewählt. [...] Runde Tische ebnen den Weg ihrer Gemeinwesen zur Demokratie in der unter ihren Umständen gegebenen möglichen demokratischen Weise. Sie sind Institutionen der Transformation mehr oder weniger geschlossener politischer Systeme zu offenen Gesellschaften, Institutionen, die sich selbst überflüssig machen wollen. Insoweit mögen sie auch als ›Schulen der Demokratie‹ begriffen werden; sie können aber nicht das ausgeklügelte gewaltenteilende Institutionengefüge entwickelter Demokratien und die dort geltenden Prinzipien der Legitimation ersetzen, dürfen also nicht als ein oder gar das institutionelle Ideal der Demokratie mißverstanden werden. [...] So gesehen sind diese zutreffender als ›Vorschulen der Demokratie‹ zu bezeichnen.«

(Uwe Thaysen, Der Runde Tisch oder: Wo blieb das Volk? Der Weg der DDR in die Demokratie, Opladen 1990, Seite 175 f.)

Die Reformkräfte erhofften sich von einem »Dritten Weg« zwischen Kapitalismus und Kommunismus einen Ausweg aus der Krise. Auf der Basis eines breiten, wenn auch nicht vollständigen Konsenses in der Opposition entwickelte man die Idee eines demokratischen Sozialismus, die in einem souveränen ostdeutschen Staat verwirklicht werden sollte. Einer auf die deutsche Einheit ausgerichteten Politik, wie sie von der Mehrheit der Bevölkerung gewünscht wurde, vermochte der Runde Tisch keine entscheidenden Impulse zu geben.

Zehn-Punkte-Plan

Mit der Gründung der Bundesrepublik Deutschland im Jahr 1949 war die Einheit ein Ziel bundesdeutscher Politik. Die Konzeptionen reichten von der Westintegration und Nichtanerkennung unter Bundeskanzler Adenauer über die neue Ostpolitik der sozial-liberalen Koalition unter Bundeskanzler Willy Brandt, in der der Status quo der Teilung de facto anerkannt wurde, bis zur modifizierten Fortführung dieser Politik durch Bundeskanzler Helmut Kohl. Mit den Entwicklungen zur Jahreswende 1989/90 bot sich erstmals seit vierzig Jahren die Möglichkeit, die Einheit

Wirklichkeit werden zu lassen. Dazu bedurfte es rascher Entscheidungen der Verantwortlichen.

Nationale Phase der Revolution

Zunächst aber reagierten die politischen Kräfte in der Bundesrepublik abwartend. Der revolutionäre Umbruch in der DDR überraschte sämtliche westdeutsche Parteien sowie die Regierungen in Bund und Ländern. Pläne zur Herstellung der deutschen Einheit existierten nicht. Sie erschien bis zum Mauerfall keineswegs als aktuelle Perspektive. Allenfalls dachte man in langen historischen Zeiträumen. Das sollte sich mit dem 9. November 1989 schlagartig ändern. Nach dem Kampf um Demokratisierung in der ersten Phase trat die Revolution jetzt in die nationale Phase ein. Die Demonstranten in Leipzig, Berlin, Dresden und anderen Städten verlangten mehrheitlich die Wiedervereinigung; Bestrebungen, in der DDR ein alternatives sozialistisches System zu errichten, erteilten sie eine Absage. Ein wie auch immer gearteter erneuter Versuch, Sozialismus zu verwirklichen, widersprach nicht nur den praktischen Erfahrungen der Menschen mit dem real existierenden DDR-Sozialismus. Angesichts der unmittelbaren Anschauung westdeutscher Verhältnisse versprach sich eine wachsende Mehrheit der Bevölkerung von einer Übernahme des bundesdeutschen Systems auch die beste und schnellste Lösung der Probleme.

Warum sollte man versuchen, unter nicht abzuschätzenden Kraftanstrengungen einen demokratischen Sozialismus aufzubauen, wenn es im anderen Teil Deutschlands bereits ein bewährtes Gesellschafts- und Wirtschaftsmodell gab? Je deutlicher hervortrat, dass die DDR ihre Krise nicht allein würde bewältigen können, desto stärker wurde das Bekenntnis zur nationalen Einheit. Zudem existierte keine politische Kraft mit einem tragfähigen Konzept, die die Führung auf einem neuen, eigenständigen Weg der DDR hätte übernehmen können.

Bei den Montagsdemonstrationen wurde dementsprechend der Ruf nach einer Wiedervereinigung der Deutschen immer lauter. »Das Volk«, das sich selbst befreit hatte, wollte nun gemeinsam mit den Westdeutschen als »ein Volk« leben. Die Demonstranten skandierten seit Ende November nicht mehr »Für eine neue DDR«, sondern »Deutschland, einig Vaterland«, eine Zeile aus der seit Beginn der siebziger Jahre nicht mehr gesungenen DDR-Nationalhymne. Zudem tauchten immer mehr schwarz-rot-goldene Fahnen ohne das DDR-Emblem auf. Es zeigte sich, dass trotz Abgrenzungspolitik der SED ein gesamtdeutsches Zusammengehörigkeitsgefühl bestehen geblieben war, das sich nun Bahn brach.

Die Führung der DDR glaubte, nur durch eine intensive Zusammenarbeit mit der Bundesrepublik ihrer innenpolitischen Probleme Herr werden und der Gesellschaft eine Perspektive eröffnen zu können, die der Fluchtbewegung entgegenwirkte. Deshalb schlug Modrow in seiner Regierungserklärung vom 17. November eine weit über den Grundlagenvertrag von 1972 hinausreichende »Vertragsgemeinschaft« zwischen beiden deutschen Staaten vor. Dahinter stand vor allem der Versuch, umfangreiche wirtschaftliche Unterstützung vom Westen zu erhalten, ohne die Souveränität aufzugeben. Doch um die dafür notwendigen Reformen in der DDR durchführen zu können, fehlte es der Regierung an Durchsetzungskraft und Zeit. Längst hatten die Herrscher jede Glaubwürdigkeit bei der Bevölkerung verloren. Der Exodus der Menschen von Ost nach West setzte sich fort.

Die anhaltend hohen Flüchtlingszahlen bereiteten auch der bundesrepublikanischen Regierung Sorge. Die Wiedervereinigung drohte sich in Westdeutschland zu vollziehen. Der politische Handlungsbedarf war offensichtlich. Angesichts der revolutionären Entwicklung in der DDR, der Massendemonstrationen, der Massenflucht, der sich verschärfenden politischen und wirtschaftlichen Krise und der zunehmenden Rufe der Ostdeutschen nach der Einheit, sahen sich die politischen Verantwortungsträger der Bundesrepublik herausgefordert, zu handeln. Nach anfänglicher Zurückhaltung ergriff Bundeskanzler Helmut Kohl mit einem Zehn-Punkte-Plan zur künftigen Deutschlandpolitik die Initiative.

Zehn-Punkte-Plan

Überraschend für die Weltöffentlichkeit wie für die Bonner Parteien legte Kohl dem Deutschen Bundestag während der Haushaltsdebatte am 28. November 1989 ein Programm vor, das im Kern auf eine deutsch-deutsche Konföderation hinauslief. Der DDR wurden wirtschaftliche Soforthilfen und ein Ausbau der wirtschaftlichen, wissenschaftlich-technischen und kulturellen Zusammenarbeit angeboten. Im Fall grundlegender politischer und wirtschaftlicher Reformen (dazu zählten vor allem die Aufhebung des SED-Machtmonopols und die Einführung marktwirtschaftlicher Strukturen) wäre mit einer erheblichen Ausweitung dieser Zusammenarbeit zu rechnen. In einem weiteren Schritt sollte mit gemeinsamen Institutionen auf verschiedenen Ebenen die von Modrow vorgeschlagene »Vertragsgemeinschaft« aufgebaut werden. Im Anschluss an freie Wahlen und die Bildung einer demokratisch legitimierten Regierung wäre der Aufbau konföderaler Strukturen vorstellbar mit dem Ziel, eine bundesstaatliche Ordnung zu schaffen.

Besonderes Gewicht legte der Bundeskanzler auf die Einbettung der innerdeutschen Entwicklung in den gesamteuropäischen Integrationsprozess und die Ost-West-Beziehungen. Die Gestalt eines zukünftigen Deutschland wurde bewusst offengelassen, auf das Fernziel einer deutschen Vereinigung aber nicht verzichtet.

Der vorsichtig formulierte und Zeitangaben vermeidende Stufenplan löste unterschiedliche Reaktionen aus. Über die Parteigrenzen hinweg erntete Kohl im Bundestag Zustimmung. Kritik gab es aber wegen des Fehlens einiger Punkte, die zu einer vollständigen Regelung der deutschen Angelegenheiten gehörten. Die Frage der Viermächte-Verantwortung und der Rolle der drei Westmächte und der Sowjetunion wurde ebenso ausgespart wie die Bündniszugehörigkeit beider deutscher Staaten oder eine klare Stellungnahme zur polnischen Westgrenze.

Reaktionen im Ausland

Die von einer möglichen deutschen Vereinigung betroffenen Staaten, unter ihnen besonders die Siegermächte des Zweiten Weltkriegs, reagierten auf den Fahrplan der Bundesregierung reserviert. Teilweise fühlten sie sich übergangen, da sie vor seiner Bekanntgabe nicht konsultiert worden waren. Sie befürchteten einen deutschen Alleingang und daraus resultierende Machtverschiebungen in Europa durch ein wirtschaftlich und politisch übermächtiges Deutschland. Doch es gelang der Bundesregierung, die Bedenken zu zerstreuen. Besonders durch die Verhandlungsdiplomatie von Außenminister Hans-Dietrich Genscher setzte sich international die Erkenntnis durch, dass es nicht um eine grundlegende Veränderung der Deutschlandpolitik ging, sondern um die Verwirklichung eines lange angestrebten Ziels auf der Basis bestehender Verträge und Abkommen.

»Für unser Land«

Auf die Menschen in der DDR verfehlte das Programm seine Wirkung nicht; allerdings fielen die Reaktionen auch hier durchaus unterschiedlich aus. Teile der Oppositionsgruppen und einige Intellektuelle fürchteten um ihre Vision einer eigenständigen sozialistischen DDR. Diese Haltung kam besonders in dem Aufruf »Für unser Land« zum Ausdruck, der mit dem 28. November genau an jenem Tag der Öffentlichkeit präsentiert wurde, an dem Helmut Kohl den Zehn-Punkte-Plan zum Abbau der deutschen Teilung im Bundestag vorstellte. Die Erklärung trug die Unterschriften von Schriftstellern, Künstlern, Kirchenvertretern, Reformkräften der SED sowie einigen wenigen Angehörigen der Bürgerbewegung. Er wurde von Stefan Heym in Ost-Berlin vorgestellt. Ihm schlossen sich Staatschef Krenz, Ministerpräsident Modrow und andere Spitzenpolitiker an.

> Der Aufruf wurde im Zentralorgan der SED »Neues Deutschland« unter der Überschrift »Noch haben wir die Chance einer sozialistischen Alternative zur BRD« abgedruckt:
> »Für unser Land.
> Unser Land steckt in einer tiefen Krise. Wie wir bisher gelebt haben, können und wollen wir nicht mehr leben. Die Führung einer Partei hatte sich die Herrschaft über das Volk und seine Vertretungen

angemaßt, vom Stalinismus geprägte Strukturen hatten alle Lebensbereiche durchdrungen. Gewaltfrei, durch Massendemonstrationen hat das Volk den Prozeß der revolutionären Erneuerung erzwungen, der sich in atemberaubender Geschwindigkeit vollzieht. Uns bleibt nur wenig Zeit, auf die verschiedenen Möglichkeiten Einfluß zu nehmen, die sich als Auswege aus der Krise anbieten. Entweder können wir auf der Eigenständigkeit der DDR bestehen und versuchen, mit allen unseren Kräften und in Zusammenarbeit mit denjenigen Staaten und Interessengruppen, die dazu bereit sind, in unserem Land eine solidarische Gesellschaft zu entwickeln, in der Frieden und soziale Gerechtigkeit, Freiheit des einzelnen, Freizügigkeit aller und die Bewahrung der Umwelt gewährleistet sind. Oder wir müssen dulden, daß, veranlaßt durch starke ökonomische Zwänge und durch unzumutbare Bedingungen, an die einflußreiche Kreise aus Wirtschaft und Politik in der Bundesrepublik ihre Hilfe für die DDR knüpfen, ein Ausverkauf unserer materiellen und moralischen Werte beginnt und über kurz oder lang die Deutsche Demokratische Republik durch die Bundesrepublik Deutschland vereinnahmt wird. Laßt uns den ersten Weg gehen. N o c h haben wir die Chance, in gleichberechtigter Nachbarschaft zu allen Staaten Europas eine sozialistische Alternative zur Bundesrepublik zu entwickeln. N o c h können wir uns besinnen auf die antifaschistischen und humanistischen Ideale, von denen wir einst ausgegangen sind. Alle Bürgerinnen und Bürger, die unsere Hoffnung und unsere Sorge teilen, rufen wir auf, sich diesem Appell durch ihre Unterschriften anzuschließen.«
(Zitiert nach: Die deutsche Vereinigung. Dokumente zu Bürgerbewegung, Annäherung und Beitritt, hrsg. von Volker Gransow und Konrad H. Jarausch, Köln 1991, Seite 100 f.)

Mit dem Aufruf versuchten zahlreiche Intellektuelle in der DDR eine Entwicklung aufzuhalten, die längst eine Eigendynamik entwickelt hatte. Indem in grober Vereinfachung eine mögliche Vereinigung mit der Bundesrepublik als große Gefahr dargestellt wurde, missdeuteten die Unterzeichner die auf den Demonstrationen immer stärker werdenden Einheitsforderungen Hunderttausender als einen den inneren und äußeren Frieden gefährdenden Weg. Mit dem »Entweder-Oder« bauten die Initiatoren ein Freund-Feind-Bild auf, das der komplexen Wirklichkeit nicht gerecht zu werden vermochte.

Darüber hinaus versäumten sie, eine umsetzbare Konzeption vorzulegen, die als leistungsfähige und zukunftsträchtige Alternative gerade

Mit einem Meer von Deutschlandfahnen bereiten am 19. Dezember 1989 Zehntausende Dresdner Bundeskanzler Helmut Kohl einen begeisterten Empfang.

nach den Erfahrungen mit dem gescheiterten Staatssozialismus von der Bevölkerung hätte anerkannt werden können. Die Vorstellungen dieser Intellektuellen gingen weit an den Wünschen der Menschen vorbei. Die SED jedoch begrüßte die Erklärung. Schließlich hingen vom Erhalt der Zweistaatlichkeit Existenz, politische Macht und Einfluss der Partei ganz entscheidend ab. Deswegen verlor der Aufruf für die Menschen in der DDR mit den Unterschriften des SED-Generalsekretärs Krenz, des Ministerpräsidenten Modrow und weiterer Mitglieder des SED-Politbüros jede Glaubwürdigkeit.

Die überwiegende Mehrheit der Bevölkerung unterstützte das Zehn-Punkte-Programm der Bundesregierung. Das mangelnde Vertrauen in eine Reformierbarkeit des Sozialismus ließ sie einen langwierigen, krisenhaften Änderungsprozess, dessen Ausgang überdies ungewiss war, zugunsten einer schnellen und radikalen Umstülpung des Systems ablehnen. Das Ziel der deutschen Einheit war aus weiter Ferne ein ganzes Stück näher gerückt.

Gipfeltreffen in Dresden

Eine wichtige Etappe auf dem Weg zur Einheit war das erste Treffen von Bundeskanzler Kohl und Ministerpräsident Modrow am 19. und 20. Dezember in Dresden. Die Verhandlungspartner einigten sich auf eine

Einstellung der Bürger der DDR zur deutschen Einheit

Zeitraum der Umfrage	Wie stehen Sie zu einer Vereinigung von DDR und Bundesrepublik Deutschland? Ich bin sehr dafür	eher dafür als dagegen	eher dagegen als dafür	sehr dagegen
20. bis 27. November 1989	16	32	29	23
29. Januar bis 9. Februar 1990	40	39	15	6
26. Februar bis 6. März 1990	43	41	13	3
18. bis 27. April 1990	49	36	12	3

Antworten in Prozent. Aus einer repräsentativ ausgewählten Gruppe wurden in den angegebenen Zeiträumen jeweils 1578, 1796, 1307 und 1493 Personen befragt.

Peter Förster und Günter Roski, DDR zwischen Wende und Wahl. Meinungsforscher analysieren den Umbruch, Berlin 1990, Seite 53. Zitiert nach: Karl-Rudolf Körte, Die Chance genutzt? Die Politik zur Einheit Deutschlands, Frankfurt am Main 1994, Seite 101.

Erklärung zur Verwirklichung der von Modrow angeregten Vertragsgemeinschaft. Verhandlungen über deren konkrete Ausgestaltung sollten auf Ministerebene zum Jahresanfang beginnen. Dazu wurde in Dresden die Berufung von elf Kommissionen und Expertengruppen beschlossen. Der Kanzler versprach begrenzte wirtschaftliche Hilfe. Modrows Forderung nach einem »Lastenausgleich« zwischen der Bundesrepublik und der DDR lehnte Kohl ab. Darüber hinaus einigte man sich auf die Abschaffung von Visapflicht und Zwangsumtausch bei Reisen zwischen West und Ost sowie die baldige Öffnung des Brandenburger Tores.

Von Bedeutung für die weitere Entwicklung waren aber weniger die Verhandlungsergebnisse der beiden Regierungschefs als die Atmosphäre des Besuchs, der von heftigen Emotionen der Menschen begleitet wurde. Eine Mehrheit der Bevölkerung trat zu diesem Zeitpunkt für die Wiedervereinigung ein: Ende November 1989 bejahte in Meinungsumfragen rund die Hälfte der DDR-Bürger die deutsche Einheit, Ende Januar 1990 waren es rund achtzig Prozent bei steigender Tendenz. In der Bundesrepublik sprachen sich zum gleichen Zeitpunkt mehr als siebzig Prozent für die Vereinigung aus.

Angesichts der »Deutschland, Deutschland«-Rufe, die ihm bei seiner Rede vor der eindrucksvollen Ruine der Dresdener Frauenkirche von Zehntausenden Demonstranten entgegenschallten, bemühte sich der

Bundeskanzler um einen gemäßigten Ton. Er appellierte an die politische Vernunft und beschwor die Zuhörer zu Besonnenheit in der deutschen Frage, bis zu deren Lösung noch ein langer Weg zurückzulegen sei. Mit Blick auf die Sorgen der europäischen Nachbarstaaten Deutschlands betonte er, die Sicherheitsbedürfnisse anderer müssten unbedingt berücksichtigt werden. Trotz dieser Zurückhaltung waren seine Zuhörer emotional stark bewegt. Als Folge der von den Menschen zum Ausdruck gebrachten Ablehnung einer langsamen Entwicklung änderte die Bundesregierung nach dem Dresdener Gipfel ihre Deutschland-Politik. Sie nahm von den Plänen für eine Konföderation Abstand und konzentrierte sich auf die Verwirklichung einer schnellen Vereinigung.

> Der Historiker Andreas Rödder beschreibt die Bedeutung der Ereignisse rund um den Besuch von Bundeskanzler Helmut Kohl am 19. Dezember 1989 in Dresden:
> »Kohls Rede vor der Ruine der Frauenkirche [entsprang] nicht einer spontanen Idee […], sondern wurde in Bonner Regie sorgfältig vorbereitet. Dass in Dresden bewusst und nach den Regeln der Mediengesellschaft ein bildmächtiges Symbol inszeniert wurde, ändert jedoch nichts an der politischen, nicht zuletzt psychologisch-emotionalen Bedeutung jenes 19. Dezember: Mit Fahnen (wobei die unbeantwortete Frage ist, woher die vielen schwarz-rot-goldenen Fahnen ohne herausgeschnittenes DDR-Emblem kamen) und Sprechchören – ›Deutschland, Deutschland‹, ›Helmut, Helmut‹ und ›Wir sind ein Volk‹ – wurde Kohl, der im Westen so Vielgeschmähte, in einem Akt quasi-ritueller Akklamation von den Ostdeutschen als Heilsbringer empfangen, deren mehrheitlichen Willen der Kanzler, in unüberschaubarer Lage und gegen erste statistisch erhobene Daten, instinktiv erfasste – und den er dann mit entschiedener Konsequenz in Politik umsetzte, wobei Bonn binnen weniger Wochen vom Agenten zur bestimmenden Kraft wurde.«
> (Andreas Rödder, Deutschland einig Vaterland. Die Geschichte der Wiedervereinigung, München 2009, Seite 145.)

Während sich Kohl in dieser Zeit im Licht der Öffentlichkeit bewegte, konnte er sich in seiner Umgebung auf vorwiegend im Hintergrund wirkende Mitarbeiter stützen, die die Lage analysierten, Zukunftskonzepte entwarfen und in Verhandlungen die bundesdeutsche Politik absicherten. Eine zentrale Rolle spielten der Chef des Bundeskanzleramtes Rudolf Seiters sowie der Abteilungsleiter für auswärtige und innerdeutsche

Beziehungen im Bundeskanzleramt Horst Teltschik. Besonders Teltschik war in dieser Phase ganz maßgeblich für die administrative Ausgestaltung der Deutschlandpolitik verantwortlich.

Die symbolträchtige Öffnung des Brandenburger Tores in Berlin am 22. Dezember 1989 war das spektakulärste Ergebnis des Gipfels von Dresden. Unter tosendem Beifall Tausender Menschen und vor den Augen vieler Gäste aus Ost und West trugen Bundeskanzler Kohl, Ministerpräsident Modrow sowie der Berliner Regierende Bürgermeister Walter Momper und der Ost-Berliner Oberbürgermeister Erhart Krack in einem feierlichen Akt zum Ende der Teilung Berlins bei. Sie würdigten den historischen Augenblick, der angesichts eines umfangreichen Medienaufgebotes internationale Beachtung fand. Die Berliner nahmen die alte Stadtmitte nach achtundzwanzig Jahren wieder in Besitz. Das alte Symbol der Teilung wurde zum neuen Symbol der Einheit. Überschwänglich feierten Hunderttausende in der Silvesternacht im noch geteilten Berlin dicht gedrängt am Brandenburger Tor den Jahreswechsel. Es herrschte Vereinigungsstimmung.

Im neuen Jahr verschlechterte sich die Lage in der DDR zusehends. Die Regierung zeigte sich außerstande, zukunftsfähige Perspektiven für die Menschen zu entwickeln. Nach wie vor zeichneten sich keine Reformen ab, um die Stabilität im Osten herzustellen. Nach Gesprächen mit der sowjetischen Führung in Moskau versuchte Modrow, die Initiative in der Vereinigungsfrage zurückzugewinnen, und legte am 1. Februar einen eigenen Plan »Für Deutschland, einig Vaterland – Konzeption für den Weg zu einem einheitlichen Deutschland« vor.

Modrows Deutschlandplan

Der DDR-Ministerpräsident ging nun seinerseits von mehreren Phasen aus – Vertragsgemeinschaft mit Wirtschafts-, Währungs-, Verkehrsunion und Rechtsangleichung, Konföderation, Föderation – und unterstrich die deutsche Pflicht zur Respektierung der Interessen aller von diesem Prozess Betroffenen, der Bündnispartner wie der Siegermächte. Bisher hatte die Regierung zwar eine Vertragsgemeinschaft befürwortet, eine Vereinigung jedoch abgelehnt. Mit dem deutschlandpolitischen Sinneswandel trug Modrow der veränderten Stimmungslage im Land Rechnung. Allerdings bot der Plan wenig Neues. Er folgte vielmehr im Wesentlichen dem Zehn-Punkte-Programm Kohls. Wichtigster Unterschied war die für die Bundesregierung unannehmbare Forderung nach militärischer Neutralität eines vereinigten Deutschland. Sie stieß im Bundestag auf breite Ablehnung.

Am 13. Februar reiste Modrow gemeinsam mit siebzehn Regierungsmitgliedern zu einem Arbeitstreffen nach Bonn. Hier sollte er den Richtungswechsel der Bundesregierung in der Deutschlandpolitik deutlich zu spüren bekommen. Zwischen der DDR-Delegation und den bundesrepublikanischen Regierungsvertretern kollidierte die langsame mit der schnellen Konzeption der Vereinigung. Während Kohl darauf drängte, die historische Herausforderung anzunehmen und schnell zu handeln, betonte Modrow die Unzahl der noch zu lösenden Probleme. Der Ministerpräsident zeichnete ein düsteres Bild von den Zuständen in der DDR: Zehntausende von Übersiedlern, Schulden, Zahlungsprobleme und das Erliegen jeglicher Investitionstätigkeit hatten das Land weiter destabilisiert. Die DDR war nicht nur zahlungsunfähig, sondern nahezu unregierbar geworden. Die Ostdeutschen forderten von Bonn eine finanzielle Unterstützung von zehn bis fünfzehn Milliarden DM als »Solidarbeitrag«, um die wirtschaftliche Lage zu stabilisieren. Die Bundesregierung lehnte diese Forderung der nicht demokratisch legitimierten Übergangsregierung und des Runden Tisches ab.

In den kühl verlaufenden Gesprächen war man sich lediglich darüber einig, dass es zur deutschen Einheit kommen werde, dass hierüber mit den Siegermächten bald zu verhandeln sei und dass die Menschen in der DDR bleiben, statt aus ihr flüchten sollten. Allerdings war der Spielraum für Verhandlungen eng begrenzt. Kohl wollte große Lösungen. Der alte Stufenplan zur Wiedervereinigung war unter dem Druck ostdeutscher Bürger aufgegeben worden. Eine Erneuerung der DDR versprach keine Lösung der anstehenden Probleme. Anstelle der Soforthilfe bot die Bundesrepublik deshalb vorbereitende Gespräche über außenpolitische Fragen und über eine Währungs- und Wirtschaftsunion an. Verhandlungen über die Vertragsgemeinschaft wurden bis zu der Zeit nach freien Wahlen in der DDR, die legitime politische Verhältnisse schaffen sollten, vertagt. Die DDR-Delegation zeigte sich von den bescheidenen Ergebnissen des Besuches enttäuscht. Die Bundesregierung hatte die Regierung der DDR wenige Wochen vor den anstehenden Volkskammerwahlen nicht mehr als ebenbürtigen Partner angesehen. Grundsätzliche Vereinbarungen wollte sie erst mit einer neuen Regierung treffen.

Erste demokratische Wahlen

Die ersten demokratischen Wahlen zur Volkskammer fanden am 18. März 1990 statt. Sie sollten das durch die Veränderungen entstandene Machtvakuum ausfüllen sowie eine demokratisch legitimierte Volksvertretung und eine handlungsfähige Regierung hervorbringen, die als rechtmäßige

Wahlplakate zur ersten freien Volkskammerwahl am 18. März 1990.

Partner zusammen mit Bundestag und Bundesregierung den Prozess der Vereinigung gestalten konnten.

Nach dem Sturz der SED-Herrschaft ging es zunächst darum, die Voraussetzungen für ein demokratisches Staatswesen zu schaffen. Das alte Parteiensystem der DDR war formal ein Mehrparteiensystem unter Vormachtstellung der SED. Die Staatspartei hatte ihren Führungsanspruch in Artikel 1 Absatz 1 der DDR-Verfassung rechtlich festgeschrieben. Aber die SED beteiligte von Anfang an auch andere Parteien an der Machtausübung die Christlich-Demokratische Union (CDU), die Liberal-Demokratische Partei Deutschlands (LDPD), die Demokratische Bauernpartei Deutschlands (DBD) und die National-Demokratische Partei Deutschlands (NDPD). Während die SED 1989 über zwei Millionen Mitglieder zählte, hatten die vier anderen Parteien zum selben Zeitpunkt zusammen knapp fünfhunderttausend Mitglieder.

Stichwort »Blockpartei«

Schon 1945 wurde in der Sowjetischen Besatzungszone der Block der antifaschistisch-demokratischen Parteien gegründet, der später in »Demokratischer Block der Parteien und Massenorganisationen« umbenannt wurde. In diesem Block (Blockparteien), der nicht nur auf der Ebene der Republik, sondern auch in den Ländern (nach deren Auflösung in den Bezirken), Kreisen, Städten und Gemeinden bestand, waren alle in der Volkskammer vertretenen Organisationen zusammengeschlossen. Das Gremium sollte formal alle wichtigen politischen Entscheidungen beraten und verabschieden. Von wenigen Ausnahmen in den Anfangsjahren abgesehen, entwickelte sich der Demokratische Block jedoch schnell zu einem reinen Akklamations- und Vollzugsorgan der SED-Politik. Deshalb wurde die Bezeichnung »Blockpartei« in weiten Teilen der Bevölkerung zum Synonym für eine abhängige Organisation. Auf seiner letzten Zusammenkunft am 28. November 1989 löste sich der politisch ohnehin bedeutungslose Demokratische Block auf.

Vom politischen Entscheidungsprozess waren die Blockparteien ausgeschlossen. Auf die Prinzipien des demokratischen Zentralismus verpflichtet, erkannten sie alle die führende Rolle der SED an. Für die SED waren sie ein scheinpluralistisches Instrument zur Machtsicherung. Als »Transmissionsriemen« sollten sie traditionell von der SED schwer zu erreichende Bevölkerungsteile an die sozialistische Gesellschaft binden und die SED bei der Durchsetzung ihrer Politik unterstützen. Nur in begrenztem Rahmen vertraten sie Interessen der verschiedenen gesellschaftlichen Gruppen und leiteten sie an die Gremien der Staatspartei weiter. Die Aufgabenteilung zwischen der unangefochten die Politik bestimmenden SED und den ihren Transmissionspflichten nachkommenden Blockparteien wurde bis zuletzt beibehalten. Neben der SED trugen CDU, LDPD, NDPD und DBD als Säulen des Regimes ebenfalls Verantwortung für die vierzigjährige Diktatur in der DDR.

Der langjährige Journalist beim Deutschlandlandfunk Peter Joachim Läpp schreibt zur Rolle der Blockparteien in der DDR:
»Hunderttausende gehörten bei der Wende 1989 in der DDR den vier Blockparteien an, die neben der führenden Einheitspartei, der SED, seit 1945 (1948) bestanden. Alle hatten ihre Programme längst stillgelegt. Notgedrungen. Denn sie alle mussten seit Anfang der 50er Jahre ihre politische Eigenständigkeit aufgeben. Seither waren sie – wenigstens im westlichen Sinne – keine Parteien mehr, sondern Gebilde mit Resteigenschaften von Parteien, eigentlich nur noch Filialen der führenden SED, versehen mit eigenen Firmenschildern (Robert Havemann), aber ansonsten kaum noch zu unterscheiden.«
(Peter Joachim Läpp, Ausverkauf. Das Ende der Blockparteien, Berlin 1998, Seite 13.)

Viele ihrer Mitglieder benutzten die Blockparteien aber auch als »Nischen« im Realsozialismus. Gleichgeschaltet waren die Parteileitungen, nicht die Mehrheit der Mitglieder. Der Eintritt in eine dieser Parteien konnte unter den Bedingungen des totalitären Staates mitunter eine gewisse Distanz zum System ausdrücken. Besonders in den achtziger Jahren bildete sich auch hier ein kritisches Potenzial. Am revolutionären Umbruch hatten die Blockparteien indes keinen Anteil.

Verhalten der Blockparteien

Ende 1989 löste sich das sozialistische Parteiensystem auf. Die Blockparteien trennten sich von der SED und bildeten eigenständige Organisationen; die ehemals »befreundeten Parteien« entwickelten sich auch untereinander zu Konkurrenten. Parallel dazu konstituierten und profilierten sich programmatisch, organisatorisch und personell die neuen politischen Kräfte der Opposition als Bewegungen und Parteien. Nach und nach entstand eine grundlegend neue Parteienlandschaft.

Weil den alten Blockparteien der Makel anhaftete, als »Blockflöten« das sozialistisch-diktatorische System gestützt zu haben, bemühten sie sich in den Herbsttagen 1989 um eine innere Erneuerung. Radikale Schritte wie Parteiauflösungen, Parteiausschlüsse vieler Mitglieder oder Verzicht auf Parteivermögen wurden aber verworfen; stattdessen entschied man sich für einen allmählichen Selbstreinigungsprozess. Zwischen Oktober 1989 und Februar 1990 änderten alle ehemaligen Blockparteien ihre inneren Strukturen, wählten neue Leitungen und gaben sich neue programmatische Profile.

In der Ost-CDU hatte die Unzufriedenheit der Basis im November einen innerparteilichen Reformprozess herbeigeführt. Bereits am 10. November 1989 wurde Lothar de Maizière zum neuen Vorsitzenden gewählt. Auf dem Sonderparteitag am 15. und 16. Dezember folgte der strukturelle und programmatische Wandel. Die Partei gab sich ein neues Statut, organisierte sich in Landesverbänden, distanzierte sich vom Sozialismus und bekannte sich zur Marktwirtschaft sowie zur Einheit der Nation. Ende Januar 1990 entstand ein Wahlprogramm, das sich an den Positionen der West-CDU orientierte.

Im Spätsommer 1989 versagte die LDPD als erste Blockpartei schrittweise der Staatspartei ihre Unterstützung. Ihr Vorsitzender Manfred Gerlach galt darum als einer der wenigen Vorreiter der Revolution innerhalb der Blockparteien. Nach dem Sturz Honeckers setzte er aber auf dessen Nachfolger Egon Krenz und erkannte nicht, dass die Tage der SED gezählt waren. Als sich Gerlach noch im November zur führenden Rolle der SED und dem Fortbestand des Sozialismus bekannte, geriet die LDPD im Erneuerungsprozess ins Hintertreffen. Erst auf einem Sonderparteitag am 9. und 10. Februar 1990 wurde eine neue Parteiführung gewählt, eine neue Parteistruktur beschlossen, der Name in LDP geändert und ein Wahlprogramm mit liberalen Positionen verabschiedet.

Die beiden anderen Blockparteien NDPD und DBD spielten in der Zeit der revolutionären Umwälzungen kaum eine Rolle. Im Gegensatz zu CDU und LDPD konnten sie sich als »nachgegründete« Parteien (sie waren erst 1948 von der SED im Sinn der Blockpolitik geschaffen worden) jenseits der ihnen zugeteilten Funktion nicht auf historische Wurzeln und traditionelle Werte berufen und keine Bezugspunkte zu politischen Strömungen der Gegenwart im Westen finden. Da sie bei der Volkskammerwahl als eigenständige Parteien ohne Unterstützung aus der Bundesrepublik kaum Stimmen auf sich vereinigen konnten, schloss sich nach der Wahl die NDPD den Liberalen und die DBD der CDU an.

PDS

Auch die alte Staatspartei SED stellte sich unter dem neuen Namen Partei des Demokratischen Sozialismus (PDS) den Wählern. Sie war durch massenhafte Austritte und Proteste der Mitglieder zwischen November 1989 und Januar 1990 in eine Existenzkrise geraten. Ein Parteitag Mitte Dezember 1989 versagte sich zwar einer Auflösung der Partei – vor allem wegen der Sicherung des Vermögens –, versprach jedoch, mit den Praktiken und dem Machtanspruch der Vergangenheit zu brechen. Die SED beschränkte sich auf die Wahl eines neuen Parteivorstands mit dem Rechtsanwalt Gregor Gysi an der Spitze und gab sich einen neuen Namen (SED-PDS, seit Februar 1990 nur PDS). Doch mit diesen Signalen gelang ihr kein durchgreifender und glaubwürdiger Erneuerungsprozess (siehe Seite 70/71).

Obwohl ihr Führungsmonopol am 1. Dezember aus der Verfassung der DDR gestrichen worden war, blieb sie als nominal stärkste Partei bis zum März 1990 in der Regierungsverantwortung. Die PDS schrieb einen neuen, demokratischen Sozialismus auf ihre Fahnen. Die personellen und programmatischen Veränderungen trafen jedoch in der Bevölkerung zumeist auf Misstrauen. Die Partei, die immer noch über zahlreiche Positionen in Verwaltung und Wirtschaft, einen beachtlichen Mitgliederstamm und eine eingespielte Organisationsstruktur, ein beträchtliches Parteivermögen und einen breiten Zugang zu den Medien verfügte, hatte keine Schwierigkeiten, den Wahlkampf zu führen.

Neue Parteien und Organisationen

Bedeutender als die Reformen der etablierten Parteien waren die vielfältigen Bemühungen, neue Parteien und Organisationen ins Leben zu rufen. Mitte der achtziger Jahre hatte sich in der DDR die Initiative Frieden und Menschenrechte als erste oppositionelle Gruppe gegründet. Im September und Oktober 1989 formierten sich mit Neues Forum,

Im Herbst 1989 formiert sich die Opposition in der DDR. In der Wohnung von Bärbel Bohley (links im Bild) treffen sich Gründer und Mitglieder des Neuen Forums.

Demokratie Jetzt, Demokratischer Aufbruch (DA) und Vereinigte Linke weitere Bürgerbewegungen (siehe Seite 59 f.). Mit Ausnahme des Demokratischen Aufbruchs, der sich bald zur Partei wandelte, verstanden sie sich als basisdemokratische Bewegungen. Vor allem das Neue Forum, das im September 1989 aus verschiedenen Menschenrechts-, Friedens- und Umweltinitiativen hervorgegangen war, trug die Hoffnungen großer Teile der Bevölkerung. Typisch für diese Organisationen waren im Herbst 1989 die ideologische Offenheit und die Beschränkung auf konsensfähige, grundlegende Forderungen, wie die Verwirklichung der bürgerlichen Freiheiten und Menschenrechte. Die sich daraus herleitende große Heterogenität der Gruppierungen wurde zum Problem, als die Herrschaft des gemeinsamen Feindes SED gebrochen war und es Anfang 1990 darum ging, auf der Grundlage eines eigenständigen Programms in den Wettbewerb mit anderen Gruppierungen zu treten.

> Der Freiburger Politikwissenschaftler Wolfgang Jäger analysiert den zunehmenden Resonanzverlust der Bürgerbewegung in der Bevölkerung im Frühjahr 1990:
> »Der Höhepunkt ihres Erfolges bedeutete für die Bürgerbewegungen zugleich den Auftakt für ihren Abstieg: Mit dem Ende der Diktatur in

der DDR war ihr gemeinsames, verbindendes Ziel – eine demokratische Öffentlichkeit und freie Wahlen – absehbar geworden, mit der Grenzöffnung stand das System der DDR zur Disposition. Jetzt setzte der Diskurs über die Zukunft des Landes ein, der die latenten Differenzen und Konfliktfelder der Bürgerbewegungen aufbrechen ließ. Nicht nur die organisatorische Struktur, sondern auch ihre programmatischen Konzepte boten keine Perspektive. [...] Die Oppositionsgruppen der ersten Stunde waren ohne Zweifel ›Revolutionäre‹, nicht jedoch ›Reformer‹, die überzeugende oder mehrheitsfähige Konzepte für eine neue, demokratische DDR besaßen.«
(Wolfgang Jäger, Die Überwindung der Teilung. Der innerdeutsche Prozeß der Vereinigung 1989/90, Stuttgart 1998, Seite 306 f.)

Neben diesen politischen Vereinigungen kam es zu Gründungen von Parteien, deren Wurzeln ebenfalls in der Opposition zum SED-Regime lagen und die gemeinsam mit den Bürgerbewegungen zu den Initiatoren des politischen Umbruchs zählten. Zu ihnen gehörten neben der Sozialdemokratischen Partei der DDR (SDP) die Grüne Partei, die Deutsche Soziale Union (DSU), die Freie Demokratische Partei (F.D.P.) und die Deutsche Forumpartei, die sich vom Neuen Forum abgespalten hatte.

Sozialdemokratie

Die ostdeutschen Sozialdemokraten formierten sich im Frühherbst 1989 und veröffentlichten Ende August einen Gründungsaufruf. Die Konstituierung selbst erfolgte Anfang Oktober unter dem Namen Sozialdemokratische Partei der DDR. Mit der Umbenennung in SPD Mitte Januar 1990 unterstrich sie ihren Anspruch, Nachfolgerin der 1946 unter Zwang in der SED aufgegangenen Sozialdemokratie und Teil einer gesamtdeutschen Partei zu sein. Nach anfänglicher Zurückhaltung der (westdeutschen) SPD (sie setzte zunächst noch auf einen Dialog mit den SED-Herrschern) erhielt sie als erste ostdeutsche Partei Unterstützung aus dem Westen.

F.D.P. und DSU

Die von vielen Liberalen als zu langsam empfundene Reformierung der Blockpartei LDPD führte am 4. Februar 1990 zur Gründung der Freien Demokratischen Partei. Sie orientierte sich in ihrem Programm an der westlichen F.D.P. und berief sich auf traditionelle Werte des Liberalismus. Ebenso wie die F.D.P. war auch die Deutsche Soziale Union (DSU) eine Partei ohne Wurzeln im revolutionären Vorherbst. Sie entstand am 20. Januar in Leipzig als Zusammenschluss mehrerer christlich-konservativer Gruppen, die überwiegend aus den südlichen Bezirken der DDR kamen. Die DSU verstand sich als Schwesterpartei der bayerischen CSU, die auch tatkräftige organisatorische und finanzielle Hilfe beim Aufbau der neuen Partei leistete. Die alte Losung von CDU/CSU aus früheren Bundestagswahlkämpfen »Freiheit statt Sozialismus« wurde zur programmatischen Grundaussage.

Wahlbündnisse

Nach jahrzehntelanger Eintönigkeit bot das ostdeutsche Parteiensystem vor der Volkskammerwahl ein vielfältiges Bild. Die ursprünglich geplante breite Allianz gegen die SED kam nicht zustande. Da es bei den Wahlen weniger um die Ablösung der Einheitspartei als vielmehr um den Weg zur Einheit gehen sollte, überwog bei den einzelnen Organisationen der Wille, eigenes Profil zu gewinnen und sich im Wahlkampf gegeneinander abzugrenzen. Um eine Zersplitterung des Parteiensystems zu verhindern, bildeten sich vor dem 18. März verschiedene Wahlbündnisse und Listenverbindungen, die von den in Wahlkämpfen erfahrenen Partnern aus dem Westen unterstützt wurden. So waren es westliche Organisatoren, die die Parteienlandschaft der DDR prägten. Die Parteien der Bundesrepublik suchten zunächst zögernd, dann intensiver Partner und Verbündete im Osten.

Allianz für Deutschland

In der Allianz für Deutschland fanden sich die CDU, die DSU und der Demokratische Aufbruch (DA) zusammen. Die westliche CDU hatte lange gezögert, bevor sie sich zu einer Partnerschaft mit der als Blockpartei diskreditierten CDU entschloss. Nachdem diese unter dem Vorsitzenden Lothar de Maizière einen Erneuerungsprozess eingeleitet hatte, sah man in der Bonner Parteizentrale keine Hindernisse mehr, ihr zu helfen. Die beiden Oppositionsparteien DA und DSU waren unverdächtige Verbündete. Nicht zuletzt die enge Bindung vieler führender DA-Mitglieder an die evangelische Kirche sowie die im Programm festgeschriebene Aufgabe, christliche Werte in die Politik einzubringen, gaben den Ausschlag für eine Anlehnung an die Christdemokraten der Bundesrepublik.

Die am 5. Februar auf Anregung der CDU der Bundesrepublik begründete Zusammenarbeit war keineswegs konfliktfrei. Vorbehalte gab es vor allem im Demokratischen Aufbruch und der DSU gegenüber der ehemaligen »Blockflöte« CDU. Deshalb behielten die Parteien innerhalb der Allianz ihre Eigenständigkeit bei; die Kandidaten für die Wahlen wurden unabhängig voneinander aufgestellt. Diese Praxis erlaubte den an dem Zweckbündnis beteiligten Gruppen, ihre Identität zu bewahren, jedoch den Wahlkampf in der Hoffnung auf eine gemeinsame Regierungsbildung vereint zu bestreiten.

Bund Freier Demokraten

Wie die Allianz für Deutschland kam auch der am 12. Februar gegründete Bund Freier Demokraten aus LDP, F.D.P. und Deutscher Forumpartei nur auf Initiative der westlichen F.D.P. zustande. Die Zusammenarbeit mit einer ehemaligen Blockpartei war in der F.D.P. der Bundesrepublik ebenso umstritten. In der Führungsspitze der Freien Demokraten spielten dabei persönliche Erfahrungen eine nicht unwesentliche Rolle. Einige ihrer Vertreter wie Hans-Dietrich Genscher, Wolfgang Mischnick, Gerhart Baum, Burkhard Hirsch oder Walter Hirche stammten aus Ostdeutschland, hatten dort zu den Mitbegründern oder Mitgliedern der LDPD gehört und die DDR zumeist gezwungenermaßen verlassen. Nach dem Zusammenschluss erhielt der Bund im Wahlkampf die Unterstützung der bundesrepublikanischen F.D.P. Trotzdem gab es auch hier Spannungen zwischen den verschiedenen Partnern, die vor allem mit der Rolle der Liberaldemokraten im SED-Staat zusammenhingen. Das Bündnis vertrat eine liberale Politik für eine Gesellschaft, in der nicht sozialistisches Ordnungs- und Planungsdenken, sondern die Freiheit der Persönlichkeit Mittelpunkt aller Bestrebungen sein sollte.

Gemeinsam war den konservativen und liberalen Wahlbündnissen, dass sie erst spät und auf ausdrücklichen Wunsch der westlichen Partner entstanden. Beide setzten sich aus jeweils einer ehemaligen Blockpartei (CDU, LDP) und zwei neuen Organisationen (DA, DSU und Deutsche Forumpartei, F.D.P.) zusammen. Die umfangreiche Unterstützung aus dem Westen sowie die Möglichkeit, die Strukturen der alten DDR-Parteien nutzen zu können, brachten beiden Verbindungen Vorteile im Wahlkampf.

Bündnis 90

Nach dem Scheitern eines Bündnisses aller Oppositionsgruppen gegen die Kommunisten verständigten sich die drei Bürgerbewegungen Neues Forum, Demokratie Jetzt und Initiative Frieden und Menschenrechte am 6. Februar darauf, als Bündnis 90 mit einem gemeinsamen Programm und einer gemeinsamen Kandidatenliste in die Wahl zu gehen. Sie begriffen sich als umfassendes gesellschaftliches Korrektiv zu den Parteien und als breit gefächerte basisdemokratische Interessenvertretung für die Menschen, die sich für Bürgerbeteiligung, Solidarität und ostdeutsche Selbstbestimmung stark machte. Angesichts des frühen Wahltermins kamen sie jedoch in der Erörterung ihres politischen Selbstverständnisses unter erheblichen Zeitdruck. Während in den Parteien klare Führungsstrukturen eine schnelle Ausarbeitung von Wahlplattformen ermöglichten, begannen im Bündnis 90 die für basisdemokratische Organisationen charakteristischen langwierigen Diskussionen um politische Grundaussagen. Dem Bündnis fehlten im Gegensatz zu den alten Parteien auch die einfachsten materiellen und organisatorischen Voraussetzungen für eine politische Arbeit sowie der Zugang zu den Medien.

Auf westdeutsche Unterstützung konnte das Bürgerbündnis mangels geeigneter Partner nicht bauen. Verbindungen mit den westlichen

Grünen kamen nicht zustande, weil letztere mit der Grünen Partei der DDR zusammenarbeiteten. Das Bündnis 90 lehnte sie in seinem Selbstverständnis als eigenständige Organisation in der DDR ohnehin ab. Aus den Erfahrungen mit der Diktatur verschrieb es sich im Wahlprogramm in erster Linie dem Schutz der Menschen- und Bürgerrechte, dem Ziel einer solidarischen Gesellschaft, dem Rechtsstaat sowie einer Demokratisierung von Staat und Gesellschaft. Der deutschen Einheit stand das Bündnis skeptisch gegenüber. Man setzte in einem ersten Schritt auf die Beibehaltung einer eigenständigen DDR und erst daran anschließend auf eine Vereinigung.

Auch die beiden linksextremistisch orientierten Organisationen Vereinigte Linke und Die Nelken schlossen sich zu einem Aktionsbündnis zusammen. Die von den Grünen im Westen unterstützte Grüne Partei, die sich in bewusster Abgrenzung zu den Menschenrechts- und Bürgerrechtsbewegungen auf die Umweltproblematik konzentrierte, ging eine Listenverbindung mit dem Unabhängigen Frauenverband ein. Von der Verbindung der Themen Geschlechtergleichstellung und Ökologie versprach sie sich eine Chance bei den Wahlen. Schließlich bildete sich eine Jugendliste, an der sich auch die ehemals staatliche Jugendorganisation FDJ beteiligte.

Programmschwerpunkte

Der Einfluss der westlichen Parteien auf die Bildung von Wahlbündnissen hat sowohl die Zersplitterung des ostdeutschen Parteiensystems verhindert als auch die Entstehung politischer Positionen begünstigt, die mit denen der Bundesrepublik weitgehend übereinstimmten. Wenn in den einzelnen Organisationen auch programmatisch unterschiedliche Akzente gesetzt wurden, bestand doch bei den jeweils vertretenen Grundwerten große Übereinstimmung. Freiheit, Demokratie, Gerechtigkeit, Bewahrung der Natur und des Friedens stellten Werte dar, die von nahezu allen Gruppierungen vertreten wurden.

Alle Parteien sprachen sich in ihren Wahlprogrammen für einen demokratischen Rechtsstaat aus, wobei die Vorstellungen über seine Ausgestaltung voneinander abwichen. Bis auf die Vereinigte Linke, die für die Eigenstaatlichkeit der DDR eintrat, setzten sich die Parteien und Gruppierungen für eine Vereinigung mit der Bundesrepublik ein. Unterschiedliche Auffassungen gab es hierbei in Hinblick auf Geschwindigkeit und Modalitäten sowie die Notwendigkeit einer Währungs-, Wirtschafts- und Sozialunion.

Die Positionen reichten von der Befürwortung einer sofortigen Währungsunion und der schnellstmöglichen Wiedervereinigung (CDU, DSU, DA) über ein gemäßigtes Vereinigungstempo (Bund Freier Demokraten) und eine stufenweise Annäherung in absehbarer Zeit mit dem Ziel einer föderativ geprägten Einheit im europäischen Rahmen (SPD) bis hin zum vorläufigen Nebeneinander zweier deutscher Staaten als Konföderation (Bündnis 90, Grüne Partei, Unabhängiger Frauenverband) oder Staatenbund (PDS) mit einer angestrebten Vereinigung nach mehreren Jahren. Wiederum mit Ausnahme der Vereinigten Linken wurde übereinstimmend der Übergang zur sozialen Marktwirtschaft befürwortet. Die Bürgerbewegungen betonten hierbei besonders die ökologische Komponente. Divergierende Positionen in der Bildungs-, Frauen- oder Jugendpolitik sollten bei der Wahlentscheidung keine ausschlaggebende Rolle spielen.

> Der Charakter des ostdeutschen Parteiensystems nach dem Umbruch vom Herbst 1989 lässt sich wie folgt kennzeichnen:
> »Genau genommen besaß das DDR-Parteiensystem zu keinem Zeitpunkt Autonomie gegenüber dem Parteiensystem der Bundesrepublik. Die Gruppe der im Zuge der Revolution entstandenen Bewegungen und der etwas später gegründeten Parteien stellten noch kein Parteiensystem dar, sondern vielmehr Anti-Regime-Organisationen in einer Demokratisierungsphase. Mit der Ausdifferenzierung und Wettbewerbsorientierung von Parteien, die sowohl aus dem Lager der Opposition als auch aus der Gruppe der ehemaligen Blockparteien hervorgingen, begannen sich Strukturen eines Parteiensystems abzuzeichnen, das jedoch bereits zu diesem Zeitpunkt einen Zusammenhang zum bundesdeutschen Parteiensystem erkennen ließ. Die Volkskammerwahl und die Ost-Berliner Regierungsbildung ließen dann ein Parteiensystem entstehen, das zwar hin und wieder eigenständige Interaktionsmuster aufwies, im ganzen jedoch als ›Nebensystem‹ des Parteiensystems der Bundesrepublik funktionierte.«
> (Harald Barrios, Von der Revolution zum Beitritt: Die Entwicklung eines gesamtdeutschen Wahl- und Parteiensystems, in: Die Politik zur deutschen Einheit. Probleme – Strategien – Kontroversen, hrsg. von Ulrike Liebert und Wolfgang Merkel, Opladen 1991, Seite 156.)

Die ersten freien Wahlen zur Volkskammer der DDR waren vorgezogene Wahlen. Zunächst von den Parteien und politischen Organisationen am Zentralen Runden Tisch für den 6. Mai 1990 angesetzt, mussten sie wegen des anhaltenden Übersiedlerstroms, der sich ständig verschlechternden Lage der Volkswirtschaft und des Zerfalls staatlicher Autorität auf den 18. März vorverlegt werden, um das Land handlungsfähig zu machen. Der Wahlkampf war kurz und heftig. Die Parteien des Westens leisteten nicht nur erhebliche finanzielle und organisatorische Hilfe, sondern boten auch zahlreiche Politiker als Redner beim Kampf um die ostdeutschen Wählerstimmen auf. Die Sozialdemokraten setzten auf Altbundeskanzler Willy Brandt, der Bund Freier Demokraten auf Außenminister Hans-Dietrich Genscher und die Allianz für Deutschland auf Bundeskanzler Helmut Kohl.

Ergebnisse der Wahlen zur Volkskammer am 18. März 1990

DDR und Ost-Berlin	Stimmen	Prozent
Wahlberechtigte	12 426 443	
Abgegebene Stimmen	11 604 418	
Wahlbeteiligung		93,4
Gültige Stimmen	11 541 555	
Allianz für Deutschland	5 544 414	48,0
davon		
CDU	4 710 552	40,8
Demokratischer Aufbruch (DA)	106 146	0,9
DSU	727 716	6,3
Bund Freier Demokraten (F.D.P., LDP, Die Liberalen)	608 918	5,3
SPD	2 525 473	21,9
Grüne Partei und Unabhängiger Frauenbund	226 921	2,0
Bündnis 90	336 064	2,9
PDS	1 892 329	16,4
Demokratische Bauernpartei Deutschlands (DBD)	251 200	2,2
Sonstige	407 436	1,3

Statistisches Jahrbuch 1990 für die Bundesrepublik Deutschland, hrsg. vom Statistischen Bundesamt, Wiesbaden 1990, Seite 641.

Wahlergebnis

Insgesamt bewarben sich vierundzwanzig Parteien, Listenverbindungen und politische Vereinigungen bei den über zwölf Millionen Wahlberechtigten um Mandate in der Volkskammer. Abgestimmt wurde nach den Grundsätzen eines reinen Verhältniswahlrechts ohne prozentuale Sperrklausel. Die Bürger machten von ihrem neu errungenen Wahlrecht regen Gebrauch: Die Wahlbeteiligung übertraf mit mehr als dreiundneunzig Prozent alle Erwartungen. Auch das Ergebnis war eine

Überraschung. Entgegen den Prognosen ging die CDU mit 40,8 Prozent als Sieger aus der Wahl hervor und verfehlte zusammen mit der DSU (6,3 Prozent) und dem Demokratischen Aufbruch (0,9 Prozent) gemeinsam als Allianz für Deutschland mit insgesamt 48,0 Prozent nur knapp die absolute Mehrheit.

Die in Umfragen lange vorne gesehene SPD wurde zwar zweitstärkste Partei, war aber mit 21,9 Prozentpunkten nur halb so stark wie die CDU. Die Sozialdemokratie lag nur 5 Prozentpunkte vor der PDS. Zwar musste die ehemalige Staatspartei die Macht abgeben, wurde jedoch mit 16,4 Prozent drittstärkste Kraft in der Volkskammer. Die im Bund Freier Demokraten zusammengeschlossenen Liberalen kamen auf 5,3 Prozent und konnten so der Allianz zur Mandatsmehrheit im Parlament verhelfen. Unerwartet schlecht schnitt das weitgehend die Bürgerbewegung repräsentierende Bündnis 90 mit einem Stimmenanteil von nur 2,9 Prozent ab. Bis auf die Demokratische Bauernpartei, die als frühere Blockpartei 2,2 Prozent der Stimmen bekam, lagen alle übrigen Parteien unter 1 Prozent.

Das Ergebnis der Volkskammerwahl besiegelte das Schicksal der DDR. Angesichts des revolutionären Umbruchs diente die Wahl zur Bestimmung der zukünftigen Ziele und Wege der Politik. Im März 1990 war das Freiheitsziel, also die Befreiung von der Vorherrschaft der SED, die weitgehende Zerstörung der alten Machtstrukturen sowie die Gewährleistung allgemeiner Bürger- und Menschenrechte erfüllt. Die anhaltend hohe Zahl der Übersiedler und die noch immer regelmäßig stattfindenden Massendemonstrationen unterstrichen die breite Unzufriedenheit mit dem alten System und das Streben der Menschen nach grundlegenden Veränderungen. Vor diesem Hintergrund nahm die Volkskammerwahl in der allgemeinen Wahrnehmung den Charakter einer Entscheidung über die zukünftige gesellschaftspolitische Entwicklung des Landes an.

Die Frage der deutschen Einheit hatte sich im Vorfeld der Wahl zu dem zentralen politischen Thema entwickelt. Dabei beherrschten die Einheitsbefürworter seit Beginn des Jahres 1990 die öffentliche Diskussion. Die Forderung nach der Einheit (»Wir sind ein Volk!«, »Deutschland, einig Vaterland«) bestimmte den Charakter der allwöchentlichen Demonstrationen. Nach einer Umfrage der Forschungsgruppe Wahlen befürworteten unmittelbar vor der Wahl im März 1990 über neunzig Prozent der DDR-Bürger grundsätzlich sowohl die Vereinigung der beiden deutschen Staaten als auch die Einführung einer Währungsunion. Zwar spielten auch die Konfliktlinie zwischen Opposition und SED-Regime sowie die mit dem Systemwandel verbundenen Themen noch eine gewisse Rolle. Sie alle wurden aber von der deutsch-deutschen

Einstellungen der Parteiwählerschaften

1. Frage:	Sind Sie persönlich für die Vereinigung der beiden deutschen Staaten, sind Sie gegen die Vereinigung oder ist Ihnen das gleichgültig?
2. Frage:	Es ist geplant, dass die D-Mark in der DDR als offizielle Währung möglichst bald eingeführt wird, finden Sie das gut oder finden Sie das nicht gut?

Angaben in Prozent

Antworten	Gesamt	Allianz für Deutschland	Bund Freier Demokraten	SPD	PDS	Bündnis 90
1. Vereinigung						
dafür	90,7	96,1	95,3	92,2	79,2	87,1
dagegen	5,1	0,7	3,7	5,1	17,0	3,6
gleichgültig	3,7	2,4	0,0	2,7	3,0	9,3
2. D-Mark als Währung						
gut	91,1	97,6	83,6	92,2	68,8	91,2
schlecht	7,6	1,8	13,7	6,8	27,5	8,8
gleichgültig	1,3	0,6	2,7	1,0	3,7	0,0

Forschungsgruppe Wahlen, Mannheim, Umfrage 1990. Zitiert nach: Wolfgang Jäger, Die Überwindung der Teilung. Der innerdeutsche Prozess der Vereinigung 1989/90, Stuttgart 1998, Seite 418.

Thematik überlagert. Alle Wahlanalysen ermittelten übereinstimmend einen engen Zusammenhang zwischen der Einstellung zur Einheit und der Stimmabgabe.

Die Wähler votierten für die Abkehr vom bisherigen politischen System und für eine neue Zukunft in einem geeinten Deutschland. Für die Parteien und Wahlbündnisse mit Westorientierung sowie Unterstützung aus der Bundesrepublik (Allianz für Deutschland, Sozialdemokraten, Bund Freier Demokraten), die einen Kurs Richtung Vereinigung steuerten, stimmten rund drei Viertel der Wähler. Die hohe Wahlbeteiligung verschaffte diesem Votum die demokratische Legitimation auf breiter Grundlage.

Sieg der Allianz

Den siegreichen Parteien der Allianz war es offenbar am ehesten gelungen, die in der Bevölkerung herrschende Stimmung aufzunehmen und in ihren Programmen umzusetzen. Das Bündnis war mit unzweideutigen Aussagen über die weitere wirtschaftliche und politische Entwicklung der DDR innerhalb einer gemeinsamen deutschen Wirtschafts- und Währungsunion angetreten. Aus Umfragen geht hervor, dass viele Wähler den Wunsch nach einem besseren Leben am ehesten durch die Allianz garantiert sahen.

Besonders die CDU hatte es mit ihren Parolen verstanden, sich als die Partei der sozialen Marktwirtschaft und als Garant einer zügigen Wiedervereinigung darzustellen. Dies machte sie für mehr als vierzig Prozent der Wähler besonders attraktiv. Sogar von ihrer Vergangenheit als Blockpartei in der DDR konnte die »gewendete« CDU profitieren. Ihre funktionierenden Strukturen waren ein gewisser Vorteil im Wahlkampf gegenüber den Bürgerbewegungen und den neuen Parteien. Außerdem trug sie den Namen der bundesdeutschen CDU, die seit vielen Jahren in dem Land regierte, das zahlreichen DDR-Bürgern als politisches und wirtschaftliches Vorbild galt und von dem umfangreiche Hilfe versprochen und erwartet wurde.

Im Vergleich zur CDU profitierten die ostdeutschen Liberalen kaum von der in der Regierungsverantwortung stehenden bundesrepublikanischen F.D.P., mussten sie sich doch mit bescheidenen fünf Prozent zufrieden geben. Ihr bestes Ergebnis erzielten sie mit knapp zehn Prozent in Halle. Dieses Resultat lässt sich vor allem mit dem »Genscher-Bonus« erklären. Der im Osten populäre Außenminister hatte in seiner Heimatstadt einen sehr engagierten Wahlkampf geführt.

Niederlage der SPD

Dem Erfolg der Allianz stand das mäßige Abschneiden der SPD gegenüber. Dass die Medien der SPD einen Sieg vorausgesagt hatten, beruhte auf der Annahme, das traditionelle Wahlverhalten aus der Weimarer Republik hätte die nationalsozialistische und die kommunistische Diktatur überdauert. Gerade auf dem Gebiet Ostdeutschlands gab es früher zahlreiche Hochburgen der Sozialdemokraten. Zudem hatten viele Beobachter in der DDR immer wieder Stimmungen wahrzunehmen gemeint, die sozialdemokratisch zu sein schienen. Auch der hohe Anteil an Arbeitern und die geringe Anzahl von Katholiken in der Bevölkerung schienen ein Vorteil zu sein.

In den Wochen vor der Volkskammerwahl durchgeführte Meinungsumfragen, die die Sozialdemokraten klar überlegen sahen, taten ihr Übriges. Doch die Voraussagen erwiesen sich als falsch. Nach vierzigjähriger SED-Diktatur waren andere Kriterien für die Wahlentscheidung ausschlaggebend: An erster Stelle stand die vielerorts als schwankend empfundene Haltung der Sozialdemokraten zu den Modalitäten der Wiedervereinigung. Sie hatten sich zunächst auf ihrer Berliner Delegiertenkonferenz im Januar 1990 klar für die Einheit entschieden. In der letzten Phase des Wahlkampfes betonten die SPD und ihr westdeutscher Kanzlerkandidat Oskar Lafontaine jedoch häufig, für sie sei der Prozess der Vereinigung nur im Rahmen einer europäischen Einigung denkbar, und dieser Weg müsse mit Bedacht angegangen werden. Die Sozialdemokraten warnten vor den sozialen, politischen und wirtschaftlichen

Nachteilen eines überstürzten Einigungsprozesses. Mit solchen Zweifeln ging man jedoch zunehmend an den auf den Tag konzentrierten Erwartungen eines Großteils der DDR-Bürger vorbei. Ein behutsamer Prozess des Zusammenwachsens fand in der Bevölkerung keine breite Unterstützung. Überdies trauten viele Wähler der Bonner Oppositionspartei weniger als der regierenden Partei zu, die unmittelbare Zukunft zu gestalten.

Misserfolg des Bündnis 90

Auch die Vertreter des Bündnis 90 waren über ihren Misserfolg enttäuscht. Mit knapp drei Prozent der Stimmen spielten jene Kräfte, die im Herbst 1989 die Friedliche Revolution maßgeblich in Gang gesetzt hatten, in der frei gewählten Volkskammer nur eine geringe Rolle. Die Frauen und Männer der frühen DDR-Opposition fanden sich nun auf den Bänken der parlamentarischen Opposition wieder. Für das Bürgerbündnis wirkte sich neben der organisatorischen Schwäche die Zurückhaltung in der Vereinigungsfrage verhängnisvoll aus. In der Hoffnung, ein alternatives Sozialismus-Modell in einer souveränen DDR verwirklichen zu können, hatten seine Protagonisten immer wieder auf die Risiken eines Zusammenschlusses mit der Bundesrepublik hingewiesen. Eine baldige Währungsunion wurde ebenso abgelehnt wie eine schnelle Wiedervereinigung. Stattdessen setzte sich das Bündnis für eine neue DDR-Identität ein. Viele Stimmen in der Bevölkerung konnte es mit dieser Haltung nicht für sich gewinnen. Hinzu kam der strategische Nachteil, nicht mit einem hilfreichen Partner aus dem Westen verbündet zu sein, der für die machtpolitische Durchsetzungsfähigkeit der Wählerinteressen gestanden hätte.

Regionale Unterschiede

Das Wahlergebnis enthielt einige interessante Besonderheiten. Auffallend war das regional unterschiedliche Stimmenergebnis. Die Resultate für die Allianz einerseits und die SPD und PDS andererseits wiesen deutliche Nord-Süd-Abweichungen auf. Legt man die heutigen Ländergrenzen zugrunde, schnitt die Allianz in Mecklenburg-Vorpommern, Ost-Berlin und Brandenburg überdurchschnittlich schlecht ab, während gerade hier SPD aber auch PDS besonders erfolgreich waren. Im industrialisierten Süden der DDR (Sachsen, Sachsen-Anhalt, Thüringen) ließ sich eine entgegengesetzte Tendenz feststellen. Hier erzielten die CDU und ihre Bündnispartner gute Resultate, während SPD und PDS deutlich hinter ihrem durchschnittlichen Landesergebnis zurückblieben.

Worin liegen die Ursachen? In den bevölkerungsreichen und industriell geprägten südlichen Bezirken häuften sich die Probleme der DDR (veraltete Industrieanlagen, katastrophale Umweltsituation, überdurchschnittlich starke Fluchtbewegung in den Westen) und die Kritik an der verfehlten Politik der SED mehr als in den anderen Landesteilen. Nicht zufällig ging die Revolution mit ihren Massendemonstrationen von

Ergebnisse der Wahlen zur Volkskammer am 18. März 1990 (regional)

Angaben in Prozent der gültigen Stimmen

Länder und Ost-Berlin	Allianz für Deutschland				BFD	SPD	Grüne und Frauen	Bündnis 90	PDS	Sonstige
	CDU	DA	DSU	Summe						
Mecklenburg-Vorpommern	36,4	0,6	2,3	39,3	3,6	23,9	2,0	2,3	22,4	6,4
Brandenburg	34,0	0,8	3,7	38,5	4,8	28,9	2,1	3,3	18,4	4,0
Sachsen-Anhalt	44,7	0,6	2,4	47,8	7,7	23,6	1,8	2,2	14,0	3,0
Thüringen	53,0	1,6	5,6	60,2	4,6	17,4	2,1	2,0	11,2	2,4
Sachsen	43,6	0,9	13,2	57,7	5,7	15,1	1,7	3,0	13,3	3,5
Ost-Berlin	18,3	1,0	2,2	21,5	3,0	34,8	2,7	6,3	30,2	1,5

Die Wahlergebnisse in den vierzehn Bezirken der DDR sind entsprechend der zum 3. Oktober 1990 wieder eingerichteten fünf Länder zusammengefasst, deren Grenzen vom Zuschnitt der Bezirke geringfügig abweichen. Land Brandenburg: Bezirke Cottbus, Frankfurt/Oder, Potsdam; Land Mecklenburg-Vorpommern: Bezirke Neubrandenburg, Rostock, Schwerin; Land Sachsen: Bezirke Karl-Marx-Stadt (Chemnitz), Dresden, Leipzig; Land Sachsen-Anhalt: Bezirke Halle, Magdeburg; Land Thüringen: Bezirke Erfurt, Gera, Suhl.

Matthias Jung, Parteiensystem und Wahlen in der DDR. Eine Analyse der Volkskammerwahl vom 18. März 1990 und der Kommunalwahlen vom 6. Mai 1990, in: Aus Politik und Zeitgeschichte, Beilage zur Wochenzeitung Das Parlament B27,1990, Seite 7.

Leipzig aus. Das Vereinigungsmodell der CDU wurde darum in diesen Regionen überwiegend befürwortet.

Eine besondere Rolle in der politischen Topografie spielte Ost-Berlin: Das Wahlergebnis der DDR wurde geradezu auf den Kopf gestellt. Während die CDU hier ihr mit Abstand schlechtestes Ergebnis hinnehmen musste (18,3 Prozent), erzielte die SPD ihr weitaus bestes (34,8 Prozent). Auch die PDS schnitt in Ost-Berlin im Landesvergleich am besten ab (30,2 Prozent). Gleiches galt für das Bündnis 90 mit 6,3 Prozent. Den Liberalen erging es ähnlich wie der CDU. Sie kamen in Ost-Berlin auf 3,0 Prozent, dem schlechtesten Resultat im Landesdurchschnitt. Die Hauptstadt der DDR, langjährig privilegierte Partei- und Regierungszentrale mit besseren Lebensbedingungen als in anderen Teilen Ostdeutschlands und einem hohen Anteil systemloyaler Bevölkerung, bildete so etwas wie eine »rote Insel« in der DDR.

Wahlverhalten der Arbeiter

Besonders überraschend am Ergebnis der Wahl war der hohe Stimmenanteil der Allianz für Deutschland aus der Arbeiterschaft. Von den Arbeitern votierten fast 50 Prozent für die CDU (gegenüber insgesamt 40,8 Prozent), während die traditionelle Arbeiterpartei SPD bei dieser Wählergruppe nur eine durchschnittliche Zustimmung erfuhr (22,2 gegenüber 21,9 Prozent). Die PDS, in der Tradition der SED nach ihrem Selbstverständnis noch immer die Partei der Arbeiterklasse, erzielte sogar nur unterdurchschnittliche Resultate (11,9 statt insgesamt 16,4 Prozent). Offenbar versprachen sich die Arbeiter besonders viel von einer schnellen Vereinigung und gaben deshalb, entgegen westlichen Mustern, den konservativen Parteien ihre Stimmen. In der Phase des gesellschaftlichen Umbruchs wurden jene Kräfte unterstützt, die eine schnelle Verbesserung der allgemeinen Lebensverhältnisse verhießen.

Große Regierungskoalition

Angesichts des Wahlausgangs fiel der Auftrag zur Regierungsbildung an die Allianz für Deutschland. Der CDU-Vorsitzende und neue Ministerpräsident Lothar de Maizière stellte eine Regierung zusammen, die ihre parlamentarische Grundlage in einer großen Koalition aus CDU, DSU, Demokratischem Aufbruch, Liberalen und SPD hatte. Sie wurde von dreihundertdrei der insgesamt vierhundert Volkskammerabgeordneten gestützt, umfasste also eine Drei-Viertel-Mehrheit. Die von de Maizière geführte Regierung musste auf einer breiten parlamentarischen Basis stehen, um für die zur Entscheidung anstehenden Fragen der Innen- und Außenpolitik über die für Verfassungsänderungen erforderliche Zwei-Drittel-Mehrheit der Abgeordneten zu verfügen. Aus diesem Grund brauchte man die Sozialdemokraten. Die große Koalition mit der SPD kam nach schwierigen Verhandlungen zustande. Noch im Wahlkampf hatten die Sozialdemokraten eine etwaige Zusammenarbeit mit der DSU abgelehnt. Deshalb, vor allem aber aus Rücksicht auf die in der Opposition befindliche Schwesterpartei in Bonn und deren Kurs in der Wiedervereinigungsfrage sowie wegen der unerwarteten Wahlniederlage, plädierten weite Teile der Partei gegen eine Koalition mit der Allianz. Der Wille jedoch, Bedingungen und Ausgestaltung der baldigen Vereinigung inhaltlich mitzubestimmen, und die Aussicht auf die Opposition neben der als Partner abgelehnten PDS gaben schließlich den Ausschlag für den Eintritt der SPD in die Regierung.

Zusammensetzung der Regierung

Die bis zum Ende der DDR am 2. Oktober 1990 von de Maizière geleitete Regierung (aus der die SPD Ende August nach fast vollendeter Arbeit ausschied) zählte dreiundzwanzig Minister, von denen zehn auf die CDU, sieben auf die SPD, drei auf die Liberalen, zwei auf die DSU und einer auf den DA entfielen. Die Verteilung der Ressorts auf die Parteien war unter dem Gesichtspunkt ihres sachlichen und politischen Gewichts

Am 12. April 1990 unterzeichnen die Partner der neuen DDR-Regierung eine Koalitionsvereinbarung. V. li. n. re.: Rainer Eppelmann (DA, Minister für Abrüstung und Verteidigung), Markus Meckel (SPD, Minister für Auswärtige Angelegenheiten), Lothar de Maizière (CDU, Ministerpräsident), Hans-Wilhelm Ebeling (DSU, Minister für Wirtschaftliche Zusammenarbeit), Rainer Ortleb (Vorsitzender der F.D.P-Fraktion der Volkskammer).

---

ausgewogen. Gerhard Pohl und Hans-Joachim Meyer übernahmen für die CDU das Wirtschafts- und Bildungsministerium; der DSU-Politiker Peter-Michael Diestel wurde Innenminister und Rainer Eppelmann vom Demokratischen Aufbruch Minister für Abrüstung und Verteidigung. Weil die Allianzparteien auch den Ministerpräsidenten stellten, gaben sie die Richtlinien der Politik vor.

Die SPD konnte als Preis für den Koalitionseintritt einige Schlüsselressorts besetzen. Sie stellte mit Markus Meckel den Außenminister, mit Walter Romberg den Finanzminister und mit Regine Hildebrandt die Arbeits- und Sozialministerin. Das Justizministerium fiel an den Liberalen Kurt Wünsche. Diese Ausgewogenheit des Kabinetts dürfte wesentlich zur Stabilität der Koalition in der entscheidenden Phase der Regierungsarbeit beigetragen haben. Mit der Konstituierung der Regierung am 12. April war das »Zwischenspiel« der PDS-Regierung, nicht legitimierter Volkskammer und dem Zentralen Runden Tisch beendet.

In der Regierungserklärung beschrieb Lothar de Maizière am 19. April 1990 das Ziel der schwierigen Arbeit:

»Der Wählerauftrag, dem die Regierung verpflichtet ist, fordert die Herstellung der Einheit Deutschlands in einem ungeteilten friedlichen Europa. Diese Forderung enthält Bedingungen hinsichtlich Tempo und Qualität. Die Einheit muß so schnell wie möglich kommen, aber ihre Rahmenbedingungen müssen so gut, so vernünftig, so zukunftsfähig sein wie nötig.«

Für seinen entschiedenen Weg in die Einheit warb er nicht nur im eigenen Land, sondern bat auch die Westdeutschen um Verständnis und Unterstützung: »Wir erwarten von Ihnen keine Opfer. Wir erwarten Gemeinsamkeit und Solidarität. Die Teilung kann tatsächlich nur durch Teilen aufgehoben werden.«

(Dokumente der Wiedervereinigung Deutschlands, hrsg. von Ingo von Münch, Stuttgart 1991, Seite 195 f.)

Die Regierung der DDR hatte nun die Bedingungen für die Vereinigung Deutschlands zu schaffen: Sie musste in Zusammenarbeit mit der Bundesregierung die Wirtschafts-, Währungs- und Sozialunion herbeiführen, den Vertrag über die Herstellung der Einheit Deutschlands aushandeln und mit den alliierten Siegermächten des Zweiten Weltkriegs die internationalen Bedingungen klären. Es galt, die deutsche Einheit zu erreichen, um die Herbstrevolution von 1989 zu vollenden.

Kommunalwahlen

Sechs Wochen nach der Volkskammerwahl fanden am 6. Mai 1990 die ersten freien Kommunalwahlen in der DDR statt. Ein Jahr nach den von der SED gefälschten Kommunalwahlen sollte der jetzige Urnengang zu den Kreistagen, Stadtverordnetenversammlungen und Gemeindevertretungen den Aufbau demokratischer Strukturen auf lokaler und regionaler Ebene ermöglichen. Seit den revolutionären Umwälzungen hatten die aus den manipulierten Wahlen hervorgegangenen Volksvertretungen ihre Autorität verloren. Ihre Aufgaben nahmen sie größtenteils nicht mehr wahr.

Das parteipolitische Kräfteverhältnis veränderte sich im Vergleich zur Volkskammerwahl nicht grundlegend. Bei einer Wahlbeteiligung von 75 Prozent verlor die CDU zwar über 10 Prozent, blieb mit 30,4 Prozent aber als stärkste Partei immer noch vor den Sozialdemokraten, die geringfügig auf 21,0 Prozent absanken. Auch die PDS verlor Stimmen und erhielt 14,0 Prozent. Der Anteil der DSU wurde mit 3,4 Prozent nahezu halbiert.

Dagegen konnten die kleinen Parteien (neben den Liberalen, dem Neuen Forum und den Grünen vor allem die alte Bauernpartei und der neue Bauernverband sowie unabhängige Wählervereinigungen) teilweise

Ergebnisse der Kommunalwahlen in der DDR am 6. Mai 1990

Angaben in Prozent der gültigen Stimmen

Länder und Ost-Berlin[1]	CDU	DSU	BFD	SPD	NFOF[2]	PDS	Sonstige	Wahlbeteiligung
Mecklenburg-Vorpommern	26,2	1,1	5,7	20,3	3,8	18,6	28,1	72,7
Brandenburg	25,0	1,9	5,6	27,5	2,4	16,8	23,2	24,2
Ost-Berlin	17,7	1,0	1,2	34,0	—	30,0	16,7	10,6
Sachsen-Anhalt	30,7	1,0	9,2	22,8	2,5	12,7	23,6	73,8
Thüringen	34,4	3,2	6,6	19,3	2,3	9,3	27,2	78,7
Sachsen	25,8	7,2	6,5	14,5	2,5	9,7	26,3	76,3
Zusammen	30,4	3,4	6,3	21,0	2,4	14,0	24,9	75,0

[1] Siehe Bemerkung zur Wahlstatistik Seite 107.

[2] Statt Bündnis 90 wurde bei der Kommunalwahl 1990 lediglich das Neue Forum aufgeführt, die anderen bei der Volkskammerwahl im Bündnis 90 vereinigten Gruppierungen wurden wegen örtlich und regional unterschiedlicher Listenverbindungen zu den Sonstigen gezählt.

Nach: Jürgen W. Falter, Wahlen 1990. Die demokratische Legitimation für die deutsche Einheit mit großen Überraschungen, in: Die Gestaltung der deutschen Einheit. Geschichte – Politik – Gesellschaft, Bonn 1992, Seite 175.

Zuwächse verbuchen. Wie bei der Volkskammerwahl lief das Ost-Berliner Resultat für die großen Parteien dem landesweiten Wahlverhalten entgegen. Hier wurde die SPD mit 34 Prozent die stärkste Partei, während die Christdemokraten nur 17,7 Prozent erzielten. Ost-Berlin blieb mit 30 Prozent eine PDS-Hochburg.

Beim Vergleich von Volkskammer- und Kommunalwahl muss man sich jedoch einiger Einschränkungen bewusst sein. Bei kommunalen Urnengängen spielen erfahrungsgemäß lokale Besonderheiten eine bedeutend größere Rolle als bei nationalen Abstimmungen. Während bei der Volkskammerwahl im März ein Einstimmen-Listenwahlrecht galt, hatte bei der Kommunalwahl jeder Wähler drei Stimmen. Neben dem Wahlrecht unterschied sich auch die Zusammensetzung der Bewerber. Nicht alle Parteien kandidierten in den Gemeinden, Städten und Landkreisen flächendeckend und dann teilweise in einer Vielzahl verschiedener Listenverbindungen mit anderen Parteien und Gruppierungen. Zudem standen lokale Gruppen und Bündnisse zur Wahl, die nicht zur Volkskammerwahl angetreten waren. Auch die Wahlbeteiligung war mit fünfundsiebzig Prozent deutlich niedriger als im März.

Trotz dieser unterschiedlichen Voraussetzungen lassen sich beim vorsichtigen Vergleich beider Wahlgänge einige wesentliche Erkenntnisse gewinnen: Das Abschneiden der landesweit kandidierenden Parteien folgte im Wesentlichen dem Muster der Volkskammerwahl. Vor allem die großen Parteien hatten unter der gesunkenen Wahlbeteiligung zu leiden. Die bevorstehende Währungsunion hatte als zentrales Thema den Wahlkampf geprägt. Vor diesem Hintergrund wurde die Entscheidung vom 18. März durch die Ergebnisse der Kommunalwahl durchaus untermauert. Der Wahlausgang konnte als Bestätigung der Regierungspolitik und der Kräfteverhältnisse zwischen den Parteien gewertet werden. Die Verhandlungen zwischen der Bundesrepublik und der DDR über die Währungsunion wurden deshalb zügig fortgesetzt.

Währungs-, Wirtschafts- und Sozialunion

Vor dem Hintergrund des gerade beginnenden Volkskammerwahlkampfes bot das Bundeskabinett der DDR am 6. Februar 1990 offiziell die Errichtung einer Währungsunion zwischen beiden deutschen Staaten an. Ein entsprechender Vorschlag war zuerst von der finanzpolitischen Sprecherin der SPD-Bundestagsfraktion, Ingrid Matthäus-Maier, im Januar 1990 als Möglichkeit zur Lösung der ökonomischen und sozialen Probleme der DDR in die politische Diskussion eingebracht worden. Erste Sondierungsgespräche auf Expertenebene wurden nach der Offerte der Bundesregierung noch mit der Modrow-Administration geführt. Nach der Wahl vom 18. März und der Bildung der Regierung am 12. April begannen die Verhandlungen über die Realisierung der Währungs-, Wirtschafts- und Sozialunion.

Zwei Konzepte

Die Form der Währungsunion war im Westen aus währungspolitischen Gründen umstritten. Im Mittelpunkt der Debatte standen zwei konkurrierende Modelle: Dem Konzept einer stufenweisen Angleichung der zwei Wirtschaftsgebiete stand das einer schnellen Umsetzung der Währungsunion gegenüber. Vertreter des ersten Modells sprachen sich für die schrittweise Überführung der Plan- zur Marktwirtschaft in einem mehrjährigen Prozess aus. Vor einer wirtschaftlichen Vereinigung sollte die langsame Anpassung des ostdeutschen an das westdeutsche System durch Privatisierung, Subventionsabbau, Haushaltsausgleich und Konvertierbarkeit der Mark der DDR stehen.

Mit dem sanfteren Weg wollte man Zeit gewinnen für die dringend notwendigen Strukturveränderungen, um die DDR-Wirtschaft auf die Konkurrenz am Weltmarkt vorzubereiten und um zugleich die Stabilität der D-Mark zu sichern. Man warnte vor den hohen Anpassungskosten des schnellen Weges. Zwar werde sich sofort ein einheitliches Lohn- und Preisniveau in Ost- und Westdeutschland, aber erst viel später ein einheitliches Produktivitätsniveau herausbilden. Der schlagartige Konkurrenzdruck für die ostdeutschen Unternehmen würde zu einem dramatischen Rückgang von Produktion und Beschäftigung in der DDR führen, was umfangreiche westdeutsche Finanzhilfen erforderlich machen würde. Deshalb sollte eine Währungsunion nicht am Anfang, sondern am Ende von Wirtschaftsreformen in der DDR stehen.

Die Befürworter des zweiten Konzepts plädierten für eine wirtschaftliche »Schocktherapie« durch den sofortigen Umbau der Volkswirtschaft der DDR mittels einer deutsch-deutschen Währungs- und Wirtschaftsgemeinschaft. Bei Zwischenlösungen befürchteten sie eine Verlängerung und Verstärkung absehbarer Übergangsschwierigkeiten. Durch eine schnelle Währungsunion hingegen erwarteten sie ein dem »Wirtschaftswunder« der fünfziger Jahre in der Bundesrepublik vergleichbaren Aufschwung, der den Umbau der ostdeutschen Wirtschafts- und Sozialordnung weitgehend aus eigener Kraft finanzieren würde. Beide Modelle waren gleichermaßen mit ökonomischen Unwägbarkeiten behaftet. Besonders aber vor dem zweiten Modell warnten zahlreiche Wirtschafts- und Finanzexperten ebenso wie die Bundesbank und der Sachverständigenrat zur Begutachtung der gesamtwirtschaftlichen Lage. Nach den Regeln der Ökonomie schien ihnen die Wiedervereinigung noch längst nicht möglich zu sein.

Gründe für schnellen Weg

Die Bundesregierung entschied sich vor allem aus politischen Gründen für den schnellen Weg. Angesichts der vielfältigen Probleme in der DDR, die seit Öffnung der innerdeutschen Grenze immer deutlicher zutage traten, hielt der Massenexodus in Richtung Bundesrepublik an. Anfang 1990 wechselten jeden Tag mehr als zweitausend Menschen von der DDR in die Bundesrepublik, deutlich mehr als im Dezember des Vorjahres. Nach der Volkskammerwahl waren es noch immer fast fünftausend wöchentlich. Die beständige Ost-West-Wanderungsbewegung destabilisierte nicht nur die daniederliegende Wirtschaft in der DDR, indem sie ihr meist junge und gut qualifizierte Arbeitskräfte entzog, die zum wirtschaftlichen Aufbau dringend gebraucht wurden. Sie bedeutete auch für die Bundesrepublik eine beträchtliche finanzielle und soziale Belastung. Die Aufnahmekapazität der Notaufnahmelager für die Übersiedler erreichte ihre Grenze. Soziale Verdrängungsängste besonders auf dem Wohnungs- und Arbeitsmarkt verbreiteten sich in der bundesdeutschen Bevölkerung.

Wirksame Maßnahmen waren notwendig, um die Menschen in der DDR zu halten. Hinzu kam der Zerfall wirtschaftlicher Strukturen in der DDR, der ein entschlossenes und sofortiges Handeln unumgänglich machte. Bei den politisch Verantwortlichen setzte sich die Einschätzung durch, dass der notwendige Aufbau einer funktionsfähigen Marktwirtschaft in der DDR auch unter einer reformfreundlichen Regierung, wie es sie nach der demokratischen Volkskammerwahl im März 1990 geben sollte, beträchtliche Zeit in Anspruch nehmen würde.

Das ostdeutsche Wirtschaftssystem löste sich buchstäblich auf. Staat und Wirtschaft litten unter der hohen Auslands- und Inlandsverschuldung, die Anfang 1990 noch weiter anstieg. Die Industrieproduktion nahm beständig ab; in vielen Betrieben streikte die Belegschaft für Arbeitszeitverkürzungen und Lohnerhöhungen. Die Wirtschaftsbeziehungen zwischen den einzelnen Betrieben und zwischen Betrieben und Staat funktionierten nicht mehr; viele Betriebe stellten ihre Zahlungen an den Staat einfach ein. In den ersten Monaten des Jahres 1990 entwickelte sich die D-Mark in der DDR mehr und mehr zum inoffiziellen Zahlungsmittel.

In der neuen politischen Situation nach dem Ende der SED-Herrschaft entfalten die ökonomischen Hinterlassenschaften des alten Regimes nachhaltig ihre Wirkung. Die Verantwortlichen standen in der Pflicht, nun ein neues, marktwirtschaftliches System aufzubauen. Mit der Entscheidung für die Währungsunion wollte man den Menschen in Ostdeutschland eine neue Perspektive geben. Die Bundesregierung reagierte auf den hohen Erwartungsdruck der DDR-Bürger, die eben nicht nur die nationale Einheit, sondern auch die D-Mark forderten. Längst waren Losungen wie »D-Mark jetzt« und »Kommt die D-Mark, bleiben wir, kommt sie nicht, geh'n wir zu ihr« auf den Demonstrationen zu hören. Die Bundesregierung ging auch davon aus, durch die Währungsunion die Voraussetzungen für westliche Investitionen in der DDR zu schaffen.

Stichwort Mark der DDR

Die Währungseinheit der DDR war die Mark. Durch die Währungsreform in der Sowjetischen Besatzungszone 1948 wurde die »Deutsche Mark der Deutschen Notenbank« geschaffen, die 1967 in »Mark der Deutschen Demokratischen Republik« umbenannt wurde. Sie war von Beginn an als reine Binnenwährung konzipiert. Darum war die Mark nicht konvertierbar, konnte nicht als Zahlungsmittel im internationalen Handel genutzt und auf dem Devisenmarkt nicht offiziell gehandelt werden. Die Mark der DDR erreichte auf dem freien Markt

Im Frühjahr 1990 demonstrieren die Menschen in der DDR für einen Umtauschkurs von 1:1 der Mark der DDR in die Deutsche Mark (DM) bei der bevorstehenden Währungsunion.

nie den Wert ihrer Schwesterwährung im Westen, auch wenn die Regierung in Ost-Berlin auf einem offiziellen Umtauschkurs von eins zu eins bestand. Wurden in westdeutschen Wechselstuben anfangs noch fünf DDR-Mark für eine D-Mark gezahlt, gab es kurz vor Öffnung der Mauer für eine DDR-Mark zwölf Pfennige, Ende 1989 dann nur noch fünf Pfennige.

Die Entscheidung für ein gemeinsames deutsches Währungs- und Wirtschaftsgebiet beinhaltete zugleich den Entschluss für die zügige Herstellung der deutschen Einheit. Nachdem sich im Februar andeutete, dass die Sowjetunion die ablehnende Haltung zur Vereinigung möglicherweise revidieren könnte, galt es, diese außenpolitische Konstellation zu nutzen. Auch parteitaktische Überlegungen spielten angesichts der bevorstehenden Wahlen des Jahres 1990 eine gewichtige Rolle.

Der Plan der Bundesregierung einer schnellen Währungsunion fußte also auf politischen Erwägungen. Ökonomische und währungspolitische Bedenken blieben im Hintergrund. Die gesellschaftliche Entwicklung, die politische Lage in der DDR und die deutschlandpolitische Strategie der Bundesregierung ließen keinen Raum mehr für ein währungs- und wirtschaftspolitisches Stufenprogramm. Die Bundesregierung hielt die ökonomischen Risiken im Hinblick auf die einmalige historische Gelegenheit, die Vereinigung herbeizuführen, für tragbar.

Der Münchener Politikwissenschaftler Dieter Grosser schreibt zur Umgestaltung der DDR-Wirtschaft:
»Konnte denn wirklich jemand glauben, die Betriebe der DDR würden schon in drei oder fünf Jahren in der Lage sein, ohne den Schutzzaun eines niedrigen Wechselkurses im internationalen Wettbewerb zu bestehen? Selbst wenn wider Erwarten die künftige, demokratisch gewählte Regierung der DDR die Kraft gehabt hätte, schnell und konsequent zur Marktwirtschaft überzugehen, war das mehr als unwahrscheinlich. Wer sollte denn die gigantischen Investitionen bezahlen, die dafür notwendig waren? Die DDR aus eigener Kraft? Die Vorstellung ist lächerlich. Westliche Unternehmen? Die würden Direktinvestitionen vornehmen, sofern sie günstige Rahmenbedingungen vorfanden. Doch die Vorstellung, daß diese Direktinvestitionen bei getrennten Währungs- und Wirtschaftsräumen und fortdauernder staatlicher Selbständigkeit der DDR höher ausfallen würden als nach einer Wirtschafts- und Währungsunion und ihr folgender staatlicher Einheit, ist ebenfalls lächerlich. Der westdeutsche Steuerzahler? Nur

nach staatlicher Einheit, unter dem Zwang, auf Wähler im Osten Rücksicht nehmen zu müssen, waren spürbare Belastungen der Westdeutschen überhaupt denkbar.«
(Dieter Grosser, Das Wagnis der Währungs-, Wirtschafts- und Sozialunion. Politische Zwänge im Konflikt mit ökonomischen Regeln, Stuttgart 1998, Seite 499.)

Der DDR-Regierung ging es in den Verhandlungen mit den bundesdeutschen Partnern auch darum, die Lebensverhältnisse der Menschen zu verbessern und den wirtschaftlichen Niedergang aufzuhalten. Dazu musste, wie Lothar de Maizière betonte, sichergestellt werden, »dass die DDR-Bürger nicht das Gefühl bekommen, zweitklassige Bundesbürger zu werden«. Deshalb sollte die geplante Währungsumstellung ohne finanzielle Verluste für die Menschen in Ostdeutschland verwirklicht und zugleich sozial verträglich durchgeführt werden.

Staatsvertrag und Währungsunion

Am 18. Mai 1990, zwei Monate nach den Volkskammer- und nur zwölf Tage nach den Kommunalwahlen, wurde der Staatsvertrag über die Währungs-, Wirtschafts- und Sozialunion in Bonn unterzeichnet. Der Bundestag und die Volkskammer stimmten am 21. Juni mit großer Mehrheit zu. Gleichzeitig verabschiedeten beide Parlamente eine Erklärung über die endgültige Anerkennung der polnischen Westgrenze. Auch der Bundesrat nahm den Vertrag einen Tag später an, nur das Saarland und Niedersachsen votierten dagegen. Sie begründeten die Ablehnung mit der unzureichenden Beteiligung der Bundesländer bei den Vorbereitungen des Staatsvertrages und mit inhaltlichen Mängeln. Gemeint waren vor allem unzureichende Schutz- und Übergangsfristen bei der Einführung der Währungs-, Wirtschafts- und Sozialunion; so ergäben sich schwere Verwerfungen und nicht verantwortbare soziale Einschnitte. Nicht die Einheit als solche, sondern der eingeschlagene Weg zu ihrer Verwirklichung wurde von beiden Ländern kritisiert. Am 1. Juli trat der Staatsvertrag in Kraft. Neben der Übernahme der wirtschaftlichen und sozialen Strukturen der Bundesrepublik durch die DDR wurde darin die Einführung der D-Mark als alleiniges Zahlungsmittel vereinbart. Die 1948 erfolgte Teilung Deutschlands in zwei Währungsgebiete war beendet.

Der Wirtschaftswissenschaftler Karl-Heinz Paqué aus Magdeburg zur finanzpolitischen Dimension der Währungsunion:
»Was waren die zentralen Linien? Die Befürworter sahen die zwingende Notwendigkeit, den Bürgern der DDR eine klare monetäre Perspektive für alle künftigen wirtschaftlichen Entscheidungen zu

bieten. Und dies ging aus ihrer Sicht nur, indem sich die Bundesrepublik Deutschland in die Pflicht nehmen ließ, für die Geldversorgung im Osten eine Garantie zu übernehmen, politisch eindeutig und praktisch unumkehrbar. Nur so bestand überhaupt die Chance, durch weitere Maßnahmen den Großteil der Menschen vom Wegzug aus der DDR abzuhalten. Denn – so lässt sich zugespitzt formulieren – stabiles Geld ist nicht alles, aber ohne stabiles Geld ist alles nichts. Nur mit stabilem Geld ließ sich der Ordnungsrahmen aufbauen, in dem weitere wirtschaftspolitische Grundentscheide vernünftig getroffen werden könnten. Es ging dabei um einen glaubwürdigen Akt der politischen Selbstbindung, und zwar mithilfe einer hochangesehenen Zentralbank, an deren Vertrauenswürdigkeit und Seriosität nicht der geringste Zweifel bestand. Mit der Übertragung dieser nationalen Aufgabe an die Deutsche Bundesbank konnte und sollte der Gesetzgeber seine höchste politische Trumpfkarte ausspielen, und damit die Voraussetzungen für alles Weitere schaffen.«
(Karl-Heinz Paqué, Die Bilanz. Eine wirtschaftliche Analyse der deutschen Einheit, München 2009, Seite 26 f.)

Die Höhe des Umtauschkurses für die Mark der DDR hatte sich in den Verhandlungen als besonders strittige Frage erwiesen. Mit der Festlegung des richtigen Kurses galt es, gleichzeitig die Risiken einer Inflation möglichst gering zu halten, die Wettbewerbsfähigkeit der DDR-Betriebe möglichst wenig zu schwächen, die Folgekosten für die öffentlichen Haushalte zu begrenzen sowie die Sozialverträglichkeit des Umstellungskurses zu gewährleisten. Die ostdeutsche Regierung forderte eine generelle Währungsumstellung im Verhältnis eins zu eins, um das nominelle Einkommens- und Vermögensniveau der DDR-Bürger nicht wesentlich abzusenken. Dem standen Ratschläge über die zu wählende Umtauschrelation zahlreicher Wirtschafts- und Finanzexperten des Westens von bis zu eins zu sechs gegenüber, die vor allem den volkswirtschaftlichen Realitäten Rechnung tragen und die Wettbewerbsfähigkeit der ostdeutschen Betriebe sicherstellen sollte.

Politisch am bedeutsamsten war die Empfehlung der Bundesbank, die sich aus Gründen der Stabilität der D-Mark für einen Kurs von zwei zu eins aussprach. Aufgrund des in der DDR aufgestauten Geldüberhangs sah sie erhebliche Inflationsrisiken und sorgte sich um eine zu starke finanzielle Belastung für die Betriebe, deren Schulden bei einem Kurs von eins zu eins in voller Höhe in D-Mark umgestellt worden wären. Der Vorschlag der Bundesbank löste in der DDR scharfe Kritik aus; es kam sogar zu Demonstrationen. Im April gingen für einen generellen Umtauschkurs von eins zu eins in Ost-Berlin und anderen Städten über einhundertfünfzigtausend Menschen auf die Straßen.

Stichwort Deutsche Bundesbank

Die Deutsche Bundesbank, die Zentral- und Notenbank der Bundesrepublik Deutschland, hat das alleinige Recht, Banknoten auszugeben. Sie regelt den Geldumlauf und versorgt die Wirtschaft mit Krediten mit dem Ziel, die Stabilität der Währung zu gewährleisten sowie den in- und ausländischen Zahlungsverkehr abzuwickeln. Zudem dient sie dem Staat als »Hausbank« und verwaltet die nationalen Währungsreserven. Im Gegensatz zu den Zentralbanken vieler anderer Staaten ist die Bundesbank weitgehend unabhängig, also keinen Weisungen der Bundesregierung unterworfen. Allerdings ist sie verpflichtet, die allgemeine Wirtschaftspolitik der Bundesregierung zu unterstützen. Bei der Währungsunion kam sie ihrem gesetzlichen Auftrag nach, in währungspolitischen Fragen beratend zu wirken. Die Entscheidungen fällte aber die Bundesregierung. Sie beschloss die Konzeption der Währungsunion; die Bundesbank sorgte für die technische Durchführung. Die Staatsbank der DDR wurde an diesem Vorgang nicht beteiligt. Mit der Einführung des Euro zum 1. Januar 1999 ging die Zuständigkeit für die Geldpolitik auf das Europäische System der Zentralbanken über.

Den politischen Notwendigkeiten gehorchend, fand man einen Kompromiss. Für Löhne, Gehälter, Renten, Stipendien, Mieten und Pachten einigte man sich auf einen Kurs von eins zu eins. Ebenfalls eins zu eins wurden Sparguthaben umgetauscht: für Kinder unter fünfzehn Jahren bis zweitausend Mark, für Erwachsene unter sechzig Jahren bis viertausend Mark und für ältere Menschen bis sechstausend Mark. Alle übrigen Sparguthaben sollten im Verhältnis zwei zu eins, die im Vereinigungsjahr spekulativ erworbenen Bestände nur drei zu eins umgestellt werden. Für finanzielle Ansprüche und Schulden galt ein Kurs von zwei zu eins. Durchschnittlich ergab sich ein Umstellungsverhältnis von 1 DM zu 1,83 DDR-Mark. Ausschlaggebend für dieses Verfahren dürften in erster Linie die öffentliche Meinung und die Massenproteste in der DDR gegen einen niedrigen Umtauschsatz gewesen sein. So fanden ostdeutsche Interessen Berücksichtigung, politische Überlegungen rangierten vor ökonomischen Bedenken.

Die Volkswirtschaftler Gerlinde und Hans-Werner Sinn berechneten 1992 die realen Umtauschverluste für die DDR-Bürger, die sich aus dem Umtauschverhältnis von Mark der DDR zu D-Mark bei der Währungsunion ergaben:

»Das Finanzvermögen der ostdeutschen Haushalte vor der Vereinigung [betrug] 191 Mrd. Ostmark. Unter der Annahme, daß die Umtauschkontingente voll ausgeschöpft wurden, konnten hiervon 66 Mrd. Mark zum Satz 1:1 in D-Mark umgetauscht werden. Der Rest, 125 Mrd. Mark, wurde zu einem Satz von 2:1 umgetauscht. Wegen der in etwa gleichen Kaufkraft der beiden Währungen bedeutet dies, daß die ostdeutschen Haushalte einen Umtauschverlust von insgesamt DM 62 Mrd. oder DM 3 800 pro Person hinnehmen mußten. Das entsprach einem knappen Drittel ihres Finanzvermögens.

Um diese Zahl zu würdigen, muß man natürlich bedenken, daß sie keinesfalls einen Nettoverlust aus der Vereinigung mißt. Natürlich werden die ostdeutschen Haushalte mit dem wirtschaftlichen Aufschwung [...] mehr erhalten, als sie beim Umtausch verloren haben. Auch wird bis zum Abschluß des Aufschwungs ein Transferstrom von West nach Ost fließen, der ein Vielfaches dieses Betrages ausmachen wird.«

(Gerlinde und Hans-Werner Sinn, Kaltstart. Volkswirtschaftliche Aspekte der deutschen Vereinigung, 2. Aufl., Tübingen 1992, Seite 73.)

Wirtschaftsunion

Mit der Wirtschaftsunion übernahm die DDR die Wirtschaftsordnung der Bundesrepublik und gab das System der sozialistischen Planwirtschaft auf. Grundlage war die soziale Marktwirtschaft mit den Elementen Privateigentum, Leistungswettbewerb, freie Preisbildung und Freizügigkeit von Arbeit, Kapital, Gütern und Dienstleistungen, wobei die Freiheit des Marktes an den sozialen Ausgleich gebunden wurde. Die Grundsätze umfassten die Garantie der Vertrags-, Gewerbe-, Niederlassungs-, Berufs- und Koalitionsfreiheit sowie den Schutz privaten Eigentums. Staatliche Monopole sollten beseitigt und Subventionen abgebaut werden, um mit den dadurch freiwerdenden Mitteln die ökonomische Umstrukturierung finanzieren zu können. Die DDR verpflichtete sich im Staatsvertrag, ihr Wirtschaftsrecht dem westdeutschen anzupassen.

Treuhandanstalt

Ein herausragendes Instrument für die Umsetzung der Wirtschaftsunion bildete die Treuhandanstalt. Die Überführung des DDR-Staatsbesitzes in private Hand war eine der notwendigen Voraussetzungen, um die Marktwirtschaft auf das Gebiet der DDR zu übertragen. Die Anstalt wurde Anfang März 1990 noch von der SED-Regierung errichtet, arbeitete seit Juni auf der Grundlage eines Gesetzes der Volkskammer, des ersten Staatsvertrages und schließlich des Einigungsvertrages. Seit der Einheit

Die Präsidentin der Treuhandanstalt Birgit Breuel hat zum Ende ihrer Arbeit Ende 1994 das Türschild am bisherigen Amtssitz der Behörde in der Berliner Wilhelmstraße symbolisch abgeschraubt.

war sie eine dem Bundesfinanzministerium unterstellte bundesunmittelbare Anstalt des öffentlichen Rechts. Der Anstalt kam mit der Währungs-, Wirtschafts- und Sozialunion die historisch beispiellose Aufgabe zu, innerhalb kurzer Zeit und unter schwierigen Rahmenbedingungen eine staatlich gelenkte und in staatlichem Besitz befindliche Volkswirtschaft zu privatisieren.

Wegen der grundlegenden ökonomischen, sozialen und gesellschaftlichen Einschnitte und Folgen war kaum eine andere Institution im Prozess der deutschen Vereinigung derart umstritten. Sahen die einen in ihr eine Art Instrument der Kolonialisierung, das wesentlich für die Zerstörung der Wirtschaftssubstanz der neuen Bundesländer verantwortlich war, rühmten sie andere als schnell und effizient arbeitende Privatisierungsagentur mit großen Verdiensten bei der Systemtransformation in der DDR. Die Bewertung der Arbeit der Treuhandanstalt fiel in der ostdeutschen Bevölkerung besonders schlecht aus. Nach einer Umfrage der Forschungsgruppe Wahlen im Dezember 1994 wollten ihr nur sechs Prozent der Befragten attestieren, sie habe ihre Arbeit gut gemacht, das Urteil von einundneunzig Prozent war negativ.

Als die Treuhandanstalt Mitte 1990 mit der Arbeit begann, waren ihr rund achttausend DDR-Betriebe (deren Zahl sich durch Entflechtung und Aufspaltung noch beträchtlich vermehrte) mit über vier Millionen Beschäftigten (rund vierzig Prozent aller Beschäftigten der DDR) und rund sechzig Prozent der Fläche der DDR unterstellt. Die Anstalt sollte die unternehmerische Tätigkeit des Staates in Ostdeutschland so rasch und so weit wie möglich verringern, die Wettbewerbsfähigkeit der ehemals volkseigenen Betriebe, Kombinate und Einrichtungen herstellen und Arbeitsplätze sichern. Als beste Form der Sanierung galt zunächst die möglichst schnelle und vollständige Privatisierung der Unternehmen. Andere Konzepte, die stärker auf eine beschäftigungs- und strukturpolitisch orientierte Sanierung setzten, kamen nicht zum Zuge. Schon kurz nach Inkrafttreten der Währungs-, Wirtschafts- und Sozialunion zeigte sich jedoch, dass wettbewerbsfähige Betriebe, die problemlos hätten privatisiert werden können, die Ausnahme waren. Die Privatisierung verlief deshalb schleppend; die Treuhandanstalt musste zunehmend auch unrentable Unternehmen bis zum Verkauf oder zur Stilllegung stützen oder sanieren.

Als die Treuhandanstalt fristgemäß am 31. Dezember 1994 nach viereinhalbjähriger Tätigkeit aufgelöst wurde, hatte sie mehr als vierzehntausend Unternehmen und Unternehmensteile in den neuen Bundesländern privatisiert. Einschließlich der fast viertausendvierhundert Reprivatisierungen (Rückgaben an Alteigentümer), fünfundzwanzigtausend kleinerer Privatisierungen (Ladengeschäfte, Gaststätten, Kinos, Apotheken) sowie annähernd fünfzigtausend Liegenschaftsverkäufen ergibt sich sogar eine Gesamtzahl von mehr als neunzigtausend Privatisierungen. Allerdings wurden auch dreitausendsiebenhundert Betriebe stillgelegt. Entgegen dem ursprünglich kalkulierten Gewinn von mindestens sechshundert Milliarden DM verzeichnete die Abschlussbilanz ein Defizit von mehr als zweihundert Milliarden DM. Hinzu kommt eine katastrophale Bilanz der Beschäftigungsverhältnisse. In fast allen der Treuhand unterstellten Unternehmen waren vor der Privatisierung radikale Schrumpfungsprozesse unvermeidbar. Der Personalbestand musste drastisch reduziert und teilweise ganze Betriebsteile stillgelegt werden. Von den über vier Millionen Arbeitsplätzen, die es 1990 in den Treuhandunternehmen gab, bestanden Ende 1994 in den nunmehr privatisierten Unternehmen nur noch eineinhalb Millionen.

Angesichts dieser Zahlen werfen Kritiker der Treuhandanstalt vor, zu schnell privatisiert, zu wenig saniert und zu viele Arbeitsplätze aufgegeben zu haben. Außerdem seien westdeutsche Investoren gegenüber ostdeutschen Interessenten bevorzugt worden. Auch habe man zu oft

Treuhandanstalt im politischen Beziehungsgeflecht

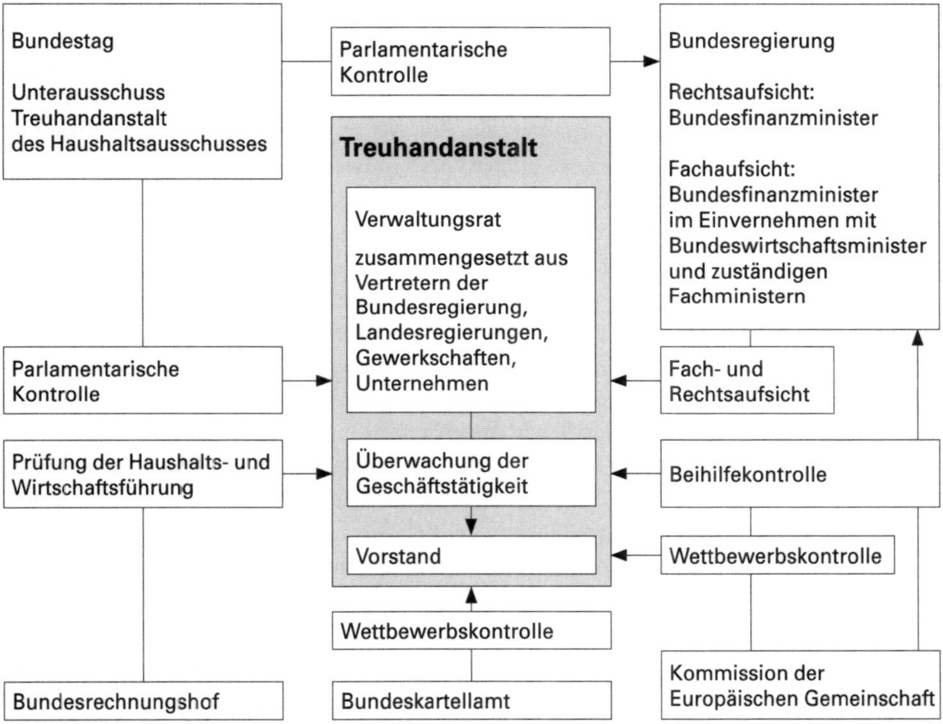

Nach: Marc Kemmler, Die Entstehung der Treuhandanstalt. Von der Wahrung zur Privatisierung des DDR-Volkseigentums, Frankfurt am Main 1994, Seite 416.

unseriöse Investoren zum Zug kommen lassen. Verteidiger der Arbeit der Treuhandanstalt betonen dagegen, es habe angesichts der schwierigen Rahmenbedingungen zur schnellen Privatisierung keine sinnvolle Alternative gegeben. Sie werten es als Erfolg, dass ein Drittel der Arbeitsplätze überwiegend konkursreifer Unternehmen gerettet werden konnte, viele tragfähige Lösungen gefunden und unerwünschte Dauersubventionen vermieden wurden.

Die schwierige Aufgabe, eine ehemals sozialistische Planwirtschaft binnen vier Jahren in eine demokratische und soziale Marktwirtschaft umzuwandeln, war Ende 1994 trotz mancher Fehlentscheidungen und der schwerwiegenden Folgen der Treuhandarbeit für viele Menschen letztlich erfüllt.

Sozialunion

Die Sozialunion wurde auf Initiative der DDR-Regierung Bestandteil des Vertrags. Ihr ging es darum, den Übergang von plan- zu marktwirtschaftlichen Strukturen sozial zu gestalten. Die DDR-Bürger erhofften sich zwar wirtschaftlichen Wohlstand, fürchteten aber zugleich um die soziale Sicherheit. Dem hatte de Maizière bereits in seiner Regierungserklärung Rechnung getragen: »Bei den Verhandlungen gehen wir von dem festen Grundsatz aus, dass Währungs-, Wirtschafts- und Sozialunion eine untrennbare Einheit bilden müssen [...].«

Die SED-Führung rühmte sich bis zum Schluss eines Sozialsystems, das der Bevölkerung ein hohes Maß an sozialer Sicherheit gewähre. Tatsächlich waren in der DDR-Verfassung eine Reihe von Sozialrechten in den Rang von Grundrechten erhoben worden, denen eine Schlüsselstellung zugesprochen wurde. Vor allem die Sicherheit des Arbeitsplatzes, die Versorgung mit billigen Gütern des Grundbedarfs, stabile und niedrigere Mieten für Wohnraum, die Familien- und Frauenförderung durch das flächendeckende Angebot mit Kinderkrippen und Kindergärten sowie andere familienfreundliche Regelungen, die scheinbar verwirklichte Gleichberechtigung der Frauen und die kostenlose Gesundheitsversorgung galten als auch in der Bevölkerung anerkannte »sozialistische Errungenschaften«, an denen es in der Bundesrepublik mangele.

In der Realität fehlte jedoch ausreichender Wohnraum, die Bausubstanz verfiel zusehends angesichts von Mieten, die nicht einmal die Verwaltungskosten deckten, das Gesundheitswesen war durch qualitative Mängel wie fehlende Medikamente und unzureichende medizinisch-technische Ausstattung beeinträchtigt. Die überwiegende Zahl der Rentner musste mit sehr geringen Renten auskommen. Die billigen und stabilen Preise des Grundbedarfs verführten zur Vergeudung knapper Ressourcen. Der stetig steigende Subventionsbedarf (1989 rund ein Viertel der gesamten Staatsausgaben), der notwendig war, um dieses System zu stützen, führte die DDR schließlich in den ökonomischen Ruin.

Die Sozialpolitik hatte in der DDR immer eine besonders große Bedeutung für die Legitimation der Herrschaft der SED:
»Da die Partei- und Staatsführung nicht durch freie Wahlen legitimiert war, die Repression keine Legitimation bot und die Chiffren der Propaganda nicht hinreichten, erlangte die praktische Sozialpolitik im Sinne sozialistischer Errungenschaften wichtige und im Zeitverlauf offensichtlich mehr und mehr entscheidende legitimatorische Funktion für die SED-Herrschaft. Die Sozialpolitik sollte zum einen den Legitimitätsmangel der politischen Herrschaft und Ordnung

der DDR kompensieren und Ansprüche auf politische Teilhabe durch Verweis auf sozialpolitische Leistungen ruhigstellen. Die Hinweise auf soziale Leistungen sollten zum andern den Mangel an ökonomischer Effizienz, insbesondere das Defizit bei der Arbeitsproduktivität, überdecken, der sowohl hinsichtlich des ideologischen Anspruchs auf Überlegenheit des eigenen Wirtschafts- und Gesellschaftssystems als auch beim Vergleich mit der Bundesrepublik offenkundig war. [...] Dennoch war dies offenkundig keine tragfähige Basis zur Legitimation der SED-Diktatur. Die Bevölkerung übertrug die Zustimmung zu einzelnen Leistungsbereichen nicht auf das gesamte politische System.« (Günther Schulz, Sozialpolitik, in: Lexikon des DDR-Sozialismus. Das Staats- und Gesellschaftssystem der Deutschen Demokratischen Republik, hrsg. von Rainer Eppelmann, Horst Möller, Günter Nooke und Dorothee Willms, Paderborn 1996, Seite 570 f.)

Trotz aller Mängel und trotz der parteipolitischen Instrumentalisierung der Sozialpolitik durch die SED-Führung fürchteten die Menschen in der DDR durch eine Währungsunion besonders den Verlust sozialer Standards. Vor diesem Hintergrund sind die Bestrebungen der Regierung de Maizière verständlich, im Staatsvertrag neben der Währungs- und Wirtschaftsunion auch die Angleichung der Lebensverhältnisse auf sozialem Gebiet an die der Bundesrepublik zu verankern. Mit der Sozialunion wurde die bundesdeutsche Sozialordnung bis auf einige Übergangsfristen und Sonderregelungen vollständig auf Ostdeutschland übertragen. Die DDR erhielt die auf die soziale Marktwirtschaft ausgerichtete Arbeitsrechtsordnung der Bundesrepublik und deren System der sozialen Sicherung, das auf Leistungsgerechtigkeit und sozialem Ausgleich beruht. Da die zentrale Lenkung der DDR-Sozialpolitik nicht vereinbar war mit einem pluralistischen System der Trägerschaft in der Sozialpolitik, kam man überein, die bisherige Einheitsversicherung in der DDR durch das gegliederte Versicherungssystem (Renten-, Arbeitslosen-, Unfall- und Krankenversicherung) der Bundesrepublik abzulösen.

Der Sozialhistoriker Gerhard A. Ritter resümiert die sozialpolitische Dimension der deutschen Einheit:
»Die sozialpolitische Absicherung der deutschen Einheit war notwendig und organisatorisch eine Meisterleistung. Man musste gleichsam auf einen fahrenden Zug aufspringen und diesen in eine neue Richtung lenken, ohne die Sicherheit der Fahrgäste – d. h. hier der Bevölkerung, die auf die Weiterzahlung der Renten, die Unterstützung

bei der bisher unbekannten Arbeitslosigkeit und ihre medizinische Versorgung angewiesen war – zu gefährden. Dafür mussten nicht nur die neuen Normen in kurzer Zeit in funktionierendes Verwaltungshandeln umgesetzt werden. Es mussten auch neue Institutionen, wie z. B. die Sozialhilfe, eine leistungsfähige Arbeitsverwaltung, eigenständige Sozial- und Arbeitsgerichte, geschaffen und neue sozialpolitische Akteure, wie freie Gewerkschaften, Arbeitgeberverbände, Berufsgenossenschaften, Träger der Rentenversicherung und der Krankenversicherung, Ärztekammern und Organisationen der Leistungsanbieter im Gesundheitswesen sowie Organisationen der Freien Wohlfahrtspflege, aufgebaut bzw. vom Westen auf den Osten ausgedehnt werden. Das ist in einer beispiellosen Anstrengung der Verwaltungen und aller beteiligten politischen und sozialen Institutionen und Kräfte gelungen. Es hat den Schock der Umstellung von der Plan- zur Marktwirtschaft gemildert und die sonst wohl zu erwartenden sozialen Konflikte verhindert.«
(Gerhard A. Ritter, Der Preis der deutschen Einheit. Die Wiedervereinigung und die Krise des deutschen Sozialstaates, München 2007, Seite 297 f.)

Die Prinzipien Koalitionsfreiheit, Tarifautonomie, Betriebsverfassung, Unternehmensmitbestimmung und Kündigungsschutz wurden für die Arbeitsrechtsordnung übernommen sowie die Sozialhilfe eingeführt. Um den besonderen Herausforderungen des wirtschaftlichen Umbaus gerecht werden zu können, sollte das westdeutsche Arbeitsförderungsgesetz mit den Maßnahmen der aktiven Arbeitsmarktpolitik (wie Arbeitsbeschaffungsmaßnahmen) künftig auch in der DDR gelten.

Für die praktische Umsetzung der Währungs-, Wirtschafts- und Sozialunion waren außergewöhnlich hohe Finanzleistungen notwendig. Die Mittel hierfür stammten aus Haushaltsmitteln des Bundes – vor allem über drei Nachtragshaushalte – und aus Mitteln des von Bund und Ländern gemeinsam getragenen Fonds Deutsche Einheit. Der vom Normalhaushalt getrennte Sonderfonds sollte eine Laufzeit von viereinhalb Jahren haben. Er sah 1990 Finanzzuweisungen für den Staatshaushalt der DDR von zweiundzwanzig Milliarden DM und 1991 von fünfunddreißig Milliarden DM vor. In Erwartung eines schnell einsetzenden Wirtschaftsaufschwungs in Ostdeutschland und der damit steigenden Steuereinnahmen sollten die Zahlungen in den Folgejahren deutlich reduziert werden. Insgesamt hatte der Fonds einen Umfang von hundertfünfzehn Milliarden DM, die zum größten Teil über eine Kreditaufnahme am Kapitalmarkt aufzubringen waren. Zwanzig Milliarden DM steuerte der Bund aus Haushaltskürzungen und -umschichtungen bei, die restlichen fünfundneunzig Milliarden DM wurden von Bund und Ländern je zur Hälfte mittels Krediten finanziert. Zusätzlich zu diesen Leistungen übernahm der Bund die Anschubfinanzierung für die Sozialversicherung in der DDR. In einem Nachtragshaushalt stellte er dazu im Juni 1990 2,75 Milliarden DM bereit und für 1991 noch einmal drei Milliarden DM. Strukturanpassungsmaßnahmen für die Betriebe sollten nicht aus dem laufenden Staatshaushalt, sondern aus den Privatisierungserlösen der Treuhandanstalt finanziert werden.

Sinkende Übersiedlerzahlen

Der Staatsvertrag zur Währungs-, Wirtschafts- und Sozialunion hatte in politischer Hinsicht den Zweck, Fakten zu schaffen, die die deutsche Vereinigung unumkehrbar machen und den Ostdeutschen das klare Signal geben würden, dass sich ein Wohnsitzwechsel nach Westdeutschland aus ökonomischen Gründen nicht mehr lohne. Tatsächlich gingen in der zweiten Jahreshälfte 1990 die Übersiedlerzahlen kontinuierlich zurück. Die getroffenen Vereinbarungen gaben den Menschen Vertrauen in die Zukunft und bewogen sie dazu, in ihrer Heimat zu bleiben. Der Staatsvertrag betonte ausdrücklich die Perspektive auch der staatlichen Einigung. Die Präambel wertete die Schaffung der Währungs-, Wirtschafts- und Sozialunion als »ersten bedeutsamen Schritt in Richtung auf die Herstellung der staatlichen Einheit«.

Seit dem 1. Juli 1990 trug die Bundesregierung die Verantwortung für die DDR-Wirtschaft, die Währungsstabilität, für Beschäftigung, Renten, das Sozialwesen und die Infrastruktur. Das bedeutete die vollständige Übernahme der Wirtschafts- und Finanzpolitik der DDR durch die Bundesrepublik. Die DDR-Regierung gab die Währungshoheit an die Deutsche Bundesbank ab und verzichtete dadurch auf einen Teil ihrer Souveränität. Selbst Haushaltsentscheidungen der DDR-Volkskammer wurden von westdeutscher Zustimmung abhängig. Auch alle anderen wirtschafts- und finanzpolitischen Maßnahmen mussten vor ihrer Umsetzung mit der Bundesregierung beraten werden.

Zwar hob der Vertrag die Eigenstaatlichkeit beider Länder grundsätzlich nicht auf. Doch machte er bereits elementare Prinzipien der grundgesetzlichen Staatsordnung für die DDR verbindlich. Die Bildung der Währungs-, Wirtschafts- und Sozialunion stellte einen »gegenständlich beschränkten Beitritt der DDR zur Ordnung der Bundesrepublik Deutschland unter Ausweitung der Kompetenzen von Bundesorganen dar« (Dietrich Rauschning). Faktisch wurde bereits mit der Umsetzung des Vertrags die DDR in die Bundesrepublik eingegliedert. Nur wenige

Monate später sollte dieser Schritt durch den Einigungsvertrag staatsrechtlich besiegelt werden.

Probleme der Integration

Der Kurs brachte erhebliche Probleme für die DDR mit sich. Da für vorbereitende Maßnahmen keine Zeit geblieben war, führte die Integration in die westliche Wirtschaftsordnung zu einem dramatischen Zusammenbruch der ostdeutschen Wirtschaft. Die Umstellung auf die D-Mark verursachte über Nacht eine Geldaufwertung von über dreihundert Prozent. Ohne Subventionen, die unter den neuen marktwirtschaftlichen Bedingungen nun wegfielen, verdoppelten oder verdreifachten sich die Preise für Dienstleistungen und Waren des täglichen Bedarfs. Vor allem bei den Grundnahrungsmitteln erwies sich dies als soziales und politisches Problem. Weite Teile von Industrie und Landwirtschaft waren nicht mehr konkurrenzfähig. Viele Produkte konnten sich wegen des Preisanstiegs und mangelnder Nachfrage im freien Wettbewerb nicht mehr behaupten.

Verdrängungswettbewerb in den Regalen 1990

Anteil der Westwaren am Absatz in Ostdeutschland 1990 (in Prozent)

Röstkaffee	Dosensuppen	Früchtequark	Weichspülmittel	Speisefett	Speiseöl
96	94	90	81	76	41

Nach: Gerlinde und Hans-Werner Sinn, Kaltstart. Volkswirtschaftliche Aspekte der deutschen Vereinigung, 2. Aufl., Tübingen 1992, Seite 81.

Von einem Tag auf den anderen wurden die ostdeutschen Betriebe und Produkte nahezu ungeschützt der Weltmarktkonkurrenz mit offenen Grenzen und Märkten ausgesetzt. Hier hatten sie nur in Ausnahmefällen eine Chance. Durch die erheblichen Technologie- und Produktivitätsrückstände und die mangelnde Erfahrung mit den Funktionsweisen einer Marktwirtschaft geriet die DDR-Wirtschaft in erhebliche Schwierigkeiten. Weil die Menschen in der DDR ihrer tatsächlich oder vermeintlich besseren Qualität wegen westliche Waren bevorzugten, brach der Absatz für Ostprodukte im Inland nahezu zusammen. Im Herbst 1990 hatten westdeutsche Produkte Ostwaren in manchen Bereichen fast völlig aus den Regalen der Geschäfte verdrängt, darunter auch viele Güter des täglichen Bedarfs.

Als schweres außenwirtschaftliches Handikap erwies sich der plötzliche Zusammenbruch der auf planwirtschaftlichen Grundlagen beruhenden Handelsbeziehungen innerhalb des RGW. Die Märkte im Ostblock, mit dem die DDR siebzig bis achtzig Prozent des Außenhandels

Nagelneue Automobile der Marke Trabant – noch vor wenigen Monaten ein vielfach begehrtes DDR-Produkt – stehen im Sommer 1990 im Hafen von Rostock auf Halde bereit, um nach Osteuropa exportiert zu werden.

abgewickelt hatte, gingen verloren. Überall ging man zur Marktwirtschaft über, sodass schon bald in konvertierbarer Währung abgerechnet wurde. Da die Handelspartner im Osten nicht über Devisen verfügten, konnten sie keine DDR-Waren bezahlen; ebenso erlosch das Interesse der DDR an Produkten aus diesen Ländern. Obwohl die Bundesregierung mit Kreditbürgschaften zu helfen versuchte, brach der Osthandel zusammen. Auch die erwarteten Investitionen westlicher Unternehmen in der DDR selbst blieben vorerst aus.

Das alles führte zu einem drastischen Rückgang der gesamten wirtschaftlichen Produktion in Ostdeutschland. Die Industrieproduktion verringerte sich im zweiten Halbjahr 1990 um nahezu die Hälfte und fiel im Lauf des Jahres 1991 bis auf ein Drittel des ehemaligen Niveaus; das Bruttosozialprodukt sank bis zum Jahresende um nicht weniger als achtzehneinhalb Prozent. Die Arbeitslosenzahl stieg im gleichen Zeitraum schnell an. Dafür erhöhten sich innerhalb weniger Jahre die Einkommen erheblich. Die durchschnittlichen Arbeitseinkommen und Renten lagen im zweiten Halbjahr 1990 bei einem Drittel, vier Jahre später bei über siebzig Prozent des Westniveaus. Diese Abkopplung der Einkommensentwicklung vom wirtschaftlichen Wachstum wurde in erster Linie durch Transferleistungen der öffentlichen Hand ermöglicht.

Der Lebensalltag der Ostdeutschen veränderte sich mit der Währungs-, Wirtschafts- und Sozialunion nachhaltig. Zwar verfügten sie nun über die ersehnte D-Mark und hatten dadurch Zugang zur vielfältigen Warenwelt des Westens. Doch wurden sie mit Unternehmenszusammenbrüchen, Arbeitslosigkeit, Steuern, Versicherungszahlungen und Rentenbeiträgen sowie allgemein steigenden Lebenshaltungskosten konfrontiert. Die Transformation des ostdeutschen ökonomischen und sozialen Systems in die Marktwirtschaft führte in eine in diesem Ausmaß wohl nicht vorhersehbare Strukturkrise. Schuld am wirtschaftlichen Niedergang der DDR war die Erblast der vierzigjährigen SED-Herrschaft mit dem planwirtschaftlichen, sozialistischen System. Die Währungs-, Wirtschafts- und Sozialunion konnte nicht von einem Tag auf den anderen die Strukturprobleme der DDR lösen. Das mussten viele Menschen schmerzlich erfahren.

Fehler

Die wirtschaftliche Einigung war nicht frei von Fehlern und Unzulänglichkeiten der politischen Verantwortungsträger. Beispielsweise lagen den Verhandlungen über den Staatsvertrag falsche Annahmen über den Zustand der DDR-Wirtschaft und den Geldumlauf zugrunde. Weder in der DDR noch in der Bundesrepublik gab es hierüber verlässliche Zahlen, sodass alle Berechnungen nur auf Schätzungen beruhten. Auch das Potenzial und die Innovationsfähigkeit der ostdeutschen Betriebe wurden erheblich überschätzt.

Der Bedarf an öffentlichen Finanzhilfen für Ostdeutschland fiel sehr viel größer aus, als zunächst angenommen. Auch die Bereitschaft westdeutscher Unternehmen, in Ostdeutschland zu investieren, erwies sich als zu gering. Die Herausforderungen des wirtschaftlichen Vereinigungsprozesses, die mit dem kompletten Umbau von Ökonomie und Gesellschaft der DDR verbundenen ökonomischen und sozialen Schwierigkeiten waren in der Bundesrepublik unterschätzt worden. Dennoch gab es, berücksichtigt man die nationalen und internationalen Rahmenbedingungen im Vereinigungsjahr, zur Einführung der Währungs-, Wirtschafts- und Sozialunion in der DDR keine Alternative.

Der deutsch-amerikanische Historiker Konrad H. Jarausch resümiert: »Der Zusammenschluß mit der Bundesrepublik mußte schwere Verwerfungen auslösen, da er über Nacht eine ineffiziente Wirtschaft der zweiten Welt dem Wettbewerb eines Marktführers der ersten Welt auslieferte. Der Drang zur DM verhinderte einen behutsameren

Übergang. […] Die ›Schocktherapie‹ der Währungsunion war der Preis für die rasche Wiedergewinnung der Einheit.«
(Konrad H. Jarausch, Die unverhoffte Einheit 1989–1990, Frankfurt am Main 1995, Seite 242.)

Der Staatsvertrag war ohne historisches Beispiel. Eine Verschmelzung zweier derart gegensätzlicher Wirtschaftssysteme hatte es noch nie gegeben. Niemals zuvor wurde im Nachkriegsdeutschland ein Vertrag von solcher Tragweite ausgehandelt. Von der Maueröffnung bis zur Unterzeichnung waren nur wenig mehr als sechs Monate vergangen. Nach über vierzig Jahren Trennung bildeten ab dem 1. Juli 1990 die beiden Teile Deutschlands wieder eine wirtschaftliche Einheit.

Äußere Aspekte der Einheit

Trotz Währungs-, Wirtschafts- und Sozialunion fehlte zur Jahresmitte 1990 noch der Schlussstein am Bau der deutschen Einheit. Er bedurfte wegen der alliierten Vorbehaltsrechte und wegen der aus dem Ost-West Konflikt und der Einbindung beider deutscher Staaten in gegensätzliche Bündnisse resultierenden äußeren Rahmenbedingungen der Mitwirkung der vier Siegermächte des Zweiten Weltkrieges. Die Alliierten hielten die Schlüssel zur Vollendung der Wiedervereinigung in den Händen.

Überraschte Siegermächte

Die Vereinigten Staaten von Amerika, die Sowjetunion, Großbritannien und Frankreich wurden von den revolutionären Ereignissen in der DDR gleichermaßen überrascht und standen dem Geschehen abwartend gegenüber. In den Kategorien des Ost-West-Gegensatzes verhaftet, hatten auch sie die Stabilität der DDR überschätzt und waren in der praktischen Politik überwiegend vom Status quo der Teilung ausgegangen.

Dennoch versäumten die vier es nicht, 1989 erneut auf ihre »Rechte und Verantwortlichkeiten in bezug auf Berlin und Deutschland als Ganzes« hinzuweisen. Diese bezogen sich auf die Stationierung alliierter Truppen, den Status Berlins, Mitsprache für den Fall der Wiedervereinigung und friedensvertragliche Regelungen. Darüber hinaus war allen Beteiligten klar, dass eine Beendigung der deutschen Teilung die gesamte europäische Nachkriegsordnung verändern würde.

Zwei-plus-Vier-Gespräche

Die Alliierten waren daher die Vertragspartner, mit denen die Bundesrepublik und die DDR zu einer Übereinkunft über die staatliche Einheit gelangen mussten. Es galt, ein Prozedere zu finden, das die völkerrechtlichen Aspekte berücksichtigte und den Interessen der

Am Rande der Konferenz der Mitgliedsstaaten von NATO und Warschauer Pakt am 12./13. Februar 1990 im kanadischen Ottawa verabreden die Außenminister der vier Siegermächte des Zweiten Weltkriegs (Frankreich, Großbritannien, Sowjetunion und Vereinigte Staaten) Zwei-plus-Vier-Gespräche über die deutsche Einheit.

europäischen Nachbarn und Verbündeten Rechnung tragen würde. Die Sowjetunion drängte auf Viermächte-Konferenzen. Die Bundesregierung lehnte dieses Verfahren ab. Mit Nachdruck vertrat Bundesaußenminister Genscher die Position, Deutschland dürfe keinesfalls Objekt von Verhandlungen sein, sondern müsse vielmehr als gleichberechtigter Partner daran teilnehmen.

Nach bilateralen Gesprächen wurde schließlich ein von den Vereinigten Staaten angeregtes Verfahren festgelegt: Die Außenminister der Bundesrepublik, DDR, USA, UdSSR, Großbritanniens und Frankreichs beschlossen anlässlich der »Open-Skies«-Konferenz der KSZE am 13. Februar 1990 in Ottawa das Konzept der sogenannten Zwei-plus-Vier-Gespräche. Man vereinbarte regelmäßige Treffen der sechs Außenminister, »um die äußeren Aspekte der Herstellung der deutschen Einheit, einschließlich der Fragen der Sicherheit der Nachbarstaaten, zu besprechen«, während die Deutschen ihre inneren Angelegenheiten selbstständig regeln sollten.

Die Außenminister der beiden deutschen Staaten und der vier Siegermächte des Zweiten Weltkriegs treffen sich zu mehreren Zwei-plus-Vier-Gesprächen, um über die äußeren Aspekte der deutschen Einheit zu verhandeln. V. li. n. re: Markus Meckel (DDR), Hans-Dietrich Genscher (Bundesrepublik Deutschland), Eduard Schewardnadse (UdSSR), James A. Baker (USA), Roland Dumas (Frankreich), Douglas Hurd (Großbritannien).

Dieser Konzeption entsprechend kam es parallel zu den deutsch-deutschen Verhandlungen nach der Volkskammerwahl am 18. März 1990 über die inneren, staatsrechtlichen Aspekte der Einheit zu Gesprächen der beiden deutschen Staaten mit den Siegermächten des Zweiten Weltkriegs als Zwei-plus-Vier-Verhandlungen über die äußeren Fragen der Einheit. An dem Verfahren wurden Bonn und Ost-Berlin als vollwertige Partner beteiligt. Dies war möglich geworden, weil schließlich die Politiker aller Staaten davon ausgingen, dass sich die Wiedervereinigung nicht dauerhaft gegen den deutschen Willen blockieren ließe. Nur wenn die Alliierten die Einheit grundsätzlich akzeptierten, hatten sie angesichts der Dynamik der inneren Entwicklung Ostdeutschlands auch die Möglichkeit, ihre Gestalt zu beeinflussen.

Die Verhandlungen verliefen in einem engen, terminlich dicht gedrängten diplomatischen Wechselspiel mit formellen und zahlreichen informellen Kontakten auf bi- und multilateraler Ebene. Allein Genscher und der sowjetische Außenminister Eduard Schewardnadse trafen sich zwischen Februar und September 1990 über zehnmal außerhalb der offiziellen Zwei-plus-Vier-Begegnungen. Den Außenministerkonferenzen (5. Mai in Bonn, 22. Juni in Ost-Berlin, 17. Juli in Paris, 12. September 1990 in Moskau) gingen Beratungen auf den Ebenen der Fachleute voraus (14. März, 30. April, 22. Mai, 9. Juni, 20. Juni, 3. bis 4. Juli, 19. Juli, 4. bis 7. September 1990), die der inhaltlichen Vorbereitung der Zwei-plus-Vier-Sitzungen dienten. Besonders strittige Punkte wurden durch die Staats- und Regierungschefs direkt geklärt. Die Vielzahl zwischenstaatlicher Kontakte, die von der Ebene der Spitzenbeamten über die Außen- und Verteidigungsminister bis zu den Staats- und Regierungschefs reichten, half, bestehende Probleme aus dem Weg zu räumen. Dabei ging es nicht nur darum, Verhandlungsergebnisse vorzubereiten, sondern auch das gegenseitige Vertrauen zwischen den Regierungen zu festigen.

Vereinigte Staaten

Eine Regelung der internationalen Aspekte musste die unterschiedlichen Interessen der beteiligten Mächte berücksichtigen. Die Vereinigten Staaten sprachen sich als erste der vier Siegermächte für die Wiedervereinigung aus. Ein ungeteiltes Deutschland wurde als die Erfüllung eines Ziels westlicher Politik begrüßt. Die Amerikaner wollten 1990 die deutsche Einheit im europäischen Rahmen und innerhalb des Nato-Bündnisses im Einklang mit den Verbündeten erreichen.

Der amerikanische Präsident George Bush hatte auf dem NATO-Gipfel Anfang Dezember 1989 in Brüssel für diesen Prozess vier Prinzipien verkündet: Erstens können die Deutschen in freier Selbstbestimmung ihre Zukunft gestalten; zweitens muss ein vereintes Deutschland Mitglied der NATO sein; drittens soll die Vereinigung schrittweise und friedlich vollzogen werden und viertens dürfen die in Europa bestehenden Grenzen (unter anderem die deutsch-polnische) nicht verändert werden.

Aus amerikanischer Sicht galt es, eine Neutralisierung und dadurch eine Isolierung Deutschlands zu vermeiden, der Sowjetunion und den Europäern neu entfachte Ängste vor den Deutschen zu nehmen und den eigenen Einfluss auf Europa zu bewahren. Mit der Bundesregierung war man sich darin einig, die staatliche Wiedervereinigung mit der Wiederherstellung der vollen deutschen Souveränität zu synchronisieren. Die Vereinigten Staaten hatten anders als andere Länder keine Probleme mit der Aussicht auf ein geeintes, demokratisches und friedliches Deutschland im Herzen Europas. Sie reagierten auf den Fall der Mauer aus der Perspektive einer Großmacht, die eine Führungsrolle im Vereinigungsprozess einzunehmen gedachte. Ihr Engagement erlaubte es ihnen in besonderem Maß, die eigenen Interessen durchzusetzen. Zugleich wurden die Vereinigten Staaten unter George Bush sen. zu den größten Unterstützern und verlässlichsten Partnern Deutschlands auf seinem außenpolitischen Weg in die Einheit.

Frankreich und Großbritannien taten sich anfänglich schwer mit den Ereignissen in der DDR und der Reaktion der Bundesrepublik. Formell unterstützten beide Staaten zwar das deutsche Recht auf Selbstbestimmung und Vereinigung. In ihrer praktischen Politik überwogen jedoch Bedenken und Zwiespältigkeit. Geschichtliche Belastungen und die Sorge vor Deutschlands Wirtschaftsmacht verschmolzen zu der Vorstellung eines die Bande der Europäischen Gemeinschaft eventuell sprengenden Gesamtdeutschlands.

> Der Schweizer Politikwissenschaftler Curt Gasteyger beschreibt die Haltung Frankreichs und Großbritanniens am Anfang des Vereinigungsprozesses:
> »Aus der strategieverhafteten Haltung Frankreichs und Großbritanniens heraus erklärt sich deren Neigung, die Wiedervereinigung bestenfalls als langfristigen Prozeß zu sehen und auf den von der KSZE/OSZE als praktisch unabänderlich erklärten Grenzen zu bestehen. Selbstbestimmung – was immer das auch heißen mochte – ja; aber doch nicht Wiedervereinigung. So erklärt sich Frau Thatchers fast verzweifelter Ausruf ›Wir haben uns zwar für die Wiedervereinigung ausgesprochen, aber niemand hat wirklich daran geglaubt‹; sie war wünschenswert, solange sie unwahrscheinlich blieb. [...] Wenn denn die Wiedervereinigung nicht zu vermeiden war, dann sollte doch ihr Schrittmaß möglichst verlangsamt werden. [...] Das bedeutete, daß sie Reformen in der DDR fördern wollten, dies aber nicht in der Absicht, die DDR reifer für die Wiedervereinigung zu machen, sondern als zweiten deutschen Staat zu festigen.«
> (Curt Gasteyger, Deutschlandpolitik westeuropäischer Staaten, in: Protokoll der 38. Sitzung der Enquête-Kommission »Überwindung der Folgen der SED-Diktatur im Prozeß der deutschen Einheit« zum Thema »Handlungsspielräume deutscher und internationaler Akteure im Vereinigungsprozeß«, hrsg. vom Deutschen Bundestag, Bonn 1997, Seite 44 f.)

Frankreich

Frankreich sah seine Sicherheitsinteressen berührt. Man fürchtete, ein einheitliches Deutschland könnte im äußersten Fall aus der westlichen Gemeinschaft ausscheren und einen Sonderweg gehen. Eine deutsche Neutralität mit der Gefahr eines strategischen Vakuums in der Mitte Europas sollte aber verhindert werden. Hinzu kam die Sorge, durch ein erstarktes Deutschland politisch und wirtschaftlich an den Rand gedrängt zu werden und die traditionelle Schlüsselrolle in Europa zu verlieren. Die französische Politik versuchte deshalb, die Entwicklung abzubremsen. Diesem Konzept folgte auch der offizielle Besuch von Staatspräsident François Mitterrand in der DDR Ende Dezember 1989. Erstmals besuchte ein Staatsoberhaupt der drei westlichen Alliierten Ost-Berlin. Der dreitägige Aufenthalt wirkte wie ein Versuch, den untergehenden SED-Staat, der schon deutliche Auflösungserscheinungen zeigte, international aufzuwerten.

Doch bald stellte sich heraus, dass sich der Gang der Geschichte nicht aufhalten ließ, und Mitterrand setzte seit Anfang 1990 auf die feste Verankerung Deutschlands in den gemeinsamen westeuropäischen und atlantischen Strukturen. Als wesentliche Rahmenbedingung für die Einheit galten den Franzosen zum Ersten die endgültige Regelung der Oder-Neiße-Grenze zwischen Deutschland und Polen und zum Zweiten die europäische Integration, von der Mitterrand hoffte, sie würde in ihren Wesenszügen französisch geprägt sein. Trotz seiner anfänglichen Distanz wurde Frankreich in dieser Phase, besonders auf der Ebene der Europäischen Union, wenn auch nicht zum begeisterten, so doch zum verlässlichen Befürworter der Vereinigung.

Großbritannien

Von den Westmächten hatte Großbritannien die größten Schwierigkeiten, sich mit der deutschen Wiedervereinigung abzufinden. In der britischen Politik herrschte besonderes Unbehagen über den Zerfall des gewohnten Status quo. Man sah eigene Interessen beeinträchtigt, befürchtete (ebenso wie Frankreich) die Stärkung von Deutschlands Position in der Mitte Europas und rechnete mit einer Gewichtsverlagerung der amerikanischen Europapolitik vom bisherigen Schwerpunkt London nach Bonn oder Berlin. Großbritannien bangte um seine Sonderstellung in Europa, weil ein vereintes Deutschland aufgrund der veränderten Rahmenbedingungen möglicherweise ein übergewichtiger Partner auf der internationalen Bühne werden würde. Hinzu kam die Sorge der Briten, eine deutsche Vereinigung gefährde das Gleichgewicht in Europa, und besonders die durch die Auflösungserscheinungen in Osteuropa ohnehin geschwächte Position Gorbatschows in der Sowjetunion.

In der französischen und britischen Bevölkerung gab es weitaus weniger Bedenken als bei den politischen Führungen. Die Franzosen sprachen sich in Umfragen im Oktober 1989 zu achtzig Prozent für die deutsche Einheit aus, im Januar 1990 waren es immer noch mehr als sechzig Prozent. In Großbritannien unterstützten im Herbst 1989 immerhin

Einstellungen im Ausland zur deutschen Einheit

In Prozent der Befragten

	Groß-britannien	Frankreich	Polen	Vereinigte Staaten
Sind Sie für oder gegen die deutsche Vereinigung?				
Dafür	45	61	41	61
Dagegen	30	15	44	13
Keines von beiden	19	19	14	9
Weiß nicht	6	5	1	17
Wären Sie besorgt, dass ein wiedervereinigtes Deutschland die dominierende Macht in Europa werden könnte?				
Ja, wäre besorgt	50	50	69	29
Nein, wäre nicht besorgt	37	43	25	62
Würde nicht passieren	10	4	6	1
Weiß nicht	3	3	0	8
Macht die Aussicht auf ein vereinigtes Deutschland es für die Europäische Gemeinschaft mehr oder weniger erstrebenswert, eine engere politische Union zu werden, oder spielt das keine Rolle?				
Mehr erstrebenswert	39	57	36	36
Weniger erstrebenswert	10	7	18	4
Spielt keine Rolle	45	23	39	47
Weiß nicht	7	13	7	13

The Economist vom 27. Januar 1990. Zitiert nach: Gerhart Maier, Die Wende in der DDR, Bonn 1991, Seite 116.

einundsiebzig Prozent einen einheitlichen deutschen Staat. Nach einer länderübergreifenden Befragung der Zeitung »The Economist« waren es im Januar 1990 allerdings nur noch fünfundvierzig Prozent der Befragten. Die Hälfte aller Briten zeigte sich zusätzlich von der Aussicht beunruhigt, dass Deutschland die stärkste Macht in Europa werden könnte (in Frankreich ebenfalls fünfzig Prozent). Je größer die Wahrscheinlichkeit der Vereinigung wurde, desto stärker nahm die Zahl ihrer Befürworter ab. Insgesamt jedoch stand ihr die Mehrheit der Menschen beider Länder grundsätzlich positiv gegenüber.

Sowjetunion

Die Sowjetunion wurde ebenfalls von der Revolution in der DDR unvorbereitet getroffen. Gemeinsam mit der neuen SED-Führung ging sie zunächst davon aus, eine reformierte sozialistische DDR könne durch Zugeständnisse an die Bevölkerung und tief greifende Reformen nicht nur überleben, sondern an Stabilität gewinnen. Selbst nach dem Mauerfall meinte man noch, Ostdeutschland würde weiterhin in die sozialistische Staatengemeinschaft integriert bleiben. Die deutsch-deutschen Annäherungsversuche beobachteten die Sowjets daher skeptisch. Eine Wiedervereinigung wurde abgelehnt.

Im sowjetischen Gefüge und Denken kam der innerdeutschen Grenze herausragende Bedeutung zu: Sie bezeichnete die Trennlinie zwischen zwei konkurrierenden Weltsystemen, zwei Wirtschaftsblöcken, zwei Militärbündnissen, und überhaupt zwei Lebenswelten. Der europäische Status quo garantierte die Stabilität im auf zwei Weltmächte ausgerichteten internationalen System. Moskau sah nun die Nachkriegsordnung gefährdet. Im Übrigen war die deutsche Frage für die Sowjetunion nicht nur ein außenpolitisches, sondern auch ein innenpolitisches Thema. Vor dem Hintergrund einer gewaltigen politischen, wirtschaftlichen und sozialen Krise gab es harte Auseinandersetzungen zwischen den Reformern, die einer Wiedervereinigung eher wohlwollend gegenüberstanden, und denen, die zu keinerlei Zugeständnissen bereit waren. Erst unter dem Druck des raschen Verfalls der Strukturen in der DDR und der eigenen politischen und wirtschaftlichen Notlage modifizierte die sowjetische Führung ihre einheitsfeindliche Position.

Bundesrepublik Deutschland

Die deutsche Seite hatte im Vereinigungsprozess eigentlich nur ein Ziel: die schnelle und vollständige Absicherung der deutschen Einheit in der internationalen Politik unter Beibehaltung der Westbindung und Erlangung der Souveränität. Um das zu erreichen, verfolgte die Bundesregierung eine mehrgleisige Strategie. Durch die Intensivierung der innerdeutschen Verhandlungen zum Einigungsvertrag schufen die Deutschen Tatsachen, die außenpolitische Begleitmaßnahmen unbedingt erforderlich machten. Daneben bemühten sich das Auswärtige Amt und das Bundeskanzleramt um enge Kontakte zu den Verbündeten und setzten sich für Fortschritte bei der europäischen Integration ein, um so die Einheit gegenüber dem Westen abzusichern.

Mit der verstärkten Einbindung in die Europäische Gemeinschaft versuchte die Bundesrepublik, die politische und wirtschaftliche Macht Deutschlands für die Partner akzeptabler zu machen. Die Sowjetunion wollte man durch den Ausbau der bilateralen Beziehungen und durch Wirtschaftshilfe integrieren. Dem diplomatischen Engagement Bonns gelang es schließlich, die Vorbehalte und Bedenken der Nachbarn weitgehend zu zerstreuen. Die Überwindung des europäischen Status quo wurde mehr als Chance denn als Bedrohung empfunden.

Die deutschen Interessen wurden im Zwei-plus-Vier-Prozess überwiegend von der Bundesregierung vertreten. Den vier Mächten galt überwiegend Bonn und nicht Ost-Berlin als Gesprächspartner. Vorschläge der ostdeutschen Verhandlungsdelegation wie zum Beispiel für Übergangsregelungen bei den gesamteuropäischen Sicherheitsstrukturen fanden kaum Beachtung. Schon die entscheidenden Weichenstellungen und die Festlegung des Zwei-plus-Vier-Mechanismus erfolgten zu einem Zeitpunkt, als die DDR praktisch ohne legitimierte Regierung und damit ohne Einfluss auf die Regelungen war. Während für die Bundesregierung der langjährige und international angesehene Außenminister Genscher die westdeutsche Politik in einem dichten Geflecht von mehr oder minder engen persönlichen Beziehungen zu seinen Amtskollegen diplomatisch begleitete, fehlte es in der neuen DDR-Regierung sowohl an Persönlichkeiten, die eigene Akzente hätten setzen können, als auch an politischer Erfahrung. Zudem hatten sowohl die ostdeutsche Regierung als auch die Bevölkerung bereits ihren Willen zum Ausdruck gebracht, schnellstmöglich der Bundesrepublik beizutreten.

Untergeordnete Rolle der DDR

Der damalige Außenminister der DDR Markus Meckel (Mitglied des Bundestages 1990 bis 2009) bewertet rückblickend den internationalen Einfluss der DDR:
»Wir als Ost-Deutsche, die aus ihrer Geschichte gelernt haben, wollten nicht nur mit Selbstbewusstsein an der Gestaltung der deutschen Einheit, sondern auch der europäischen Zukunft mitwirken. Diesem mit moralischer Legitimation versehenen Gestaltungswillen standen jedoch die realen Möglichkeiten entgegen. Ziel der frei gewählten DDR-Regierung war die Herstellung der deutschen Einheit. Unsere Aufgabe war es, die Selbstauflösung der DDR vorzubereiten und durchzuführen, bei rechtlichem Fortbestehen der Bundesrepublik Deutschland als vereintem Deutschland. Das allein verdeutlicht schon – unabhängig von dem Unterschied an politischer Erfahrung bei den Akteuren – die Verteilung der Gewichte zwischen beiden deutschen Staaten in diesem Prozess.
Die Aufnahme in den Kreis der Außenminister war überaus freundlich. Trotz mancher gegenteiliger Äußerung rechnete – und wollte – man im Grunde jedoch nicht, dass mit der demokratischen DDR ein zusätzlicher Akteur aufs Spielfeld trat. Das wurde schon daran deutlich, dass nach den Festlegungen von Ottawa im Februar 1990 nicht gewartet wurde, bis es durch demokratische Wahlen legitimierte Vertreter der DDR gab. Das erste Beamtentreffen der Zwei-plus-Vier-

Verhandlungen, das die Aufgabe hatte, das erste Treffen auf Außenministerebene vorzubereiten, fand vier Tage vor der Volkskammerwahl in der DDR statt.«
(Markus Meckel, Selbstbewusst in die deutsche Einheit. Rückblicke und Reflexionen, Berlin 2001, Seite 140.)

Die Zwei-plus-Vier-Konferenzen begannen am 5. Mai 1990 in Bonn, wurden am 22. Juni in Ost-Berlin und am 17. Juli in Paris fortgesetzt und am 12. September in Moskau beendet. Die Abschlusserklärung des ersten Treffens gab die Einigung auf die zu behandelnden Gegenstände wieder: erstens Grenzfragen; zweitens politisch-militärische Fragen und Sicherheitsstrukturen in Europa; drittens Berlin-Probleme und viertens abschließende völkerrechtliche Regelung und Ablösung der Viermächte-Rechte und -Verantwortlichkeiten.

Sowjetische Bremsmanöver

Zwar forderte die Sowjetunion zusätzlich die Diskussion und Regelung einer Vielzahl weiterer Punkte, die von der Festschreibung der Enteignungen vor 1949 über die Pflege von Denkmälern und Soldatenfriedhöfen bis hin zum Verbot neonazistischer Parteien in Deutschland sowie der Synchronisierung des Vereinigungsprozesses mit dem Ausbau der KSZE-Strukturen reichten. Damit konnte sie sich jedoch nicht durchsetzen. Von den anderen Verhandlungspartnern wurde auch ein Vorstoß des sowjetischen Außenministers Schewardnadse abgelehnt. Er hatte vorgeschlagen, die inneren Aspekte der Vereinigung von den äußeren zu trennen, um so Zeit und Verhandlungsspielraum zu gewinnen. Bei einer solchen zeitlichen Entkopplung hätten die Viermächte-Rechte und -Verantwortlichkeiten wohl noch jahrelange Gültigkeit gehabt, und Deutschland wäre in der staatlichen Souveränität beschränkt geblieben. Die Verwirklichung des sowjetischen Vorschlags hätte den Vereinigungsprozess außerdem erheblich verzögert.

Ein sowjetischer Vertragsentwurf, auf der zweiten Außenministerkonferenz am 22. Juni in Ost-Berlin vorgelegt, fand bei den anderen Verhandlungspartnern ebenfalls keine Zustimmung. Er sah die Begrenzung deutscher Streitkräfte auf eine viertel Million Soldaten vor sowie die Festlegung einer fünfjährigen Übergangsfrist, während der alle von der Bundesrepublik und der DDR eingegangenen Verträge und Verpflichtungen einschließlich der jeweiligen Bündniszugehörigkeit weiterhin gelten sollten. Angesichts dieser Positionen schien eine Übereinkunft in weite Ferne zu rücken.

Polnische Westgrenze

Ein zentraler Streitpunkt der Gespräche war die endgültige Anerkennung der Oder-Neiße-Linie als polnische Westgrenze. Bundeskanzler Kohl vertrat trotz teilweise heftigen koalitionsinternen Widerstandes und wachsender internationaler Kritik aus Rücksicht auf die Vertriebenenverbände in der Bundesrepublik einen Standpunkt, der sich aus den Ergebnissen der Potsdamer Konferenz von 1945 ergab. Demnach könnte eine endgültige Fixierung der Grenzen erst in einem künftigen Friedensvertrag oder einer entsprechenden Regelung mit einem wiedervereinigten Deutschland erfolgen. Besonders Frankreich bestand aber auf einer bereits davor zu treffenden Regelung.

Beim dritten Außenministertreffen am 17. Juli in Paris, zu dem auch der polnische Außenminister eingeladen worden war, gelang eine Einigung. Der Grenzverlauf sollte unmittelbar nach der Vereinigung in einem Abkommen zwischen Polen und Deutschland endgültig anerkannt werden. Daraufhin erklärten der Bundestag und die Volkskammer in einer gleichlautenden Entschließung bereits am 21. Juni 1990 die Westgrenze Polens für endgültig. Nach der Herstellung der Einheit wurde am 14. November in Warschau ein entsprechender deutsch-polnischer Vertrag unterzeichnet.

Stichwort
Oder-Neiße-Linie

Auf der Potsdamer Konferenz im Sommer 1945 übertrugen die Alliierten Polen die Verwaltung der deutschen Gebiete östlich der Oder und der Lausitzer Neiße. Im Abkommen vom 2. August 1945 heißt es: »Die Häupter der drei Regierungen stimmen darin überein, daß bis zu einer endgültigen Festlegung der Westgrenze Polens die früheren deutschen Gebiete [...] einschließlich des [südlichen] Teiles Ostpreußens [...] und [...] der früheren Stadt Danzig unter die Verwaltung des polnischen Staates kommen [...].« (Dokumente zur Berlin-Frage 1944–1966, hrsg. vom Forschungsinstitut der Gesellschaft für Auswärtige Politik, 4. Aufl., München 1987, Seite 27.)
Die Bundesrepublik hatte diese Grenzziehung gemäß dem Wortlaut des Abkommens als vorläufig gewertet und eine Anerkennung abgelehnt. Erst im Rahmen der neuen Ostpolitik verpflichtete sie sich im Warschauer Vertrag zwischen der Bundesrepublik und Polen vom 7. Dezember 1970 die »wirkliche Lage«, also den Status quo, anzuerkennen. In Artikel I heißt es: »Die Bundesrepublik Deutschland und die Volksrepublik Polen stellen übereinstimmend fest, daß die bestehende Grenzlinie, deren Verlauf [...] [von] der Potsdamer Konferenz [...] festgelegt worden ist, die westliche Staatsgrenze der Volksrepublik Polen bildet.«
(Curt Gasteyger, Europa zwischen Spaltung und Einigung. Darstellung und Dokumentation 1945–2005, hrsg. von der Bundeszentrale für politische Bildung, Schriftenreihe, Bd. 485, Bonn 1997, Seite 241.)

Eine Anerkennung de jure war damit nicht verbunden, da die Bundesrepublik nur im eigenen Namen handeln und – völkerrechtlich betrachtet – einer gesamtdeutschen Friedensregelung nicht vorgreifen konnte. Die DDR hatte die Oder-Neiße-Grenze schon 1950 vertraglich anerkannt. Im Zusammenhang mit den Verpflichtungen aus den Zwei-plus-Vier-Verhandlungen erfolgte 1990 die endgültige Anerkennung der Westgrenze Polens durch Deutschland.

Zukünftige Sicherheitsstruktur Deutschlands

Das schwierigste internationale Problem war die zukünftige Sicherheitsstruktur des vereinigten Deutschland hinsichtlich der Bündniszugehörigkeit und des Umfangs der Bundeswehr. Die Sowjetunion wandte sich entschieden gegen den Verbleib Gesamtdeutschlands in der NATO. Sowjetische Vorstellungen von einer deutschen Neutralität oder einer Doppelmitgliedschaft Deutschlands sowohl in der NATO als auch im Warschauer Pakt waren wiederum für die westlichen Staaten unannehmbar. Als die Gespräche zu scheitern drohten, versuchte der Westen, eine auch für die Sowjetunion zufriedenstellende Regelung zu finden.

Die Sowjetunion befand sich 1990 in einer tiefen, sich stetig verschärfenden wirtschaftlichen Krise, aus der ihr nur der Westen heraushelfen konnte. Finanzielle Fragen spielten deshalb bei der Lösung der Probleme eine zentrale Rolle. So erklärte sich Deutschland bereit, die Sowjetunion bei der Bewältigung der wirtschaftlichen Schwierigkeiten zu unterstützen. Nachdem im Januar schon umfangreiche Lebensmittellieferungen erfolgt waren, bürgte die Bundesregierung im Juni für einen ungebundenen Kredit in Höhe von fünf Milliarden DM, den sie an einen erfolgreichen Abschluss der Verhandlungen knüpfte. Zudem setzte sich Bundeskanzler Helmut Kohl für eine internationale wirtschaftliche Unterstützung der sowjetischen Reformen ein.

Neue Rolle der NATO

Auch die NATO kam Moskau entgegen. Um eine dauerhafte Mitgliedschaft Deutschlands in der westlichen Verteidigungsgemeinschaft zu erreichen, definierte sie ihre Rolle in der internationalen Ordnung neu. Nicht mehr die defensive Frontstellung gegenüber dem Warschauer Pakt, sondern die politische, friedenserhaltende Funktion des Bündnisses wurde in den Vordergrund gestellt. Auf dem NATO-Gipfel am 6. Juli 1990 in London verständigten sich die Staats- und Regierungschefs der Mitgliedsstaaten auf eine Reform der Strategie mit dem Ziel, dem sowjetischen Bedürfnis nach Sicherheit entgegenzukommen.

Der Bestand an Kernwaffen sollte reduziert, die bisher gültige Doktrin des flexiblen Gegenschlags (»flexible reponse«) aufgegeben, auf den Ersteinsatz von Gewalt verzichtet und Konsultationen mit dem Warschauer Pakt eingeleitet werden. Der Einsatz von Atomwaffen sollte nur als »letzter Ausweg« offen bleiben. Man erklärte, die veränderte politische Lage gemeinsam nutzen zu wollen, um eine Friedensordnung auf der Grundlage von Freiheit, Demokratie und Rechtsstaatlichkeit zu schaffen. In einem neuen europäischen Umfeld wurde der UdSSR »die Hand zur Freundschaft und Zusammenarbeit« geboten.

Diese Veränderungen der westlichen Sicherheitspolitik erleichterten die Verhandlungen Kohls mit Gorbatschow. Einer positiven Entwicklung förderlich waren außerdem die Ergebnisse des 28. Parteitags der KPdSU Ende Mai 1990. Aus den innerparteilichen Auseinandersetzungen um den Reformkurs in der Außenpolitik gingen Gorbatschow und sein Außenminister Schewardnadse gestärkt hervor. Sie hatten ihre deutschlandpolitische Linie gegenüber dem orthodoxen Parteiflügel durchzusetzen vermocht.

Durchbruch im Kaukasus

In dieser historisch günstigen Konstellation besuchte Bundeskanzler Kohl zusammen mit anderen Regierungsvertretern vom 14. bis 16. Juli 1990 die Sowjetunion. Bei den vertraulichen Gesprächen zwischen Kohl und Gorbatschow in Moskau und in Stawropol im Kaukasus, der Heimat des sowjetischen Präsidenten, gelang der Durchbruch bei den Verhandlungen auf dem Weg zur deutschen Einheit. Auf einer gemeinsamen Pressekonferenz im Anschluss an das Treffen wurde das Ergebnis verkündet: Gorbatschow stimmte jetzt einer NATO-Mitgliedschaft des geeinten Deutschlands zu und erklärte sich bereit, die in der DDR stationierten sowjetischen Truppen innerhalb weniger Jahre abzuziehen. Während dieser Zeit würden die NATO-Strukturen nicht auf Ostdeutschland ausgedehnt.

Mit dem Abschlussdokument der Zwei-plus-Vier-Gespräche sollten die Viermächte-Rechte ohne Übergangszeit aufgehoben, Deutschland also in die uneingeschränkte Souveränität entlassen werden. Auch das Problem der Begrenzung der deutschen Streitkräfte konnte gelöst werden: Die Bundeswehr würde zukünftig nur noch dreihundertsiebzigtausend Mann haben (wenig mehr als die Hälfte der Personalstärke beider deutscher Armeen vor 1989). Zudem verzichtete Deutschland auf ABC-Waffen.

Anfang September verständigten sich beide Seiten über die finanziellen Aspekte des Aufenthalts und den zeitlichen Rahmen für die Rückführung der sowjetischen Truppen. Die Bundesrepublik erklärte sich zu einer Zahlung von zwölf Milliarden D-Mark und der Gewährung eines zinslosen Kredits in Höhe von weiteren drei Milliarden D-Mark bereit. Diese Gelder umfassten Stationierungskosten bis 1994, Mittel für den Abzug und die Umschulung des Militärpersonals sowie für den Bau von Wohnungen und weiterer Infrastruktur für die in die Sowjetunion

Im August 1994, vier Jahre nach der Wiedervereinigung, verlassen die letzten russischen Truppen Deutschland.

zurückkehrenden Soldaten. Im Gegenzug gab die Sowjetunion das westliche Vorfeld ihres Sicherheitsgürtels auf und stimmte der Wiedervereinigung zu. Die Deutschen konnten mit den Vereinbarungen einen großen Erfolg verbuchen, für den allerdings auf dem amerikanisch-sowjetischen Gipfel in Washington Anfang Juni wesentliche Vorarbeit geleistet worden war. Der Einheit stand nun nichts mehr im Weg.

Zwei-plus-Vier-Vertrag

Als Ergebnis der zahlreichen diplomatischen und politischen Bemühungen unterzeichneten die sechs Vertreter der Staaten am 12. September 1990 in Moskau den »Vertrag über die abschließende Regelung in Bezug auf Deutschland« (Zwei-plus-Vier-Vertrag). Im Beisein des sowjetischen Präsidenten Michail Gorbatschow wurde das Dokument unterschrieben von den Außenministern Roland Dumas (Frankreich), Douglas Hurd (Großbritannien), James Baker (USA) und Eduard Schewardnadse (UdSSR) sowie Hans-Dietrich Genscher (Bundesrepublik) und Ministerpräsident Lothar de Maizière (DDR).

Das Zwei-plus-Vier-Abschlussdokument besteht aus einer Präambel und zehn Artikeln. Neben einer Protokollnotiz wurde außerdem ein Gemeinsamer Brief der deutschen Außenminister an die Alliierten angefügt, der auf im Vertrag nicht eigens behandelte Einzelfragen eingeht. Deutschland verpflichtet sich darin unter anderem, die auf besatzungsrechtlicher Grundlage bis 1949 vorgenommenen Enteignungen in der früheren sowjetischen Besatzungszone und dem sowjetischen Sektor Berlins nicht rückgängig zu machen sowie von der DDR geschlossene völkerrechtliche Verträge unter Vertrauensschutz zu stellen.

Die Präambel des Vertrags weist auf die historischen Veränderungen in Europa hin, beruft sich auf die Charta der Vereinten Nationen und die KSZE-Schlussakte, respektiert das Selbstbestimmungsrecht der Völker und verleiht der Überzeugung Ausdruck, dass die deutsche Vereinigung dauerhaft zu Frieden und Stabilität in Europa beitragen werde. Weiter ist von der Bereitschaft der Vertragspartner die Rede, »sich gegenseitig nicht als Gegner zu betrachten«. Der operative Teil des Vertrags enthält folgende Bestimmungen:

Das vereinte Deutschland umfasst die Gebiete der Bundesrepublik Deutschland, der DDR und Berlins. Deutschland hat keinerlei Gebietsansprüche gegenüber anderen Staaten und anerkennt die Oder-Neiße-Linie als polnische Westgrenze.

Von deutschem Boden geht nur Frieden aus. Die beiden deutschen Staaten bekennen sich zum Verzicht auf Gewalt sowie auf die Herstellung, den Besitz und die Verfügungsgewalt von ABC-Waffen. Die Personalstärke der gesamtdeutschen Streitkräfte wird auf dreihundertsiebzigtausend Soldaten reduziert.

Die sowjetischen Truppen ziehen bis Ende 1994 vom Gebiet der DDR ab. Ausländische Streitkräfte und Atomwaffen dürfen dort weder vor noch nach dem Abzug der sowjetischen Streitkräfte stationiert werden.

Die vier Mächte beenden ihre »Rechte und Verantwortlichkeiten in bezug auf Berlin und Deutschland als Ganzes«. Das vereinte Deutschland erhält »demgemäß volle Souveränität über seine inneren und äußeren Angelegenheiten« und freie Bündniswahl. Es kann daher Mitglied der NATO bleiben.

Weil die für die Ratifizierung notwendigen Verfahren nicht bis zum Tag der Vereinigung am 3. Oktober 1990 abgeschlossen sein konnten, setzten die Alliierten am 1. Oktober in New York in einer Suspendierungserklärung ihre alliierten Vorbehaltsrechte und Verantwortlichkeiten vom 3. Oktober bis zum Inkrafttreten des Zwei-plus-Vier-Abschlussdokuments aus und billigten dem vereinten Deutschland vorab die volle Souveränität zu. Das deutsche Souveränitätsgesetz wurde nach Billigung durch Bundestag (5. Oktober) und Bundesrat (8. Oktober) am 11. Oktober verkündet. Nachdem alle Unterzeichnerstaaten die Ratifikationsurkunden bei der Bundesregierung hinterlegt hatten (USA 25. Oktober, Großbritannien 16. November, Frankreich 13. Dezember 1990, UdSSR 4. März 1991), trat der Vertrag am 15. März 1991 in Kraft.

Der Zwei-plus-Vier-Prozess war ein großer Erfolg. Fünfundvierzig Jahre nach Kriegsende und weniger als ein Jahr nach dem Fall der Mauer war Deutschland vereinigt und frei von Einschränkungen seiner Souveränität. Mit dem Abschluss des Zwei-plus-Vier-Vertrags konnte die deutsche Frage einvernehmlich und endgültig geregelt werden.

Der Moskauer Vertrag brachte für Deutschland einen hohen Zugewinn an militärischer Sicherheit. Er entsprach nahezu allen Wünschen der Bundesregierung. Moskau hatte der Einheit unter Bedingungen zugestimmt, die noch kurz zuvor als utopisch gegolten hätten. Hinter dem Verzicht auf bisherige deutschlandpolitische Positionen verbarg sich in der Sowjetunion nicht nur die Erkenntnis von der Unumkehrbarkeit der deutschen Entwicklung, angesichts derer man sich wenigstens Einflußmöglichkeiten vor und nach der Vereinigung sichern wollte. Die Einbuße des westlichen Eckpfeilers ihres Imperiums wurde überdies anerkannt, um die Möglichkeit zu erhalten, den unvermeidlichen Machtverlust durch Kooperation mit dem vereinten, wirtschaftlich wichtigen Deutschland zu kompensieren. Man hoffte, mit dem neuen Deutschland einen Partner auf lange Sicht zu gewinnen, der bei der Bewältigung der wirtschaftlichen Notlage helfen und auch international Unterstützung für die Perestroika mobilisieren würde.

Die Regelungen brachten aber ebenso der internationalen Völkergemeinschaft Nutzen, vollzog sich der Einigungsprozess doch in Übereinstimmung mit den Siegermächten des Zweiten Weltkriegs, den Verbündeten und Nachbarn Deutschlands. Ein besonderes Verdienst kam dabei den Amerikanern zu. Die Vereinigten Staaten waren die einzige Macht, die die Ansprüche der Deutschen, die Bedenken der Nachbarstaaten und die Sicherheitsinteressen der Sowjetunion austarieren konnte.

Mit der Wiedervereinigung und der Herstellung der vollen Souveränität für Deutschland endete die Epoche der Konfrontation der Systeme in Europa. Ein Schlussstrich unter fünfundvierzig Jahre Nachkriegsgeschichte war gezogen.

Einigungsvertrag und Vollendung der staatlichen Einheit

Zwei Wege

Parallel zu den internationalen Gesprächen über die äußeren Aspekte erörterten die beiden deutschen Regierungen den inneren Weg zur Vereinigung. Zwei Möglichkeiten standen offen: der Beitritt der DDR zum Geltungsbereich des Grundgesetzes nach Artikel 23 des Grundgesetzes (GG) oder die Ersetzung des Grundgesetzes durch eine neue Verfassung nach Artikel 146 GG.

> Die Artikel, die den verfassungsrechtlichen Weg zur deutschen Einheit betreffen, lauteten:
> Artikel 23 des Grundgesetzes: »Dieses Grundgesetz gilt zunächst im Gebiete der Länder Baden, Bayern, Bremen, Groß-Berlin, Hamburg, Hessen, Niedersachsen, Nordrhein-Westfalen, Rheinland-Pfalz, Schleswig-Holstein, Württemberg-Baden und Württemberg-Hohenzollern. In anderen Teilen Deutschlands ist es nach deren Beitritt in Kraft zu setzen.«
> Artikel 146 des Grundgesetzes: »Dieses Grundgesetz verliert seine Gültigkeit an dem Tage, an dem eine Verfassung in Kraft tritt, die von dem deutschen Volke in freier Entscheidung beschlossen worden ist.«

Die Befürworter einer Vereinigung nach Artikel 146 sahen in dessen Anwendung die Interessen der DDR-Bürger am ehesten gewahrt. Von einer Nationalversammlung versprachen sie sich die gleichrangige Teilnahme der Vertreter beider Staaten an der Ausarbeitung einer deutschen Verfassung. Durch eine anschließende Volksabstimmung, so die Argumentation, wäre die Vereinigung demokratisch legitimiert worden. Außerdem sahen einzelne Gruppen in der Bundesrepublik die Möglichkeit, über den Artikel 146 GG lang gehegte Pläne einer Reform des Grundgesetzes zu verwirklichen.

Verfechter des Weges gemäß Artikel 23 GG nahmen die Eingliederung des Saarlandes 1956 zum Vorbild. Sie gingen davon aus, die DDR ebenso unkompliziert in die Bundesrepublik integrieren zu können. Überdies verwiesen sie auf die bestehende Verfassungsordnung, die sich über vierzig Jahre hinweg bewährt habe. In ihr sah man die Garantie für die demokratische Stabilität des künftigen gesamtdeutschen Staates. Die Wiedervereinigung wurde zudem zwar von der überwiegenden Mehrheit der Westdeutschen begrüßt, die gewohnte politische und wirtschaftliche Ordnung sollte sich dadurch aber nicht ändern. Das garantierte der Artikel 23 GG.

Die auf diesem Weg letztlich vollzogene Vereinigung wäre aus westdeutscher Sicht ohnehin nicht zu verhindern gewesen. Die Bundesrepublik hätte eine Beitrittserklärung der DDR nicht zurückweisen dürfen, weil das Grundgesetz ein Recht auf Beitritt garantierte. Bei der politischen Entscheidung gab vor allem der Faktor Zeit den Ausschlag: Die Arbeit einer verfassunggebenden Versammlung im Sinn von Artikel 146 GG wäre aus innen- und außenpolitischen Gründen allzu zeitraubend gewesen. Das Beitrittsverfahren hingegen benötigte einen nur kurzen Zeitraum. Angesichts der zunehmenden Instabilität Ostdeutschlands und des Ostblocks sollte rasch gehandelt werden.

Mit der Volkskammerwahl vom 18. März war die Frage im Kern entschieden. Der von der Volkskammer gewählte Ministerpräsident Lothar de Maizière bekannte sich in der Regierungserklärung zur Herstellung der staatlichen Einheit nach Artikel 23 GG. Auch in der Präambel des später zwischen der Bundesrepublik und der DDR abgeschlossenen Staatsvertrags zur Währungs-, Wirtschafts- und Sozialunion fand sich ein Hinweis auf diesen Artikel.

Wiederherstellung der Länder

Eine unabdingbare Voraussetzung für den Beitritt war die Gründung von Ländern in der DDR, um dem bundesdeutschen Föderalismus vergleichbare Strukturen zu schaffen. Deshalb beschloss die Volkskammer Mitte Juli die Konstituierung von Mecklenburg-Vorpommern, Brandenburg, Sachsen-Anhalt, Sachsen und Thüringen (Ländereinführungsgesetz). Ost-Berlin erhielt zwar nicht den Status eines Landes, jedoch entsprechende Befugnisse, die bis zum Zusammenschluss mit dem Land Berlin Magistrat und Stadtverordnetenversammlung wahrnahmen. Zugleich wurden für den 14. Oktober Landtagswahlen angesetzt.

Die fünf Länder hatte es schon vor der Gründung der DDR gegeben. Sie entstanden kurz nach dem Zweiten Weltkrieg in der sowjetischen Besatzungszone, wurden allerdings 1952 zugunsten eines zentralistischen Einheitsstaats aufgelöst und in vierzehn Bezirke gegliedert. 1990 wandelte sich die DDR wieder zum Bundesstaat. Diese Änderung war mehr als nur eine notwendige Bedingung für die Vereinigung mit der föderal organisierten Bundesrepublik. Sie entsprach auch dem Willen der Bevölkerung, die eine neue politische Heimat innerhalb der alten Ländergrenzen anstrebte.

Weitere innenpolitische Entscheidungen von zentraler Bedeutung waren notwendig. Der Beitritt der DDR und die damit verbundene neue Konstituierung des Staatsvolks sollten möglichst bald auch mittels demokratischer Repräsentation in einer einheitlichen Volksvertretung, dem nun gesamtdeutschen Bundestag, zum Ausdruck kommen. Weil der Bundestag um die Jahreswende 1990/91 neu gewählt werden musste, erschien es sinnvoll, dies in einer gemeinsamen Wahl für das wiedervereinigte Deutschland zu tun. Strittig war jedoch, ob die Wahlen in der Bundesrepublik und der DDR als getrennten Wahlgebieten mit je eigenen Wahlgesetzen erfolgen sollten und ob das verfassungsrechtlich überhaupt zulässig sei.

Im Rahmen der Verhandlungen zum zweiten Staatsvertrag (Einigungsvertrag) einigten sich die Ausschüsse Deutsche Einheit beider Parlamente darauf, die Wahlen am 2. Dezember (also erst nach dem Beitritt der DDR) in einem einheitlichen Wahlgebiet nach einem einheitlichen Wahlrecht durchzuführen (gesamtdeutscher Wahlvertrag vom 3. August 1990). Am 22. August stimmte die Volkskammer, am 23. August der Bundestag dem Wahlvertrag zu. Allerdings trug dieser den Interessen der kleinen, neu gegründeten Parteien der DDR kaum Rechnung. Weil überall die Fünf-Prozent-Klausel gelten sollte, hätten sie nur schwer ein Mandat erringen können, zumal sie sich im Wahlgebiet der vereinigten Bundesrepublik in der kurzen Zeit ihres Bestehens noch nicht hatten etablieren können. Eine Partei aber, die nur in Ostdeutschland antrat, benötigte fast vierundzwanzig Prozent der Wählerstimmen, um die gesamtdeutsche Fünf-Prozent-Hürde zu überspringen. Das Bundesverfassungsgericht sah hier die Chancengleichheit der neuen Parteien gefährdet. Nach einem entsprechenden Urteil beschloss der Gesetzgeber eine Regionalisierung der Sperrklausel für die Wahlgebiete Ost und West und zum Ausgleich für die unterschiedlichen Startbedingungen der Parteien und Organisationen in der vormaligen DDR zusätzlich die Zulassung von Listenvereinigungen.

Wahlvertrag

Ein anderes umstrittenes Thema war der Termin des Beitritts. Erst nach heftigen Auseinandersetzungen einigte man sich in dieser wichtigen Frage. Als erste Partei hatte die DSU am 17. Juni 1990 in der Volkskammer den Antrag zum sofortigen Beitritt gestellt. Um einen improvisierten Sofortbeitritt ohne Überleitungsregeln zu verhindern, wurde der Antrag in einer äußerst turbulenten Volkskammersitzung zur Bearbeitung in die Ausschüsse verwiesen. In der nachfolgenden öffentlichen Debatte kursierten die verschiedensten Terminvorschläge. Die SPD favorisierte angesichts der angespannten innenpolitischen Situation den 15. September. Die CDU sprach sich dagegen mit dem 14. Oktober für einen späteren Zeitpunkt aus, um alle Verhandlungen vor dem Beitritt zu Ende führen zu können.

Termin des Beitritts

Nach zahlreichen Diskussionen, langen Geschäftsordnungsdebatten und Beratungen vor und hinter den Kulissen fiel am 23. August in einer nächtlichen Sondersitzung der Volkskammer schließlich die Entscheidung, den Beitritt der DDR zum Geltungsbereich des Grundgesetzes am 3. Oktober 1990 zu vollziehen. Für den Kompromissvorschlag von CDU, DA, DSU, SPD und Liberalen stimmten zweihundertvierundneunzig Abgeordnete, zweiundsechzig votierten dagegen und sieben enthielten sich.

Für den 3. Oktober als Beitrittsdatum war nicht nur ausschlaggebend, dass er etwa in der Mitte zwischen den Terminvorschlägen der beiden großen Parteien lag, sondern in erster Linie, dass bis zu diesem Zeitpunkt die Staats- und völkerrechtlichen Voraussetzungen des Einigungsprozesses mit hoher Wahrscheinlichkeit geklärt sein würden. Zum einen hoffte man, bis dahin die Verhandlungen zum Einigungsvertrag beendet zu haben. Zum anderen fand am 1. und 2. Oktober in New York die KSZE-Außenministerkonferenz statt, die die Vereinigung abschließend international billigen sollte. Auch die innenpolitische Situation der DDR erzwang erneut eine Beschleunigung des Fahrplans zur Wiedervereinigung.

Einigungsvertrag

Der Abschluss eines Einigungsvertrags, des zweiten Staatsvertrags zur deutschen Einheit, beruhte auf dem ausdrücklichen Wunsch der DDR-Regierung. Sie strebte nicht nur einen geordneten Übergang der DDR in die Bundesrepublik an. Als politisch und wirtschaftlich schwächerer Partner erhoffte sie sich auch größere Einflussmöglichkeiten auf die Beitrittsmodalitäten. Ost-Berlin ging es vor allem darum, den Inhalt der Anpassungs- und Übergangsregelungen für das DDR-Recht maßgeblich mitzugestalten. Dabei sollten die Interessen der Menschen in der DDR gewahrt bleiben.

Nach ersten informellen Kontakten begannen die innerdeutschen Gespräche zum Einigungsvertrag offiziell am 6. Juli in Ost-Berlin. Auf westdeutscher Seite wurden sie von Bundesinnenminister Wolfgang Schäuble, auf ostdeutscher Seite vom Parlamentarischen Staatssekretär Günther Krause geleitet. Hatte sich der erste Staatsvertrag vor allem auf Wirtschaftsfragen konzentriert, war die rechtliche Verankerung der deutschen Einheit umfangreicher. Bei Verfassungsfragen angefangen, mussten Probleme aus allen erdenklichen Gebieten von Politik und Gesellschaft, von der Finanzverfassung bis zur Kultur, vertraglich geregelt werden.

Strittige Punkte

Angesichts der historischen Tragweite wurde um die Vertragsinhalte zwischen den Beteiligten hartnäckig gerungen. Über viele Fragen gab es auf beiden Seiten kontroverse Diskussionen. Zeitweilig spielte das Abtreibungsrecht eine dominierende Rolle. Auch die Eigentumsproblematik, die Regelungen für den öffentlichen Dienst auf dem Gebiet der DDR, der Umgang mit dem Vermögen der Parteien und Massenorganisationen in der DDR, die Wahl der Hauptstadt und des Regierungssitzes, die Gestaltung der künftigen Finanzordnung und die Frage des Verbleibs der Akten des Staatssicherheitsdienstes waren Gegenstand heftiger Debatten.

Der westdeutsche Delegationsleiter, Innenminister Wolfgang Schäuble, äußerte sich zu den Handlungsspielräumen:
»In internen Unterhandlungen ließ ich die DDR-Partner nie im unklaren über meine Prioritäten. Meine stehende Rede war: Liebe Leute,

es handelt sich um einen Beitritt der DDR zur Bundesrepublik, nicht um die umgekehrte Veranstaltung. Wir haben ein gutes Grundgesetz, das sich bewährt hat. Wir tun alles für Euch. Ihr seid herzlich willkommen. Wir wollen nicht kaltschnäuzig über Eure Wünsche und Interessen hinweggehen. Aber hier findet nicht die Vereinigung zweier gleicher Staaten statt. Wir fangen nicht ganz von vorn bei gleichberechtigten Ausgangspositionen an.«
(Wolfgang Schäuble, Der Vertrag. Wie ich über die deutsche Einheit verhandelte, Stuttgart 1991, Seite 131.)

Die Verhandlungen wurden von verschiedenen politischen Gesichtspunkten bestimmt. So konnte der Einigungsvertrag nicht bloß zwischen den beiden Regierungen ausgehandelt werden. Er erforderte die prinzipielle Zustimmung aller tragenden politischen Kräfte. Das war nicht nur ein politisches Erfordernis, sondern auch verfassungsrechtlich bedingt, wurde doch durch den Einigungsvertrag das Grundgesetz in einigen Punkten erneuert, und dazu bedurfte es in Bundestag und Bundesrat verfassungsändernder Zwei-Drittel-Mehrheiten. In der DDR war ebenfalls eine Zustimmung von zwei Dritteln der Abgeordneten der Volkskammer erforderlich.

Die großen politischen Gruppierungen hatten also jeweils die Macht, das Abkommen aufzuhalten. Andererseits bestand ein Zwang zur Einigung, denn niemand konnte es sich leisten, durch sein Beharren auf einer bestimmten Position den Einigungsvertrag zu vereiteln. Dementsprechend strebte die Bundesregierung bereits im frühen Stadium der Verhandlungen eine breite Verständigung über die Vertragsinhalte an und bezog deshalb die Opposition im Bundestag und die Bundesländer in den Prozess der Konsensfindung ein. Dennoch erwiesen sich die anstehenden Probleme als schwer lösbar, weil sie eng mit den gesamtdeutschen Bundestagswahlen und den Landtagswahlen in Ostdeutschland verknüpft waren. Die Klärung der Voraussetzungen, Modalitäten und Folgen des Beitritts der DDR fiel in den Vorwahlkampf, was die Auseinandersetzungen in nicht geringem Umfang beeinflusste.

Die Konfliktlinien verliefen denn auch weniger zwischen den beiden Regierungen, den eigentlichen Vertragspartnern, als vielmehr zwischen Regierung und Opposition in Bundestag und Volkskammer oder zwischen Bund und Ländern im Westen. Kompromisse in den Streitfragen waren deshalb von der Überlegung geprägt, die notwendige Mehrheit für die Ratifizierung des Vertrags zu sichern und gleichzeitig eine günstige Ausgangsposition für die bevorstehenden Wahlen einzunehmen. Dies

Unter den Augen von Ministerpräsident Lothar de Maizière (Mitte) unterzeichnen am 31. August 1990 in Ost-Berlin Bundesinnenminister Wolfgang Schäuble (li.) und DDR-Staatssekretär Günther Krause (re.) den Einigungsvertrag.

---

führte zu einem Allparteienkonsens, der naturgemäß ein Minimalkonsens sein musste.

Unterzeichnung des Einigungsvertrages

Trotz der zahlreichen konfliktträchtigen Themen konnte der Vertrag über die Herstellung der Einheit Deutschlands (Einigungsvertrag) nach vier intensiven, von zahlreichen Expertengesprächen begleiteten Verhandlungsrunden am 31. August 1990 unterzeichnet werden. Das parlamentarische Ratifizierungsverfahren verlief zügig. Am 20. September votierten im Bundestag vierhundertvierzig Abgeordnete für den Vertrag, siebenundvierzig dagegen, drei enthielten sich. Die Volkskammer stimmte am selben Tag mit zweihundertneunundneunzig gegen achtzig Stimmen bei einer Enthaltung zu. Der Vertrag hatte also in beiden Parlamenten die zur Verabschiedung notwendigen Zwei-Drittel-Mehrheiten erhalten. Nachdem auch der Bundesrat das Dokument am 21. September einstimmig gebilligt hatte, trat das Gesetz über den Einigungsvertrag am 29. September in Kraft.

Die deutsch-deutschen Verhandlungen hatten ihren Abschluss gefunden: Der Beitritt konnte, wie geplant, am 3. Oktober 1990 vollzogen werden. Das Grundgesetz erlangte nun auch in den neuen Bundesländern und in ganz Berlin Gültigkeit. Eine von acht Bundestagsabgeordneten der CDU und CSU erhobene Klage gegen den Vertrag vor dem Bundesverfassungsgericht wegen der Festschreibung der Oder-Neiße-Grenze als endgültige Grenze zwischen Deutschland und Polen wurde Ende September abgewiesen.

Vertragsinhalte

Der Einigungsvertrag regelt auf mehr als tausend Seiten bis ins Detail die mit dem Beitritt der DDR verbundenen Fragen. Er besteht aus einer Präambel, neun Kapiteln mit fünfundvierzig Artikeln, einem Protokoll und drei Anlagen. Die Präambel bringt den Willen der beiden deutschen Staaten zum Ausdruck, »die Einheit Deutschlands in Frieden und Freiheit als gleichberechtigtes Glied der Völkergemeinschaft in freier Selbstbestimmung zu vollenden«. Die deutsche Einheit soll zur Einigung Europas und zum Aufbau einer europäischen Friedensordnung beitragen. Das Kapitel I behandelt die Wirkungen des Beitritts. Außerdem wird Berlin, das durch die Vereinigung von Ost- und West-Berlin ein Land bildet, als Deutschlands Hauptstadt benannt. Die Entscheidung über den Regierungssitz verschob man allerdings auf einen späteren Zeitpunkt.

Kapitel II legt die durch den Beitritt bedingten Grundgesetzänderungen fest. Diese betrafen vor allem jene Bestimmungen, die auf die Wiedervereinigung Bezug genommen hatten. Dazu zählte die Neugestaltung der Präambel, deren Wiedervereinigungsgebot gestrichen wurde. Der Artikel 23 wurde aufgehoben. Dadurch soll nach innen wie nach außen signalisiert werden, dass die territoriale Gestalt Deutschlands endgültig ist. Artikel 146 wurde der neuen Situation angepasst: Das Grundgesetz ist nicht mehr vorläufig, verliert seine Gültigkeit aber trotzdem mit Inkrafttreten einer neuen Verfassung. Darüber hinaus kam es zur Änderung des Stimmenverhältnisses im Bundesrat zugunsten der einwohnerstarken Länder (Artikel 51 Absatz 2).

Außerdem werden weitere Grundgesetzänderungen oder -ergänzungen, die sich aus der deutschen Einigung ergeben, für die Zukunft empfohlen. Erwähnt wird dabei das Verhältnis zwischen Bund und Ländern, die Möglichkeit einer erleichterten Vereinigung der Länder Berlin und Brandenburg sowie Überlegungen zur Aufnahme neuer Staatszielbestimmungen und plebiszitärer Elemente in das Grundgesetz. Sinn dieses Abschnitts ist es, eine Überprüfung des Grundgesetzes auf seine Tauglichkeit für das vereinte Deutschland nicht unter Zeitdruck vornehmen zu müssen. Neu eingefügt wurde der Artikel 143, der Abweichungen vom Grundgesetz für eine Übergangszeit in der bisherigen DDR zulässt und die zwischen 1945 und 1949 auf dem Gebiet der Sowjetischen Besatzungszone erfolgten Enteignungen verfassungsrechtlich fixiert.

Der Einigungsvertrag übertrug unter Berücksichtigung von Übergangsregeln die Finanzverfassung der Bundesrepublik auf Ostdeutschland. Die neuen Bundesländer waren allerdings bis Ende 1994 noch vom Länderfinanzausgleich ausgenommen. Stattdessen wurden die Folgekosten der Einheit aus dem gemeinsam von Bund und Ländern errichteten Fonds Deutsche Einheit finanziert.

Den Schwerpunkt des Vertragswerkes bildet Kapitel III, das die Grundsatzfragen der Rechtsangleichung und die Gültigkeit des Bundesrechts in den neuen Bundesländern zum Inhalt hat. Die weiteren Kapitel betreffen die Gültigkeit des Rechts der Europäischen Gemeinschaft in Ostdeutschland, die öffentliche Verwaltung und Rechtspflege, öffentliches Vermögen und Schulden, Arbeit, Soziales, Familie, Frauen, Gesundheitswesen und Umweltschutz sowie Kultur, Rundfunk, Bildung, Wissenschaft und Sport.

In den umfangreichen Anlagen enthält das Vertragswerk eine ganze Reihe von Bestimmungen, die die ökonomischen und sozialen Anpassungsnotwendigkeiten für die Ostdeutschen erträglicher machen sollten. Sie reichen von Sozialleistungen über Mietpreisbindungen bis zur zeitlich begrenzten Fortgeltung der Fristenregelung bei Schwangerschaftsunterbrechungen. Das gesamte Bundesrecht und das gesamte Recht der DDR mussten unter dem Gesichtspunkt gesichtet und überprüft werden, inwieweit Änderungen erforderlich waren.

Schwächen

Der Zeitdruck führte zu Schwächen, wie sie besonders bei der Eigentumsproblematik mit dem Prinzip »Rückgabe vor Entschädigung« deutlich werden. Die negativen Auswirkungen dieses Grundsatzes in Ostdeutschland wirkten lange nach. Obwohl gerade die beiden Anlagen bis in kleinste Einzelheiten reichende Bestimmungen enthalten, sind noch andere Mängel zu registrieren. In einigen Punkten waren deshalb Verbesserungen erforderlich. Nicht jede Folge konnte oder wollte von vornherein bedacht werden, nicht alle Probleme waren vorhersehbar; oft musste man Kompromisse finden.

Das alles ändert jedoch nichts daran, dass der Einigungsvertrag als Ergebnis gemeinsamer Anstrengungen der politisch Verantwortlichen in West und Ost als ein historisches Dokument von herausragender Bedeutung gelten kann. Er ermöglichte einen geordneten Übergang von der deutschen Teilung zur deutschen Einheit. Wiederhergestellt wurde ein deutscher Staat mit einer identischen Rechts- und Verwaltungsordnung sowie einem gemeinsamen Wirtschafts- und Gesellschaftssystem.

Der Einigungsvertrag brachte für die Bundesrepublik kaum gravierende Veränderungen mit sich. Ganz anders war es für die DDR; galt es

Am 3. Oktober 1990 tritt die DDR der Bundesrepublik bei. Ausgedient hat auch das Staatsemblem der DDR, das von manchen Ostdeutschen aus der Fahne herausgeschnitten wird.

doch, ein wirtschaftlich daniederliegendes kommunistisches und diktatorisches System in eine demokratische und rechtsstaatliche Ordnung einzupassen. Die Ostdeutschen waren einem gewaltigen Umstellungsprozess ausgesetzt, der in alle Lebensbereiche eingriff. Hierbei tauchten Schwierigkeiten auf, mit denen die Menschen teilweise noch heute zu kämpfen haben.

Die Vereinigung Deutschlands wurde von der Bevölkerung begeistert aufgenommen. In der Nacht zum 3. Oktober 1990 feierten Hunderttausende vor dem Reichstag und Unter den Linden in Berlin. 3. Oktober 1990

Bei einem Staatsakt in der Berliner Philharmonie bekräftigte Bundespräsident Richard von Weizsäcker:
»In freier Selbstbestimmung vollenden wir die Einheit und Freiheit Deutschlands. Wir wollen in einem vereinten Europa dem Frieden

der Welt dienen. [...] Die Form der Einheit ist gefunden. Nun gilt es, sie mit Inhalt und Leben zu erfüllen.«
(Zitiert nach: Die deutsche Vereinigung. Dokumente zu Bürgerbewegung, Annäherung und Beitritt, hrsg. von Volker Gransow und Konrad H. Jarausch, Köln 1991, Seite 232 f.)

Einen Tag nach der Vereinigung trat der nunmehr gesamtdeutsche Bundestag, um einhundertvierundvierzig von der Volkskammer entsandte Abgeordnete erweitert, im Berliner Reichstag zur ersten Sitzung zusammen.

Das vereinigte Deutschland

Erste gesamtdeutsche Bundestagswahl

Landtagswahlen

Elf Tage nach dem Beitritt der DDR zur Bundesrepublik, am 14. Oktober 1990, fanden in den fünf ostdeutschen Ländern (Brandenburg, Mecklenburg-Vorpommern, Sachsen, Sachsen-Anhalt, Thüringen) Wahlen zu den Volksvertretungen statt. Überall wurde nach dem Bundestagswahlrecht mit Erst- und Zweitstimme sowie Fünf-Prozent-Klausel gewählt. In vier der fünf Länder erreichte die CDU die Mehrheit der Stimmen, in Sachsen die absolute Mehrheit (53,8 Prozent). Trotz flächendeckender Zugewinne setzte sich die SPD mit 38,2 Prozent nur in Brandenburg durch, wo sie im Vergleich zur Volkskammerwahl (siehe Seite 107) fast zehn Prozentpunkte zulegte. Insgesamt konnte die CDU ihr Resultat gegenüber der Volkskammerwahl vom März um gut einen Prozentpunkt verbessern und ihre Position als stärkste Partei im Osten bekräftigen. Die SPD legte fast vier Prozentpunkte zu, die F.D.P. gut zwei Prozent und die Bürgerbewegungen knapp einen Punkt. Verlierer waren die PDS, die über dreieinhalb Prozent ihrer Wähler einbüßte, und die DSU, die zur Splitterpartei wurde. Trotz länderspezifischer Abweichungen blieb es bei den bestehenden Mehrheitsverhältnissen.

Bundestagswahl

Spielten bei den Landtagswahlen auch regionale Aspekte eine Rolle, so standen die ersten gesamtdeutschen Bundestagswahlen am 2. Dezember 1990 ganz unter dem Eindruck der Einheit. Da der Vorschlag, die Wiedervereinigung durch eine Volksabstimmung zu bestätigen, keine politische Mehrheit gefunden hatte, bot sich mit der Wahl den Ost- und Westdeutschen zum ersten Mal die Möglichkeit, gemeinsam ihre Meinung zu diesem Vorgang auszudrücken. Erstmals seit Bestehen der Bundesrepublik konnten bei der Bundestagswahl auch die Berliner ihre Abgeordneten direkt wählen. Bisher waren die im Bundestag nicht voll stimmberechtigten West-Berliner Volksvertreter wegen der alliierten Vorbehaltsrechte vom Abgeordnetenhaus entsprechend der jeweiligen Fraktionsstärke entsandt worden.

Der erste gesamtdeutsche Wahlkampf zur Bundestagswahl steht im Zeichen der gerade vollzogenen Wiedervereinigung.

Bei den ersten freien gesamtdeutschen Wahlen entscheiden die ostdeutschen Bürger mit ihrer Stimmabgabe erstmals über die Zusammensetzung des Bundestages mit.

Wahlergebnis

Die christlich-liberale Regierungskoalition ging, wie bereits bei den Volkskammer- und Landtagswahlen, als Sieger aus der letzten Abstimmung des Jahres 1990 hervor. Die CDU/CSU erhielt 43,8 Prozent der Stimmen, die F.D.P. kletterte mit dem populären Außenminister Hans-Dietrich Genscher auf 11,0 Prozent. Die der schnellen Vereinigung eher reserviert gegenüberstehenden Sozialdemokraten fielen dagegen mit 33,5 Prozent auf ihr schlechtestes Ergebnis seit 1957 zurück. Die SPD und ihr Spitzenkandidat Oskar Lafontaine hatten die zu erwartenden finanziellen und sozialen Folgekosten der Einheit zu einem wichtigen Wahlkampfthema gemacht, was auch in der eigenen Partei nicht unumstritten war. Zudem wurde der Vorwurf der SPD im Westen an die Bundesregierung, dass sie unter Einheit nur die staatliche Vereinigung verstehe, während die Sozialdemokraten darunter auch die Einheitlichkeit der Lebensverhältnisse verstünden, von den Ostdeutschen als Kritik an ihrem Wunsch nach einer schnellen Vereinigung Deutschlands gewertet.

Die Grünen scheiterten mit 4,8 Prozent im Wahlgebiet West an der Fünf-Prozent-Hürde. Auf dem Gebiet der bisherigen DDR erreichte das

Ergebnisse der Wahlen zun 12. Deutschen Bundestag am 2. Dezember 1990

Angaben in Prozent der Zweitstimmen

Parteien	Wahlgebiet			Mandate im Bundestag*
	Bundesrepublik insgesamt	neue Länder mit Ost-Berlin	alte Länder mit West-Berlin	
CDU/CSU	43,8	41,8	44,3	319
SPD	33,5	24,3	35,7	239
F.D.P.	11,0	12,9	10,6	79
Die Grünen (West)	3,8	—	4,8	—
Bündnis 90/Grüne (Ost)	1,2	6,2	—	8
PDS	2,4	11,1	0,3	17
Republikaner	2,1	1,3	2,3	—
Sonstige	2,1	2,4	2,0	—
Zusammen	100	100	100	662

* Mit sechs Überhangmandaten.

Statistisches Jahrbuch 1991 für das vereinte Deutschland, hrsg. vom Statistischen Bundesamt, Wiesbaden 1991, Seite 101.

Bündnis 90/Grüne 6,2 Prozent. Aufgrund der separaten Fünf-Prozent-Sperrklausel war es daher mit acht Abgeordneten im Bundestag vertreten. Eben dadurch konnte auch die PDS (11,1 Prozent im Wahlgebiet Ost) siebzehn Abgeordnete nach Bonn entsenden. Gegenüber der Volkskammerwahl vom März 1990 hatte sie gut fünf Prozentpunkte eingebüßt.

Wahlverhalten

Das Wahlverhalten in Ost und West unterschied sich nicht wesentlich: So erhielt die CDU/CSU im Westen 44,3 Prozent und die CDU im Osten 41,8 Prozent. Die F.D.P. kam in den alten Bundesländern auf 10,6 Prozent, in den neuen Bundesländern auf 12,9 Prozent. Nur bei der SPD (24,3 Prozent im Osten, 35,7 Prozent im Westen) waren deutliche Unterschiede zu verzeichnen. Dabei hatte die Sozialdemokratie als neu gegründete Partei in Ostdeutschland ungünstigere Ausgangsbedingungen als in Westdeutschland.

Die Bundestagswahl 1990 war nicht nur eine Abstimmung über den Prozess zur deutschen Einheit. Auch andere Themen beeinflussten die Entscheidung der Wähler. Gleichwohl war die Vereinigung das herausragende politische Thema. Deshalb nahm die Frage der deutschen Einheit eine dominierende Stellung sowohl in der politischen Diskussion als auch im Bewusstsein der Bevölkerung ein. Sie überlagerte alle anderen Wahlkampfthemen wie Umweltschutz, Arbeitslosigkeit, Asylproblematik, Mieten und Wohnungsmarkt, Frieden und Abrüstung und bestimmte das Wahlverhalten. Vor diesem Hintergrund lässt sich der Wahlsieg der Regierungskoalition erklären. Wahlanalysen kamen übereinstimmend zu dem Schluss, »daß der Ausgang der Bundestagswahl am 2. Dezember 1990 entscheidend durch die Herstellung der deutschen Einheit und den Verlauf des dorthin führenden Prozesses geprägt worden ist und somit die Wahlchancen der Regierungsparteien stark begünstigte« (Dieter Roth, Wahlen, in: Handbuch zur deutschen Einheit, hrsg. von Werner Weidenfeld und Karl-Rudolf Körte, Frankfurt am Main 1996, Seite 728).

Gesamtberliner Wahl

Neben der Bundestagswahl erfolgte erstmals seit 1946 die Wahl für ein vereinigtes Berliner Parlament. Abgewählt wurde die bisher in West-Berlin regierende rot-grüne Koalition unter Walter Momper. Die SPD kam in ganz Berlin nur auf 30,4 Prozent, ihr schlechtestes Nachkriegsergebnis. Die CDU gewann mit 40,4 Prozent. Von nun an trug eine Große Koalition mit Eberhard Diepgen (CDU) als Regierendem Bürgermeister die politische Verantwortung in Berlin. Erneut konnte die PDS mit 23,6 Prozent der Stimmen in Ost-Berlin ein herausragendes Resultat erzielen (in West-Berlin nur 1,1 Prozent). In der ehemaligen Verwaltungszentrale des sozialistischen Staates, die viele Begünstigte des SED-Regimes beherbergte, gab den Postkommunisten fast jeder vierte Wähler seine Stimme, womit die PDS zur drittstärksten Kraft im Abgeordnetenhaus aufrückte. Auch das Bündnis 90 erwies sich im Ostteil der Stadt mit 9,8 Prozent wieder als überdurchschnittlich erfolgreich.

Hauptstadt Berlin

Hauptstadtfrage

Durch die Vereinigung Deutschlands wurde Berlin wieder zur faktischen Hauptstadt des lange geteilten Landes. Seit Gründung der Bundesrepublik hatte sich die Politik zwar stets zu Berlin als Hauptstadt bekannt, als Sitz von Regierung und Parlament hatte man aber wegen der besatzungsrechtlichen Gegebenheiten eine westdeutsche Stadt wählen müssen. So wurde Bonn zur »provisorischen Hauptstadt« und zum Synonym für einen demokratischen, westlich orientierten deutschen Staat.

Zur Rolle von Bonn und Berlin in der bundesdeutschen Politik bis 1989 schreibt der Berliner Politikwissenschaftler Werner Süß:

»Die Aufspaltung in eine nur symbolische und eine effektive Hauptstadt war in der Praxis der Zweiteilung Deutschlands zweifellos gut fundiert. Man hatte sich an Bonn als das politische Machtzentrum und an Berlin als bloßes Symbol des Einigungswillens der Deutschen gewöhnt. Ost-Berlin lag außerhalb des Gesichtskreises des demokratischen Deutschland; es konnte als Machtzentrum des totalitären DDR-Regimes den Hauptstadtanspruch Berlins allenfalls diskreditieren. West-Berlin war als Bittsteller und entfernt gelegene Stadtinsel macht- wie geopolitisch in eine Randlage gekommen.«
(Werner Süß, Der Bonn-Berlin-Kompromiss – eine faire Arbeitsteilung?, in: Hauptstadt Berlin, Bd. 1, hrsg. von Werner Süß, Berlin 1994, Seite 99 f.)

Nach der Friedlichen Revolution in der DDR stellte sich die Frage, welche Stadt – Bonn oder Berlin – nun Hauptstadt des vereinigten Deutschland sein sollte. Im Einigungsvertrag hatte man sich zwar zugunsten Berlins entschieden, die Frage nach dem zukünftigen Parlaments- und Regierungssitz aber offen gelassen. Daran entzündete sich in der Folgezeit eine heftige öffentliche Debatte. Die Befürworter Berlins beriefen sich auf die jahrelangen Versprechungen und Bekenntnisse, angesichts derer sie bei einer Entscheidung für Bonn um die Glaubwürdigkeit der Politik fürchteten. Sie wiesen auch auf die Signalwirkung eines Wechsels für die neuen Bundesländer hin. Mit der Verlagerung der wichtigsten Regierungsinstitutionen könne nicht nur psychologisch die innere Einheit befördert, sondern auch der Impuls für einen wirtschaftlichen Aufschwung im Osten gegeben werden. Eine Entscheidung für Berlin wäre auch ein Bekenntnis zu verbesserten Beziehungen mit Osteuropa. Die Stadt böte angesichts ihrer Geschichte in besonderer Weise die Chance, sich mit der wechselvollen deutschen Vergangenheit unmittelbar auseinanderzusetzen.

Die Vertreter Bonns stellten hingegen für ihre Stadt gerade den Bruch mit der Vergangenheit heraus. Demnach repräsentiere die Bonner Demokratie die Westintegration und den demokratischen Werdegang der Bundesrepublik. Während sich Bonn bewährt und hohes internationales Ansehen errungen habe, würde eine Entscheidung für Berlin Ängste und Sorgen im Ausland vor einem neuen deutschen Nationalismus auslösen, hatten die historischen Fehlentwicklungen Deutschlands doch ihren Weg von Berlin aus genommen. Mit einer Hauptstadt Berlin, so argumentierte die Bonn-Gruppe, würde sich zudem die zentralstaatliche Entwicklung auf Kosten der Länder verstärken. Auch die Höhe der bevorstehenden Umzugskosten wurde bemängelt.

Ergebnis der Abstimmung über den Parlaments- und Regierungssitz am 20. Juni 1991

Mitglieder des Bundestages	Es stimmten für Bonn	Es stimmten für Berlin	Prozent für Berlin
Abgeordnete der CDU	124	146	54,1
Abgeordnete der CSU	40	8	16,7
Abgeordnete der SPD	126	110	46,6
Abgeordnete der F.D.P.	26	53	67,1
Abgeordnete der PDS/Linke Liste	1	17	94,5
Abgeordnete des Bündnis 90/Grüne	2	4	66,7
Abgeordnete fraktionslos	1	—	—
Von 658 Abgeordneten*	320	338	51,4
davon aus den alten Bundesländern	291	214	42,4
davon aus den neuen Bundesländern mit Berlin	29	124	81,8
darunter Bundeskanzler und Bundesminister	5	13	72,2

* 660 anwesende Abgeordnete gaben ihre Stimmen ab, darunter eine ungültige Stimme und eine Enthaltung.

Deutscher Bundestag, Stenographischer Bericht, 34. Sitzung vom 20. Juni 1991, Plenarprotokoll 12/34, in: Verhandlungen des Deutschen Bundestages, 12. Wahlperiode, Stenographische Berichte, Bd. 157, Bonn 1991, Seite 2845 ff.

Die Auseinandersetzung um den künftigen Regierungs- und Parlamentssitz verlief quer durch alle Parteien und politischen Strömungen. Die Parteizugehörigkeit spielte kaum eine Rolle, politische Gegner argumentierten oft übereinstimmend. Eine gewisse Rolle spielten die regionale Herkunft (Süden und Westen eher für Bonn, Norden und Osten eher für Berlin) und das Alter der Diskussionsteilnehmer (je älter, desto eher für Berlin; je jünger, desto eher für Bonn).

Entscheidung für Berlin als Parlaments- und Regierungssitz

Die historische Entscheidung fiel am 20. Juni 1991 im Deutschen Bundestag nach einer spektakulären und gefühlsgeladenen Debatte, die gerne als eine »Sternstunde« des Parlaments bezeichnet wird. Mit der knappen Mehrheit von achtzehn Stimmen (dreihundertachtunddreißig zu dreihundertzwanzig) sprachen sich die Abgeordneten dafür aus, den Sitz von Bundestag und Bundesregierung von Bonn nach Berlin zu verlegen. Bonn wurde zum Ausgleich die Rolle eines Verwaltungszentrums zugewiesen. Ministerien beziehungsweise Ministeriumsteile, die vorwiegend verwaltende Funktionen wahrnehmen, sollten in der Stadt am Rhein bleiben, um dort Arbeitsplätze zu erhalten. Zudem wurde Bonn durch die Ansiedlung nationaler und internationaler Institutionen sowie durch finanzielle Zuwendungen entschädigt. Der Beschluss des Bundestages wurde in den folgenden Jahren in Einzelheiten ausgestaltet und im sogenannten Berlin/Bonn-Gesetz vom 10. März 1994 rechtlich verankert. Demnach haben sechs von vierzehn Bundesministerien (Verteidigung, Gesundheit, Verbraucherschutz, Umwelt, Entwicklungshilfe, Bildung) ihren Erstsitz in der ehemaligen Bundeshauptstadt Bonn, zusätzlich unterhalten das Kanzleramt und alle anderen Ressorts Außenstellen am Rhein. Zweiundzwanzig Behörden, Institute und UNO-Einrichtungen mit fast siebentausend Arbeitsplätzen zogen als Ausgleich für den Verlust des Regierungssitzes in die alte Hauptstadt.

Berliner Republik

Berlin ist mit dem Umzug der wichtigen Verfassungsorgane Bundestag, Bundesregierung, Bundesrat und Bundespräsident zum Zentrum der deutschen Politik geworden. Nachdem die Bundesrepublik fast fünfzig Jahre von Bonn aus regiert worden war, ist Berlin durch die deutsche Vereinigung tatsächlich, und nicht mehr nur auf dem Papier, die Hauptstadt der Bundesrepublik Deutschland. Doch aus der »Bonner Republik« ist keine veränderte »Berliner Republik« geworden. Der Ortswechsel der Hauptstadt hat – entgegen mancher Befürchtungen – keine grundlegenden Auswirkungen auf die Politik und das politische System gehabt. Im Hinblick auf die Verfassungsordnung, das Parteiensystem und den föderalen Aufbau, die Wirtschaftsordnung, die Struktur der politischen Eliten und die politische Kultur ist eine hohe Kontinuität zwischen der Bundesrepublik vor und nach dem Hauptstadtumzug vom Rhein an die Spree im Jahr 1999 zu konstatieren. Berlin als Parlaments- und Regierungssitz hat das politische Koordinatensystem der Bonner Republik nicht außer Kraft gesetzt. Die Vereinigung der beiden deutschen Staaten hat kein neues politisches Gebilde hervorgebracht. So kann die von Berlin aus regierte Republik im Wesentlichen auch keine andere Republik sein als ihre Vorgängerin mit Regierungssitz in Bonn. Die Berliner Republik trägt zwar einen anderen Namen, entspricht im Kern jedoch der Bonner Republik. Einen grundsätzlichen politischen Wandel hat es also nicht gegeben. Selbstverständlich hat man es heute aber mit veränderten Problemen und Aufgaben in der Politik zu tun. Angesichts von Wirtschaftskrisen, Globalisierung, Klimawandel, EU-Osterweitung und Terrorgefahren unterscheiden sich die nationalen und politischen Rahmenbedingungen und damit auch die aktuellen Aufgaben und Probleme im heutigen Berlin wesentlich von denen der Bonner Regierungszeit. Nur indem sich die Politik auf die sich stetig ändernden Herausforderungen im Wandel der Zeit einstellt, wird sie der Zukunft gewachsen sein und zugleich Kontinuität gegenüber der Geschichte demonstrieren.

> Zur Frage nach dem Terminus Bonner Republik oder Berliner Republik nimmt der Chemnitzer Politikwissenschaftler Eckhard Jesse Stellung: »Wie soll das vereinigte Deutschland heißen? Es ist die ›Bundesrepublik Deutschland‹ geblieben. Der Begriff der ›Berliner Republik‹ kann höchstens vieldeutig aufgefasst werden. So nehmen ihn manche gedankenlos in den Mund, ohne sich Rechenschaft über damit verbundene Assoziationen abzulegen: Der Staat wird einfach nach dem Regierungssitz benannt. [...] Das Koordinatensystem, wie es in der Bundesrepublik bestand, hat sich seit der deutschen Einheit in seinem innenpolitischen, kulturellen, sozialen und wirtschaftlichen Raster im Kern nicht geändert. Innere Stabilität und äußere Verlässlichkeit gehören nach wie vor zu den Grundfesten der Bundesrepublik Deutschland. [...] Auch wer von der ›Berliner Republik‹ zu sprechen gewillt ist, sollte wissen: Ein Ortswechsel von Parlament und Regierung ist ›kein Richtungswechsel‹ (Roman Herzog).«
> (Eckhard Jesse, Von der »Bonner Republik« zur »Berliner Republik«?, in: Das wiedervereinigte Deutschland – eine erweiterte oder eine neue Bundesrepublik, hrsg. von Karl Eckart und Eckhard Jesse, Berlin 1999, Seite 32 f.)

Herausforderungen für das vereinte Berlin

Mit dem Fall der Mauer begann für Berlin eine neue Ära. Keine andere deutsche Stadt hatte an der Last der Geschichte so schwer zu tragen wie das geteilte Berlin. Die wiedervereinigte Stadt stand vor gewaltigen Herausforderungen. Mehrere Jahrzehnte lang gehörten der östliche und der westliche Teil Berlins den gegensätzlichen politischen Blöcken und ökonomischen Systemen an und entwickelten sich ganz unterschiedlich. Schon früh nahmen Ost- und West-Berlin Sonderrollen in beiden deutschen Staaten ein. Nachdem die Stadt im Westen vierzig Jahre lang die »Frontstadt« war, »Schaufenster des Westens« und Symbol der »freien Welt« in der Mitte eines kommunistischen Staates, und Ost-Berlin währenddessen zur sozialistischen »Hauptstadt der DDR« ausgebaut wurde, galt es nach dem Mauerfall eine neue, gemeinsame Identität zu finden. Die Stadt Berlin mit ihren früher geteilten Hälften in Ost und West nahm und nimmt im Prozess der Vereinigung eine besondere Rolle ein. Hier lassen sich die Integrationsfortschritte und -probleme der über vier Jahrzehnte

Nach der Hauptstadtentscheidung des Deutschen Bundestages am 26. Juni 1991 entsteht in Berlins Mitte rund um den Reichstag das neue Parlaments- und Regierungsviertel.

geteilten Stadt im vereinigten Deutschland besonders anschaulich verfolgen. In der wieder zu einer Metropole zusammenwachsenden Stadt zeigen sich Unterschiede und Gemeinsamkeiten eher und deutlicher als in den anderen Teilen des Landes. Mittlerweile sind die Ost-West-Unterschiede in Berlin, einer Stadt mit mehreren Zentren, immer mehr verwischt und überlagert worden durch soziale Unterschiede und Alltagsprobleme, wie es sie auch in jeder anderen Stadt gibt.

Strukturwandel

Im Prozess des Zusammenwachsens galt es, gemeinsame Strukturen für ganz Berlin zu schaffen. Denn in den Jahren der Teilung war praktisch jeder Lebensbereich doppelt organisiert: Verwaltung, Polizei, Feuerwehr, öffentlicher Nahverkehr, Schule, Kultur und Wissenschaft, Gesundheitswesen, Sport, Freizeitangebote und anderes mehr. Auch der notwendige wirtschaftliche Strukturwandel war gewaltig. Der Übergang von der Plan- zur Marktwirtschaft im Osten verlief schwieriger, als vielfach angenommen. Viele ostdeutsche Betriebe waren nicht mehr wettbewerbsfähig und mussten schließen, Zehntausende Arbeitsplätze gingen verloren. Der schnelle Abbau der Bundessubventionen zwischen 1991 und 1994 führte auch im Westteil zu Betriebsschließungen und -verkleinerungen, dem Abbau von Arbeitsplätzen und Einkommensverlusten für die Bürger. Bis

Mitte der neunziger Jahre ging so in Berlin fast jeder zweite Industriearbeitsplatz verloren. Doch insgesamt ist Berlin im Strukturwandel gut vorangekommen. Die unwirtschaftlichen Volkseigenen Betriebe (VEB) im Osten gehören ebenso der Vergangenheit an, wie die verlängerten Werkbänke westlicher Unternehmen im Westteil der Stadt. Die früher dominierenden Industriestrukturen haben sich weitgehend aufgelöst. An ihre Stelle sind ein wachsender moderner Dienstleistungssektor und eine verschlankte Industrie mit viel Know-how und Innovationskraft getreten. Immer stärker entwickelt sich Berlin zu einem modernen Industrie- und Dienstleistungsstandort, positioniert sich aber zugleich auch als wichtiger Standort für Wissenschaft, Kultur, Kunst und Kreativpotenziale. In Berlin gibt es vier Universitäten und drei Kunsthochschulen, zahlreiche staatliche und private Fachhochschulen, eine große Dichte an wissenschaftlichen Forschungseinrichtungen sowie eine beispiellose Zahl an Theatern, Opernhäusern, Museen und Galerien.

Bevölkerungsentwicklung

Gravierenden Veränderungen unterworfen ist die Berliner Bevölkerungsstruktur. Die Einwohnerzahl ist seit 1990 nicht signifikant gewachsen. Lebten damals in Ost-Berlin 1,3 Millionen Menschen und in West-Berlin 2,2 Millionen, so sind es heute in ganz Berlin 3,4 Millionen (2009). Seit dem Mauerfall hat sich die Bevölkerung der Stadt zu mehr als fünfzig Prozent ausgetauscht. Während seit dem Mauerfall gut 1,8 Millionen Berliner ins Umland oder in andere Teile Deutschlands gingen, zogen im selben Zeitraum rund 1,9 Millionen Menschen in die Hauptstadt. Es kamen viele Politiker, Regierungsmitarbeiter, Diplomaten, Medienangehörige, Wissenschaftler, Künstler, Schriftsteller, Musiker und Filmemacher, Freiberufler, Jungunternehmer und Mittelständler.

Auch in der Berliner Stadtlandschaft haben sich mit der Vereinigung gewaltige Veränderungen ergeben. Hatten sich beide Stadthälften bis 1990 unabhängig voneinander entwickelt, ergaben sich mit dem Mauerfall für die Stadt- und Regionalplanung völlig neue Aufgaben, Anforderungen und Perspektiven. In den Randlagen entstanden neue Wohnsiedlungen; die Stadt wurde mit großem Aufwand zum Regierungssitz ausgebaut; frühere Randbezirke wie Kreuzberg oder Friedrichshain befinden sich nun im Zentrum. Die durch die Teilung getrennten Straßen- und Schienennetze wie überhaupt die Versorgungsnetze zwischen Ost und West wurden wieder verknüpft. Man hat die komplette Infrastruktur umfassend modernisiert und ausgebaut, ganze Stadtquartiere entstanden neu, Altbauviertel im östlichen Innenstadtbereich wurden fast vollständig saniert und zahllose Baulücken geschlossen. Spuren der jahrzehntelangen Teilung sind kaum noch zu finden.

Umland

Durch die deutsche Einheit konnte Berlin aus seiner Insellage befreit werden. Mit dem Land Brandenburg verfügt es nunmehr wieder über sein altes Umland. So positiv dies für den einzelnen Berliner ist, der besonders in seiner Freizeitgestaltung nicht mehr allein auf die Stadt begrenzt ist, brachte die neue Situation auch Probleme mit sich. Berlin und Brandenburg sind wirtschaftlich, sozial und räumlich sehr unterschiedlich strukturiert. Der dicht besiedelten Metropole steht ein dünn besiedeltes Flächenland mit geringer Wirtschaftskraft gegenüber. Aus der seit der Wiedervereinigung zunehmenden Verflechtung beider Gebiete ergaben sich typische Stadt-Umland-Probleme mit einer daraus resultierenden Konkurrenzsituation beider Länder bei der Industrieansiedlung und der Vergabe von Fördermitteln.

Scheitern der Länderfusion Berlin und Brandenburg

Angesichts dieser besonderen Situation drängten die Regierungen von Berlin und Brandenburg schon bald auf eine Vereinigung ihrer beiden Länder. Für eine Fusion, die schon kurz nach dem Berlin-Votum des Bundestages von den politischen Verantwortungsträgern ins Auge gefasst wurde, sprachen vor allem wirtschaftliche wie finanzielle Gründe. So versprachen sich beide Regierungen die Einsparung von Verwaltungskosten, mehr Planungssicherheit, eine gemeinsame Landes- und Regionalplanung

Ergebnis der Volksabstimmung über die Fusion von Berlin und Brandenburg am 5. Mai 1996

	Berlin		Brandenburg	
	Anzahl	Prozent	Anzahl	Prozent
Abstimmungsberechtigte	2 475 724	100	1 957 424	100
Abgegebene Stimmen	1 428 268	57,69	1 299 424	66,38
Abstimmungsfrage: Fusion?				
Ja	765 602	53,60	475 208	36,57
Nein	654 840	45,85	814 936	62,72
Erforderliche Ja-Stimmen	714 135		649 713	
Zusatzfrage: Jahr?				
1999	557 337	39,02	343 764	26,46
2002	442 600	30,99	368 714	28,38

Der Landesabstimmungsleiter/Landesamt für Datenverarbeitung und Statistik Brandenburg, Volksabstimmung 1996. Volksabstimmung im Land Brandenburg über den Neugliederungs-Vertrag. Endgültiges Ergebnis, Potsdam 1996, Seite 7.

sowie eine bessere Bewältigung der Wirtschaftsprobleme durch verminderten Konkurrenzdruck. Das neue Land sollte investorenfreundlicher werden und Arbeitsplätze sichern helfen. Kritiker fürchteten besonders eine politische und finanzielle Dominanz Berlins in einem fusionierten Land und meinten, die Gleichzeitigkeit von Regierungsumzug, Verwaltungsreform und Länderzusammenschluss würde Berlin ohne Not überfordern. Sie betonten, alle Probleme zwischen beiden Ländern ließen sich auch durch Staatsverträge und Verwaltungsvereinbarungen lösen.

Obwohl im Sommer 1995 beide Landesparlamente dem in langen Verhandlungen ausgehandelten Fusionsvertrag mit der erforderlichen Zweidrittelmehrheit zugestimmt hatten, erteilten die Brandenburger Wähler bei der Volksabstimmung am 5. Mai 1996 der »Länderehe« eine Absage.

Berlin in Europa

So hat Berlin einen tief greifenden und rasanten Wandel erlebt. Über Jahrzehnte Sinnbild einer durch den Kalten Krieg geteilten Welt, war die Stadt das Symbol der deutsche Teilung, aber auch des Strebens der Deutschen nach Freiheit und Einheit. Später war Berlin das Labor der Einheit und ist es teilweise noch heute. Mit der EU-Osterweiterung zum 1. Mai 2004 ist die deutsche Hauptstadt vom Rand Westeuropas politisch und wirtschaftlich in die Mitte der Europäischen Union gerückt. Berlin ist zu einer Metropole geworden, in der nicht nur Deutschland, sondern auch Europa zusammenwachsen.

Aufbau Ost

Staatliche und innere Einheit

Die Vereinigung Deutschlands wurde zwar von den Regierungen administrativ vollzogen, doch die Herstellung der inneren Einheit zwischen Ost und West musste noch folgen. Dieser Prozess war mit vielfältigen Problemen verbunden.

> Ist der Vereinigungsprozess zwischen den beiden deutschen Staaten erfolgreich verlaufen? Mit dieser Frage beschäftigt sich der frühere DDR-Bürgerrechtler und Mitbegründer des Neuen Forums Jens Reich:
> »Die deutsche Vereinigung vom 3. Oktober 1990 ist ein merkwürdiges Zwittergebilde. Obwohl sie ein historisches Ereignis ist, kein physikalischer Vorgang, sind doch nahezu alle davon überzeugt, daß sie mit Naturgesetzlichkeit geschah. Das Urteil hingegen, ob dieses Ereignis als gelungen, als vollendet zu betrachten sei, ist offenbar jeder Erfahrung enthoben: Es existiert bei jedem Urteilenden in fester Form a

Plakat für das Gemeinschaftswerk Aufschwung Ost. Für den wirtschaftlichen Aufbau Ostdeutschlands stellen Bund und Länder erhebliche Finanzmittel zur Verfügung.

priori. Jeder nimmt sich aus den empirischen Gegebenheiten die für das vorfabrizierte Urteil passenden heraus und garniert es mit ihnen. [...] Die deutsche Einheit ist gelungen und gescheitert, beide Urteile koexistieren trüb, und für beide gibt es ausreichend Belege.«
(Jens Reich, Die Einheit: gelungen und gescheitert, in: Die Zeit Nr. 38 vom 15. September 1995.)

Von herausragender Bedeutung ist die wirtschaftliche Entwicklung in Ostdeutschland. Die bevorstehende Vereinigung beider deutscher Staaten hatte 1989/90 zunächst hohe Erwartungen geweckt. Die Versprechungen westdeutscher Politiker für eine bessere Zukunft in kurzer Zeit klangen für die DDR-Bürger überzeugend. Doch manche Hoffnungen trogen und ließen sich im Transformationsprozess nicht erfüllen, was nach der anfänglichen Euphorie zu Ernüchterung führte. Die vielfältigen Schwierigkeiten der Vereinigung waren in der historisch einmaligen Situation unter-, die Kräfte der Bundesrepublik überschätzt worden. Die Vollendung der Einheit, das wurde bald deutlich, würde sich länger, schwieriger und teurer gestalten, als ursprünglich angenommen.

Eine Autobahnbaustelle. Die ostdeutsche Verkehrsinfrastruktur bildet einen Schwerpunkt der Aufbauarbeit.

Wirtschaftliche Ausgangslage

Die wirtschaftliche und soziale Entwicklung in Ostdeutschland nach 1990 ist durchaus ambivalent verlaufen, sie weist Licht und Schatten auf. Unbestreitbaren Erfolgen stehen zahlreiche Defizite gegenüber. Gewaltig war die Aufgabe: Nach dem Fall der Mauer gingen Ost- und Westdeutschland daran, sich innerhalb kürzester Zeit politisch und wirtschaftlich zu vereinigen. Dabei galt es, die neuen Bundesländer innerhalb kurzer Zeit von einer Plan- in eine Marktwirtschaft umzubauen: ein schwieriger Prozess ohne jedes historische Vorbild. Die Voraussetzungen waren äußerst ungünstig. Die Wirtschaft der DDR befand sich 1989 in einem dramatischen Zustand. Kaum ein Unternehmen war international wettbewerbsfähig. Die Produktivität der DDR-Wirtschaft lag Schätzungen zufolge nur bei etwa einem Drittel des westdeutschen Niveaus. Das Angebot an Konsumgütern war unzureichend, die Infrastruktur marode, der Kapitalstock der Unternehmen weitgehend veraltet und die Umwelt stark zerstört.

Angesichts dieser desolaten Ausgangslage, in der sich Staat, Wirtschaft und Gesellschaft der DDR zum Zeitpunkt der Vereinigung befanden, ist bis heute Beachtliches geleistet worden.

In Ostdeutschland entstehen moderne Industrieanlagen, so auch die Mitteldeutsche Erdoel-Raffinerie auf dem Gelände der ehemaligen Leuna-Werke südlich von Halle, Sachsen-Anhalt (hier 1998).

Schaffung neuer Strukturen

Zunächst mussten die politische Strukturen völlig neu aufgebaut werden: Parlamente wurden gewählt und handlungsfähig gemacht, Regierungen ins Amt gebracht, Verwaltungsapparate aufgebaut, eine unabhängige Gerichtsbarkeit geschaffen, Gesundheits-, Bildungs- und Hochschulwesen, Armee und Polizei umstrukturiert, die neuen Länder mit Verfassungen und einer Vielzahl von Gesetzen ausgestattet. Administrative Hilfestellung leisteten hierbei in beachtlichem Umfang die westlichen Bundesländer. Über fünfunddreißigtausend westdeutsche Mitarbeiter waren zur Bewältigung des Neuaufbaus »vor Ort« in Ostdeutschland tätig. Diese Personaltransfers erfolgten häufig im Rahmen von Patenschaften zwischen Alt- und Neu-Ländern (Mecklenburg-Vorpommern/Hamburg und Schleswig-Holstein, Brandenburg/Nordrhein-Westfalen, Sachsen-Anhalt/Niedersachsen, Sachsen/Bayern und Baden-Württemberg, Thüringen/Hessen, Bayern und Rheinland-Pfalz) sowie von Städtepartnerschaften. Die beachtliche personelle Hilfe auf den verschiedensten Ebenen führte aber auch zu innergesellschaftlichen Spannungen im Osten. Der starke westliche Einfluss in Ostdeutschland,

Einnahmen aus dem Solidaritätszuschlag

Jahr	Aufkommen (in Milliarden Euro)	Jahr	Aufkommen (in Milliarden Euro)
1991	5,40	2000	11,80
1992	6,70	2001	11,10
1993	0,07	2002	10,40
1994	0,80	2003	10,30
1995	13,40	2004	10,10
1996	13,30	2005	10,30
1997	13,20	2006	11,30
1998	10,50	2007	12,30
1999	11,30	2008	13,10
		2009	12,00

Quelle: Bundesministerium der Finanzen.

der sich unter anderem in der Besetzung von Führungspositionen mit überwiegend Westdeutschen dokumentiert, hat mit zur Herausbildung gegenseitiger Empfindlichkeiten beigetragen.

Um die Integration des Ostens in den Bundesstaat zu fördern und Strukturschwächen in den neuen Ländern teilweise abzubauen, war man bestrebt, nach der Wiederherstellung der deutschen Einheit Ostdeutschland einen angemessenen Anteil an Bundesbehörden einzuräumen. So wurden insgesamt sechzehn Bundeseinrichtungen ganz oder teilweise in die neuen Länder verlegt, unter anderem das Bundesverwaltungsgericht von Berlin nach Leipzig, das Bundesarbeitsgericht von Kassel nach Erfurt und das Umweltbundesamt von Berlin nach Dessau.

Finanztransfers

Grundlage für den Aufbau der Wirtschaft in Ostdeutschland ist der sogenannte Aufbau Ost, der eine umfangreiche finanzielle Unterstützung der dortigen Bundesländer vorsah. Die Finanztransfers von West nach Ost haben mittlerweile die Billionengrenze weit überschritten. Sie sind mit gewaltigen Belastungen für die öffentlichen, aber auch für die privaten Haushalte verbunden. Die Bundesregierung hatte sich vor der Bundestagswahl 1990 darauf festgelegt, die einheitsbedingten Finanzlasten ohne Steuererhöhungen bewältigen zu können. Diese Haltung musste sie aber schon ein Jahr später korrigieren und einen Solidaritätszuschlag auf Einkommen erheben, da die Entwicklung in der DDR größere finanzielle Anstrengungen des Bundes erforderte, als zunächst angenommen.

Im Rahmen des Solidarpakt I haben die neuen Bundesländer und Berlin von 1993 bis 2004 insgesamt 94,5 Milliarden Euro erhalten. Der 2005 in Kraft getretene Solidarpakt II sieht vor, dass der Bund bis zum Jahr 2019 weitere 156,6 Milliarden Euro bereitstellen wird. Diese Mittel stehen den ostdeutschen Ländern vor allem für den weiteren Aufbau der Infrastruktur zur Verfügung. Dazu gehören beispielsweise der Bau von Straßen und anderen Verkehrswegen sowie Büro- und Wohngebäuden oder die Modernisierung der Telekommunikation. Allein durch den Solidaritätszuschlag, der in Ost und West gleichermaßen erhoben wird, stehen jedes Jahr rund zehn Milliarden Euro bereit. Die gesamten öffentlichen Finanztransfers nach Ostdeutschland belaufen sich seit der Wiedervereinigung nach unterschiedlichen Berechnungen auf die beachtliche Größenordnung von rund 1,6 Billionen Euro. Diese Summe entspricht etwa zwei Dritteln der jährlichen Wirtschaftsleistung Deutschlands oder rund der gesamten Staatsverschuldung im Jahr 2009.

Kosten der Einheit

Jährlich werden Rechnungen aufgestellt, wie viel finanzielle Unterstützung von den Westdeutschen für den Auf- und Umbau in Ostdeutschland aufgebracht wird. Wie hoch diese Kosten jedoch tatsächlich sind, ist nicht einfach zu bestimmen. Alle Berechnungen beruhen überwiegend auf Schätzungen. Nicht zuletzt deshalb kursieren über die Höhe der Transferzahlungen unterschiedliche Angaben. Bei der Summe der Nettotransferleistungen schwanken sie für die Jahre von 1991 bis 2010 um etwa dreihundert Milliarden Euro.

Angleichung der Lebensverhältnisse

Dank der außerordentlichen Finanzleistungen ist Ostdeutschland seit 1990 bei der Angleichung der Lebensverhältnisse gut vorangekommen. Im Vergleich zu 1989 hat das Wohlstandsniveau einen großen Sprung gemacht. Einkommen, Renten und Lebensstandard sind spürbar gestiegen. Die Einkommen der Arbeitnehmer liegen deutlich höher als noch in der DDR. Viele Rentnerhaushalte gehören zu den Gewinnern der Einheit. Betrug die Altersrente im SED-Staat im Durchschnitt dreißig Prozent des Bruttoeinkommens, beziehen Ost-Rentner heute dank Sozialausgleich, Rentenanpassung und einer langen Berufsbiografie mehr als achtzig Prozent des durchschnittlichen Arbeitseinkommens.

Die Konsummöglichkeiten der Privathaushalte haben sich im Vergleich zur Situation in der DDR deutlich verbessert, die Qualität und Vielfalt des Warenangebots umfassen das gängige Weltmarktsortiment. Das Angebot von langlebigen Konsumgütern (beispielsweise Autos, Haushaltsgeräte, Unterhaltungselektronik) und Dienstleistungen (beispielsweise Urlaubsreisen) weist zwischen Ost und West praktisch keine Unterschiede mehr auf. Mittlerweile werden sogar mehr PKW je Einwohner in Ost- als in Westdeutschland gezählt. Und während in der DDR nicht einmal ein Fünftel aller Einwohner über ein Telefon verfügte, besitzt heute jeder Haushalt ein Telefon. Die desolate Infrastruktur, die Innenstädte, das Wohnungs- und Kommunikationswesen sowie die Verkehrswege sind fast durchgehend saniert worden. Die Menschen im Osten verfügen über deutlich mehr Wohnraum als zu DDR-Zeiten. Historische Innenstädte sind gerettet und instand gesetzt worden. Deutlich verbessert haben sich auch die Gesundheitsversorgung und die Umweltbelastung. Die Bewohner der neuen Bundesländer haben heute eine fast gleich hohe Lebenserwartung wie jene der alten Bundesländer. Vergleicht man Land, Luft und Wasser von heute mit dem Zustand von 1989 mit seinen verseuchten Flüssen, einer zerstörten Landschaft und der verschmutzten Luft, so dürfte auf fast keinem anderen Gebiet die Bilanz so positiv ausfallen. Die Hoffnung auf »blühende Landschaften« ist also nicht gänzlich unerfüllt geblieben.

Ostdeutschland verfügt heute über eine weitgehend moderne Wirtschaftsstruktur. Die neu angesiedelten oder erfolgreich restrukturierten Unternehmen sind international wettbewerbsfähig. Die Lohnstückkosten liegen heute in vielen Bereichen unter denen im Westen. Gerade in Zukunftsbranchen wie der Solarenergie und der Biotechnologie konnten erfolgreich Märkte erobert werden. Auch die öffentliche Forschungs- und Wissenschaftslandschaft ist gut ausgebaut. Sie bildet eine gute Basis für die zukünftige Entwicklung. Die Wirtschaftsleistung der neuen Bundesländer liegt zwar noch immer um etwa ein Drittel hinter dem Westen zurück. Zugleich haben sich das Bruttoinlandsprodukt und die Produktivität im Osten seit 1991 jedoch fast verdreifacht.

Ost-West-Unterschiede

Die Fortschritte im Angleichungsprozess werden in Ostdeutschland zwar überwiegend geschätzt, allerdings nicht immer als ausreichend angesehen. Zudem stehen den Erfolgen auch weniger erfreuliche Entwicklungen gegenüber. Die schwersten Hinterlassenschaften der DDR-Wirtschaft konnten mittlerweile zwar beseitigt werden. Die wirtschaftliche Integration Ostdeutschlands mit dem Ziel einer der westdeutschen Wirtschaft vergleichbaren Leistungskraft ist bis heute jedoch noch nicht erreicht und wird erheblich mehr Mittel und Zeit in Anspruch nehmen, als bei der Wiedervereinigung auch von den meisten Experten erwartet. Auch etliche Jahre nach der Wiedervereinigung gibt es noch beträchtliche Ost-West-Unterschiede; noch ist nicht absehbar, wann die Lücken endgültig geschlossen sein werden. Obwohl die privatwirtschaftliche Umstrukturierung abgeschlossen ist, liegt die Produktivität und die Konkurrenzfähigkeit der Unternehmen zumeist noch deutlich hinter der der westdeutschen.

Ein sich selbst tragender Wirtschaftsaufschwung steht bis heute aus. Zudem fiel der Anpassungsschock nach der Währungs-, Wirtschafts- und Sozialunion härter aus, als gedacht und führte insbesondere zu einer Massenarbeitslosigkeit. In der solcherart einmaligen Arbeitsplatzkrise verschwanden seit 1990 etwa zweieinhalb Millionen Arbeitsplätze. Jeder vierte Arbeitsplatz konnte nur durch arbeitsmarktpolitische Maßnahmen gehalten werden. Im Jahresdurchschnitt 2008 lag die Arbeitslosenquote im Osten bei knapp über dreizehn Prozent und damit mehr als doppelt so hoch wie im Westen. Zum Verlust des Arbeitsplatzes hinzu kommt die psychologische Problematik der Entwertung vieler fachlicher und sozialer Qualifikationen, die eng an das sozialistische System gekoppelt waren, und damit die materielle und moralische Entwertung früherer Lebensleistungen.

Der Historiker Christoph Kleßmann zu Bewertungen des wirtschaftlichen Einigungsprozesses:
»Wer im Osten allzu lautstark die sozialen und ökonomischen Folgen der Einheit kritisiert, was immer noch geschieht, vertieft die bestehenden Differenzen. Allein die alten Bilder des rasanten Verfalls der Städte und der im wörtlichen Sinne atemberaubenden Umweltverschmutzung zu DDR-Zeiten sprechen eine hinreichend deutliche Sprache. Sie sollten nicht einer selektiven Erinnerung zum Opfer fallen. Den Ostalgikern und Sozialpopulisten lässt sich entgegenhalten, was einer, der es wissen musste, nämlich Gerhard Schürer, letzter Chef der Zentralen Plankommission im Oktober 1989, für das harthörige Politbüro bilanzierte: Wenn die DDR nicht ihre Zahlungsfähigkeit einbüßen wolle, müsse der Lebensstandard um ein Drittel heruntergefahren werden, nur um die Verschuldung zu stoppen. Wer sich das konkret ausmalt und in Daten umsetzt, wird schnell bei einer Gesellschaft landen, die Hartz IV-Empfänger als wohlsituierte Leute erscheinen lässt.«
(Christoph Kleßmann, »Deutschland einig Vaterland«? Politische und gesellschaftliche Verwerfungen im Prozess der deutschen Vereinigung, in: Zeithistorische Forschungen 6 (2009), Seite 99 f.)

Die negative Bevölkerungsentwicklung in Ostdeutschland mit der stetigen Abwanderung junger Menschen, die in ihrer Heimat keine beruflichen Perspektiven haben, ist eine zusätzliche Belastung und schränkt die Zukunftschancen der Regionen weiter ein. So sank die Einwohnerzahl in Ostdeutschland vor allem wegen der starken Abwanderung gen Westen zwischen 1989 und 2009 um gut dreizehn Prozent. Die Industrie ist in vielen Bereichen über den Status einer verlängerten Werkbank westlicher Unternehmen nicht hinausgekommen, internationale Großkonzerne kaum vertreten und der Dienstleistungssektor noch nicht hinreichend ausgeprägt.

Das Bruttoinlandsprodukt je Einwohner, mit dem die Wirtschaftsleistung gemessen wird, liegt im Osten Deutschlands nur bei etwas mehr als siebzig Prozent des Pro-Kopf-Bruttoinlandsprodukts im Westen, immerhin waren es 1989 lediglich dreiundvierzig Prozent. Die Einkommen sind entsprechend um circa ein Drittel niedriger. Die Produktivität erreichte 2009 nur etwa achtzig Prozent des westdeutschen Niveaus.

Bruttoinlandsprodukt

	Ostdeutschland		Westdeutschland	
	1991	2009	1991	2009
Absolut (in Milliarden Euro)	107,30	282,30	1 364	2 035
je Einwohner in Euro	7 330	21 760	22 030	31 086
je Erwerbstätiger in Euro	15 785	49 077	45 235	61 947

Arbeitskreis Volkswirtschaftliche Gesamtrechnungen der Länder (VGR) Ostdeutschland und Westdeutschland jeweils ohne Berlin.

Fortsetzung des Aufbau Ost

Auch wenn der Aufbau einer leistungsfähigen Wirtschaft in den neuen Bundesländern in den vergangenen Jahren in beachtlichem Maß vorankam, ist der Transformationsprozess noch nicht bewältigt. Das Ziel des Aufbau Ost, ein im Osten sich mehr und mehr selbst tragendes Wirtschaftswachstum zu erzeugen, konnte bislang nicht erreicht werden. »Der Anpassungsprozess ist ein Marathonlauf und nicht – wie viele anfangs glaubten – ein kurzer 100-Meter-Sprint«, stellte der damalige sächsische Finanzminister Georg Milbradt 1997 fest. Für die Angleichungen waren und sind weiterhin riesige Transfers zu leisten. Die neuen Bundesländer und Kommunen haben noch lange nicht das Steueraufkommen, um ihre Aufgaben aus eigener Kraft erfüllen zu können. Die Solidarität der Menschen im Westen bleibt weiterhin unverzichtbar.

Die Ostdeutschen haben sich mit der Friedlichen Revolution nicht nur die Freiheit erkämpft und die Grundlagen für die deutsche Einheit geschaffen. Mit der Einführung der sozialen Marktwirtschaft haben sich seit 1990 auch ihre materiellen Lebensbedingungen enorm verbessert. Im Vergleich zu den anderen Transformationsländern Ostmitteleuropas hat sich Ostdeutschland durch die westdeutsche Hilfe gar einen gewaltigen

Vorsprung erarbeitet. So liegt etwa die Wirtschaftsleistung in Tschechien oder Ungarn nur halb so hoch. Zwar wurden die Schwierigkeiten und die Dauer der Transformation von der Plan- zur Marktwirtschaft sowie die Annäherung der Lebensverhältnisse zwischen dem Westen und dem Osten Deutschlands in ihrer zeitlichen Dimension anfangs erheblich unterschätzt, gemessen aber an den Ausgangsbedingungen einer weitgehend kollabierten DDR-Wirtschaft ist der Aufbau Ost – trotz aller noch nicht vollständig bewältigten Probleme und der damit verbundenen anhaltenden Herausforderungen – durchaus als Erfolg zu bezeichnen.

Innere Einheit

Heute stimmen die politischen, wirtschaftlichen, sozialen und gesellschaftlich-kulturellen Strukturen in Deutschland überein; die Vereinigung kann als gelungen bezeichnet werden. Dennoch erscheint sie vielen Deutschen als unvollendet.

Fehlendes Zusammengehörigkeitsgefühl

Vor allem im mentalen Bereich hat die jahrzehntelange Teilung ihre Spuren hinterlassen. Die Alltagserfahrungen und Prägungen aus der Zeit vor 1989 wirken bis heute nach. Das Verhältnis der Menschen in der alten Bundesrepublik zur DDR war vor allem bei jenen, die dort keine Verwandten und Freunde hatten, überwiegend durch Gleichgültigkeit geprägt. Italien oder Frankreich lagen ihnen näher als der andere deutsche Staat. In Ostdeutschland wiederum meinen viele Menschen, ihr Leben sei nur geringfügig durch Diktatur, Staatssicherheitsdienst sowie Mauer und Stacheldraht belastet gewesen. Sie verweisen auf Arbeitsplatzsicherheit, niedrige Preise und Mieten, genügend Einrichtungen zur Kinderbetreuung, eine geringe Kriminalitätsrate, gutnachbarlichen Zusammenhalt und soziale Gleichheit, ohne die politischen, wirtschaftlichen und sozialen Hintergründe sowie die Auswirkungen dieser Zustände zu reflektieren. So fehlt es den Deutschen in Ost und West scheinbar an einer gemeinsamen Identität, die ein umfassendes Zusammengehörigkeitsgefühl möglich macht.

> Lothar Fritze, Mitarbeiter am Hannah-Arendt-Institut für Totalitarismusforschung an der Technischen Universität Dresden, schreibt zum Phänomen DDR-Nostalgie:
> »Sehnsucht nach Vergangenem tritt in mindestens zweierlei Form auf: Man kann sich die vergangene Zeit gleichsam ›mit Haut und Haaren‹ zurückwünschen, also wünschen, daß alles so geblieben wäre oder wiederkäme; oder aber man wünscht sich bestimmte Aspekte dieser

Zeit zurück, man glaubt, diese hätten nicht verloren gehen sollen, oder sie mögen zurückgewonnen werden.
Die hier vertretene These ist, daß DDR-Nostalgie in der ersten Form als politisch beachtenswertes Bewußtseinsphänomen nicht existiert. Es gibt unter den früheren DDR-Bürgern keine gesellschaftlich relevante Anzahl von Menschen, die sich die früheren Verhältnisse in der DDR, einschließlich des politischen Systems, zurückwünschten. [...] Dies allerdings schließt ganz und gar nicht aus, daß bestimmte Aspekte oder Teilaspekte der DDR-Realität – auch und vielleicht gerade retrospektiv – positiv bewertet werden. Gestützt auf entsprechende Urteile oder Einstellungen sind ›nostalgische‹ Wünsche denkbar und tatsächlich auch anzutreffen. Wer – anstelle von diffuser Verklärung – konkrete Merkmale der DDR-Realität positiv bewertet, hat offenbar Gründe für die Annahme, daß die entsprechenden sozialen Verhältnisse geeignet wären, bestimmte eigene Bedürfnisse besser zu befriedigen. Will man in diesem Zusammenhang unbedingt von ›Nostalgie‹ reden, sollte zumindest der rationale Charakter einer solchen Orientierung betont werden.«
(Lothar Fritze, Identifikation mit dem gelebten Leben. Gibt es DDR-Nostalgie in den neuen Bundesländern?, in: ders., Die Gegenwart des Vergangenen. Über das Weiterleben der DDR nach ihrem Ende, Weimar 1997, Seite 94 f.)

Verklärung der Vergangenheit

Dass sich Vergangenheit verklärt, ist menschlich und hat nichts mit einem neuen Ost-West-Gegensatz zu tun. Die Tendenz, einzelne, aus dem Zusammenhang gelöste Lebensumstände in der DDR heute positiv zu bewerten, bedeutet keine grundsätzliche Befürwortung des SED-Staates. Der Systemwechsel von 1989/90 führte bei den Ostdeutschen zu einem weitgehenden Zusammenbruch des vertrauten Lebensalltags sowie zu einer gefühlten Entwertung der eigenen Geschichte. So sehr man sich das Ende der DDR ersehnt und erkämpft hatte, so schwierig war es doch, sich plötzlich in völlig veränderten Lebensumständen zurechtzufinden. Viele Menschen fühlten sich zeitweise wie Fremde im eigenen Land. Verklärt wird heute nicht das diktatorische politische System, sondern halbwegs funktionierende Elemente des Alltags. Die Ostalgie ist oftmals eher die Sehnsucht nach einer DDR, wie sie nie war, wie sie aber – gemessen an den Problemen der Gegenwart – hätte gewesen sein können. Sie ist ein Versuch der Selbstbehauptung durch den Rückzug auf vertraute Identitäten. Die Kritik an gegenwärtigen Zuständen ist dabei nicht automatisch mit dem Wunsch nach einer Rückkehr des Ver-

Einstellungen zur Wiedervereinigung in Ost- und Westdeutschland

	Zustimmung (in Prozent)	
	West	Ost
Die Friedliche Revolution war ein Glücksfall in der deutschen Geschichte.	80	81
Alles in allem ist die Wiedervereinigung erfolgreich verlaufen.	67	66
Die Hoffnungen der Ostdeutschen auf Freiheit und Demokratie sind erfüllt worden.	67	54
Den Ostdeutschen geht es nach der Wiedervereinigung auch materiell besser.	64	48
Die Angleichung der Lebensverhältnisse in Ost und West ist in den letzten Jahren vorangekommen.	59	40

Zitiert nach: Viola Neu, Das Geschichtsbild der Deutschen 20 Jahre nach dem Fall der Mauer. Analysen und Argumente, Ausgabe 69, hrsg. von der Konrad-Adenauer-Stiftung, Berlin 2009, Seite 9–11.

gangenen verbunden. Wer sich heute – gleichgültig in welcher Region Deutschlands – nach alten Zeiten zurücksehnt, tut dies in der beruhigenden Gewissheit, dass sich das Rad der Geschichte nicht zurückdrehen lässt. Denn trotz aller Unterschiede zwischen Ost und West, trotz aller Probleme, unter denen vornehmlich die Ostdeutschen zu leiden haben: Zurück zur DDR will der überwiegende Teil der Menschen nicht. So bewerten Ost- und Westdeutsche in den verschiedenen Umfragen regelmäßig zu fast neunzig Prozent die Vereinigung Deutschlands als positives Ereignis.

Neue Vorurteile

Zu den alten Prägungen kommen manche Ressentiments gegenüber den Bewohnern des jeweils anderen Landesteils, die sich erst nach der Einheit herausgebildet haben. Während viele Ostdeutsche eine vermeintliche oder tatsächliche Bevormundung durch arrogante, taktlose und oft ahnungslose Westdeutsche kritisieren, ärgern sich diese mitunter über die angebliche Naivität, Larmoyanz und Anspruchshaltung der Ostdeutschen. Vor diesem Hintergrund meint der deutsch-amerikanische Historiker Konrad H. Jarausch, »erst die Überwindung der Teilung [hat] die alte Zonengrenze zu einer neuen Bruchlinie innerhalb Deutschlands gemacht«; »Einheitsfrust« (Mathias Wedel) mache sich mitunter breit, manche sprechen gar von einer »Vereinigungskrise« (Jürgen Kocka).

Der „Trabbicedes“ als Symbol der geglückten Einheit? Ein Beitrag zum studentischen Gestaltungswettbewerb „geschichts-codes: Wir sind ein Volk“ der Bundesstiftung zur Aufarbeitung der SED-Diktatur 2005.

Innere Einheit

Tatsächlich bestehen zwischen Ost- und Westdeutschland materielle und psychosoziale Unterschiede. Doch die vielbeschworene innere Einheit ist mittlerweile ein Schlagwort mit diffusem Inhalt geworden. Denn durch die Verwendung eines unklaren Begriffs kann »die Messlatte so hoch angesetzt werden, dass jeder Fortschritt unzureichend erscheint. Insofern eignet sich die populäre Wendung geradezu als Delegitimierungsinstrument der Einheit. Die Theorie lässt sich gegen die Praxis ausspielen, wie immer sie ausfällt«, so formulierten es die Politikwissenschaftler Ralf Altenhof und Eckhard Jesse.

Unterschiedliche Positionen

Ob die innere Einheit in der Folge der staatlichen Einheit mittlerweile erfolgreich hergestellt ist, darüber gehen die Meinungen in Politik, Medien und Wissenschaft auseinander. Die einen machen grundlegende mentale Differenzen zwischen Ost- und Westdeutschen aus, die auf unterschiedlichen politisch-kulturellen Prägungen in einer freiheitlichen Demokratie auf der einen und in einer sozialistischen Diktatur auf der anderen Seite in den letzten vierzig Jahren beruhen. So unterschieden sich die Ostdeutschen von den Westdeutschen in den Erwartungen an den Staat, der Zuschreibung von Verantwortung für die eigene soziale Lage und der Akzeptanz der liberalen Demokratie. Besondere Betonung liegt dabei auf dem Spannungsfeld zwischen Freiheit und Gleichheit. Aufgrund historischer Prägungen aus DDR-Zeiten betonen die Ostdeutschen stärker die Bedeutung von Gleichheit und sozialer Gerechtigkeit und halten individuelle Freiheitsrechte für weniger wichtig. Diese prinzipiell unterschiedlichen Einstellungen, Wertepräferenzen und Verhaltensweisen würden das Entstehen eines gemeinsamen Zusammengehörigkeitsgefühls erschweren.

Andere sehen die vorhandenen Differenzen als unerheblich an. Sie betonen nicht das Trennende, sondern das Gemeinsame zwischen beiden Landesteilen und folgern daraus, die innere Einheit Deutschlands sei bereits weitgehend erreicht. Bezugsebene für die innere Einheit müsse die allgemeine Anerkennung grundlegender Werte und Verfassungsprinzipien sein. Neben der gegebenen Akzeptanz der politisch-institutionellen und sozialen Ordnung der Bundesrepublik in allen Teilen Deutschlands wird auch ein grundlegender Wille zum gemeinsamen Zusammenleben betont. Wo die Einstellung noch Unterschiede zwischen Ost und West aufweise, sei dies nur Ausdruck der aktuellen Problemlagen, nicht aber ein Indiz für grundlegende Differenzen. Die Vertreter dieser These bestreiten nicht die Herausbildung einer ostdeutschen Identität; diese beruhe jedoch nicht auf prinzipiellen Wertedifferenzen zu den Westdeutschen. Wenn die Ostdeutschen sich als Bürger zweiter Klasse fühlten, habe dies vor allem mit einer ökonomisch weniger zufriedenstellenden Lage (Arbeitslosigkeit, geringe Löhne und Gehälter, negative Konjunkturerwartungen) zu tun. Die Herstellung der inneren Einheit sei in erster Linie eine Frage der Angleichung der Lebensverhältnisse, die sich mit der Zeit erledigt haben dürfte. Diese Position wird gestützt durch Umfrageergebnisse und Beobachtungen, die belegen, dass Benachteiligungsgefühle in Ostdeutschland stärker in der älteren Generation mit DDR-Sozialisation zu finden sind. Junge Menschen, die aufgrund ihres Alters kaum oder keine Erinnerungen an den SED-Staat haben, beurteilen demnach die deutsche Einheit, die Entwicklung seit dem Mauerfall und ihre heutige Situation weitaus positiver als die mittleren und älteren Jahrgänge. Für sie ist die Wiedervereinigung weitgehend selbstverständlich geworden. Bei ihren Eltern und Großeltern ist das emotionale Empfinden und Erinnern dagegen noch ausgeprägt.

Vielfalt in Deutschland

Was immer unter der inneren Einheit zu verstehen ist, eine Gleichmacherei kann nicht gemeint sein. Gleichheit besteht auch in Westdeutschland nicht. Es kann nicht darum gehen, die wiedergewonnene Vielfalt im größer gewordenen Deutschland durch Uniformität zu ersetzen; zeichnet sich das Land doch traditionell durch seine landsmannschaftliche Vielfalt aus. Sie einzuebnen, besteht keine Veranlassung. Eine generelle

Die DDR ist Geschichte. Die »Säulenheiligen« des SED-Staates wurden abgebaut: Das Lenin-Denkmal auf dem gleichnamigen Platz in Berlin-Friedrichshain (seit 1992 Platz der Vereinten Nationen) wurde 1991/92 demontiert und am Seddinberg bei Müggelheim (Brandenburg) gelagert.

und vollständige Angleichung von Mentalitäten, Lebensweisen und politischen Orientierungen ist mit der gewachsenen Pluralität in Deutschland ohnehin nicht in Einklang zu bringen. Mentalitätsunterschiede existieren nicht nur zwischen Ost- und Westdeutschland, es gibt sie genauso innerhalb des Ostens oder des Westens. Während Erstere in den Medien beständig thematisiert und problematisiert werden, gelten Letztere als selbstverständlich. Gleichwohl existieren auch viele Gemeinsamkeiten in politischen Einstellungen und gesellschaftlichen Auffassungen, sowohl bei persönlichen Wertorientierungen als auch bei den politischen Grundüberzeugungen, den meisten tagesaktuellen Ansichten sowie bei der Bewertung der grundsätzlichen Bedeutung politischer Probleme.

Vollendung der Einheit

Richard Schröder, Theologe und Philosoph sowie 1990 SPD-Fraktionsvorsitzender in der frei gewählten Volkskammer der DDR, zum Stand der inneren Einheit:
»Journalisten fragen mich oft, wann denn die deutsche Einheit vollendet sei. Wer Fragen stellt, sollte sich vorher klarmachen, welche Ant-

worten möglich sind. Wie würde denn die vollendete deutsche Einheit aussehen, auf die da gewartet wird? Alle ein Herz und eine Seele? War denn die Einheit der Bundesrepublik vor dem Beitritt in diesem Sinne vollendet? Die großen Demonstrationen um die Notstandsgesetzgebung, die Nachrüstung, die Atomkraft, der Streit zwischen den Parteien, die Unterschiede zwischen Bayern und Ostfriesen sehen nicht nach vollendeter Einheit aus. [...] Das Warten auf die Vollendung der deutschen Einheit folgt einer Fata Morgana. Ein Werk, namentlich ein Kunstwerk kann vollendet sein oder unvollendet, wie Schuberts Unvollendete. Menschliche Beziehungen aber nie. Wann ist denn eine Ehe vollendet zu nennen? Wenn beide in Eintracht gestorben sind. Nur Beendetes kann vollendet sein. Solange die Beteiligten leben, ist eine Beziehung nie vollendet, sondern auf gutem oder schlechtem Wege, und was übermorgen geschieht, können sie heute nicht wissen. Die deutsche Einheit ist auf gutem Wege, aber nicht automatisch. Wie bei einem Haus, einem Garten oder einem Haushalt gibt es immer was zu tun, zu erhalten, zu pflegen, zu reparieren. Wer damit aufhört, weil das Haus oder der Garten nun vollendet sei, wird sich nicht lange der Vollendung freuen. Das nächste Unkraut kommt bestimmt und irgendwann fehlt ein Dachziegel. Also bitte: Nehmen wir die anstehenden Aufgaben war und träumen nicht länger von einer imaginären vollendeten Einheit.«
(Richard Schröder, 20 Jahre Herbstrevolution, in: Mitteldeutsche Zeitung vom 28. 10. 2009.)

Die Folgen der vierzigjährigen Existenz zweier deutscher Staaten unter gegensätzlichen gesellschaftlichen Verhältnissen sind nicht von heute auf morgen zu beseitigen. Dazu bedarf es längerer Zeiträume. Vier Jahrzehnte von SED-Diktatur und deutscher Teilung sind eine zu lange Zeit, als dass sich mit der Veränderung der politischen und institutionellen Rahmenbedingungen auch die Denk- und Verhaltensweisen der Menschen von einem Tag auf den anderen hätten wandeln können. Bestimmte ost- und westdeutsche Prägungen lassen sich nicht einfach ändern. So, wie die Wirkungen des Lebens in einer Diktatur nicht innerhalb einer kurzen Zeit zu überwinden sind sowie die in der DDR über Jahrzehnte propagierten Wertvorstellungen im Osten teilweise noch heute wirken und sich mit gegenwärtigen individuellen Alltagserfahrungen vermischen, so wird sich das in weiten Teilen der westdeutschen Bevölkerung verbreitete Desinteresse an den Entwicklungen und Problemen des Ostens noch lange halten. Umso mehr gilt es, Brücken zwischen den Menschen zu bauen, die

Zusammengehörigkeitsgefühl der Deutschen

Wie nahe stehen sich West- und Ostdeutsche heute?

Angaben in Prozent

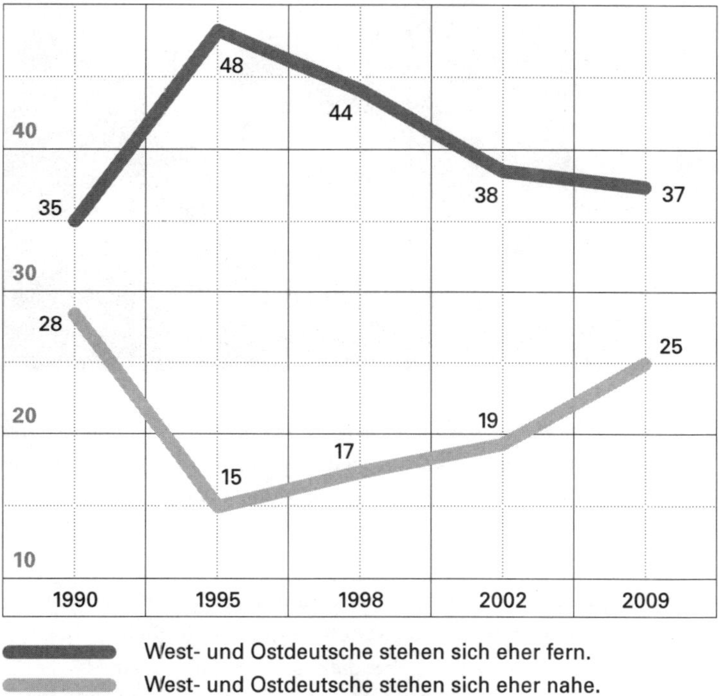

Nach: Umfragen des Instituts für Demoskopie Allensbach, 2009.

gegenseitige Fremdheit zu überwinden und durch einheitliche Lebensbedingungen das Zusammenwachsen Deutschlands weiterhin zu fördern.

Aufarbeitung der DDR-Vergangenheit

Von besonderer Bedeutung für diesen Prozess ist die sachliche, kritische Aufarbeitung der Vergangenheit des SED-Staates. Mit dem Untergang der DDR stand Deutschland zum zweiten Mal innerhalb eines halben Jahrhunderts vor der Aufgabe, sich auf politischem, geistigem und juristischem Gebiet mit einer diktatorischen Vergangenheit auseinanderzusetzen. Dabei sind Politik, Medien und Wissenschaft in gleicher Weise gefordert. Die Geschichte der DDR spielt in der Öffentlichkeit und in den Medien nach wie vor eine wichtige Rolle. Die ostdeutschen Bürger hatten schon frühzeitig die Aneignung ihrer selbsterlebten Geschichte in den Blick genommen. Der Slogan »Meine Akte gehört mir«, den die Besetzer

»Die DDR hat's nie gegeben.« Spruch an den letzten Fundamenten des Palastes der Republik auf dem Schlossplatz in Berlin-Mitte 2009. Die Erinnerungen an die DDR sind so vielfältig wie die Mythen über sie.

der Kreis- und Bezirksdienststellen des Staatssicherheitsdienstes Anfang Dezember 1989 proklamierten, war ein besonders sinnfälliges Beispiel für das Verlangen nach Hoheit über die eigene Vergangenheit.

Intensiver als in den frühen Nachkriegsjahren im Hinblick auf die Zeit des Nationalsozialismus setzte nach 1989 die wissenschaftliche Aufarbeitung der Geschichte der DDR ein. Die DDR- und die vergleichende Deutschlandforschung erlebten mit dem Ende des zweiten deutschen Staates sowie der Öffnung der östlichen Archive und der damit einhergehenden Verbesserung der Quellenlage eine unerwartete Renaissance.

Enquête-Kommission zur SED-Diktatur

Die Politik reagierte ebenfalls. Schon bald kristallisierte sich im ersten gesamtdeutschen Bundestag die Erkenntnis heraus, dass die Geschichte der zusammengebrochenen DDR umfassend analysiert werden müsse, um die Schwierigkeiten des Einigungsprozesses einschätzen und die gemeinsame Zukunft gestalten zu können. Mit dieser Aufgabe betraute das Parlament 1992 die Enquête-Kommission Aufarbeitung von Geschichte und Folgen der SED-Diktatur in Deutschland, der Vertreter der Parteien und Sachverständige aus Ost und West angehörten. In der darauffolgenden Legislaturperiode setzte das Gremium seine Arbeit von 1995 bis 1998 unter dem Namen »Überwindung der Folgen der SED-Diktatur im Prozess der deutschen Einheit« fort. Zum ersten Mal seit seinem Bestehen erklärte sich damit das politische Zentrum der Bundesrepublik zuständig für die politisch-historische Aufarbeitung einer Epoche deutscher Geschichte. Die Auseinandersetzung mit der zweiten Diktatur in Deutschland im 20. Jahrhundert wurde damit zu einer gesamtstaatlichen und gesamtgesellschaftlichen Aufgabe.

Stichwort Enquête-Kommission

Enquête-Kommissionen sind Organe des Deutschen Bundestages. Sie setzen sich aus Parlamentariern, Wissenschaftlern und anderen Sachverständigen zusammen. Sie sollen zu den ihnen vorgegebenen Themen Material zusammentragen und auswerten, um gesetzgeberische Entscheidungen in umfangreichen und bedeutsamen Sachkomplexe langfristig vorzubereiten. Die Tätigkeit der Enquête-Kommissionen soll das Parlament in die Lage versetzen, frühzeitig gesellschaftliche Anforderungen zu erkennen, einzelne Gesetzesvorhaben und Aufgabenbündel planerisch besser abzustimmen, die Qualität der Gesetzgebungsarbeit zu verbessern und dadurch die Stellung des Bundestages gegenüber Regierung und Öffentlichkeit zu stärken. Durch das gleichberechtigte Zusammenwirken von Abgeordneten und Fachleuten wird der in Wissenschaft und Praxis vorhandene Sachverstand für die Parlamentsarbeit fruchtbar gemacht. Enquête-Kommissionen sind wohl die intensivste Form direkter Politikberatung, die es auf Bundesebene gibt.

Die erste Enquête-Kommission zur SED-Diktatur war damit befasst, zunächst einmal Wissen über die DDR zusammenzutragen, historische Entwicklungen, Hintergründe und Zusammenhänge der SED-Herrschaft aufzuzeigen und ihre Auswirkungen auf die Gegenwart zu klären. Der zweiten Kommission ging es vor allem darum, eine erste Bilanz des bisherigen Aufarbeitungsprozesses zu ziehen, Erkenntnisse für die Politik zur Herstellung der inneren Einheit zu gewinnen und auf die Zukunft ausgerichtete Empfehlungen zu erarbeiten, wie mit den Erblasten und Hinterlassenschaften der DDR-Vergangenheit im vereinten Deutschland umgegangen werden solle.

Bundesstiftung Aufarbeitung

Der Deutsche Bundestag hat auf Vorschlag der Enquête-Kommission 1998 beschlossen, eine selbstständige Bundesstiftung einzurichten mit dem Auftrag, sich nachhaltig mit dieser Problematik zu befassen. Die Bundesstiftung zur Aufarbeitung der SED-Diktatur soll auf umfassende Weise eine breite, gesamtgesellschaftliche Auseinandersetzung mit den Ursachen, der Geschichte und den Folgen der kommunistischen Diktatur in der DDR und Mittelosteuropa sowie mit der deutschen und europäischen Teilung einschließlich deren Überwindung fördern sowie den Prozess der deutschen Einheit begleiten. Sie unterstützt die Arbeit von Aufarbeitungsinitiativen und Opferverbänden, fördert die wissenschaftliche und gesellschaftliche Auseinandersetzung mit dem SED-Staat und seinen Folgen und hilft, Dokumente und Materialien des Widerstandes und der Opposition zu sichern, die Erinnerung an die Teilung Deutschlands und an die Opfer des kommunistischen Systems zu bewahren und in der Öffentlichkeit wachzuhalten. Die Bundesstiftung zur Aufarbeitung der SED-Diktatur ist damit ein Akteur im Bereich der Public History, der sich mit vielfachen zeitgeschichtlichen Angeboten an eine breite Öffentlichkeit wendet.

> Der ostdeutsche Historiker Stefan Wolle betont die Notwendigkeit einer vielfältigen, pluralistischen Auseinandersetzung mit der Vergangenheit des SED-Staates:
> »Das Ziel jeder wissenschaftlichen, journalistischen oder musealen Darstellung muss die Verbindung zwischen Alltagsgeschehen, persönlicher Erinnerung und Analyse der Machtstrukturen sein. Ein verordnetes Geschichtsbild, in dem sich die Betroffenen nicht mehr wieder erkennen, ist genauso bedenklich wie ein Bild, das ausschließlich vom Unbehagen an der Gegenwart geprägt ist. Nur in der gegenseitigen Akzeptanz und Ergänzung entsteht ein überzeugendes Bild der Vergangenheit. Solche Bilder sind im Sinne von Jürgen Habermas Resultate kommunikativen Handelns – oder einfacher ausgedrückt des Gesprächs zwischen Ost und West, zwischen Beteiligten und Nachgeborenen und schließlich auch zwischen jenen, die die DDR als ihren Staat gesehen haben, und jenen, die ihn abgelehnt haben.«
> (Stefan Wolle, 20 Jahre nach der Friedlichen Revolution in der DDR, hrsg. vom Bundesministerium für Verkehr, Bau und Stadtentwicklung, Berlin 2009, Seite 19.)

Eine gesamtgesellschaftliche Beschäftigung mit der DDR-Vergangenheit kann nicht vom Staat zentral verordnet werden. Sie gelingt nur durch die Aktivitäten und das Zusammenwirken der zahlreichen Aufarbeitungsinstitutionen auf Bundes-, Landes-, regionaler und kommunaler Ebene in öffentlicher und freier Trägerschaft. Erst die enge Verbindung unterschiedlicher Ansätze, verschiedener Motivationen und Interessen führt dabei zu einer Gesamtheit, die die Vielfalt der gesellschaftlichen Aufarbeitung dokumentiert. Es ist auch der Arbeit von Universitäten und Forschungsinstituten, Bildungseinrichtungen, Museen und Gedenkstätten, staatlichen und unabhängigen Archiven, Aufarbeitungsinitiativen und Opferverbänden geschuldet, dass diese Thematik nach wie vor starke öffentliche Aufmerksamkeit erfährt.

Unterlagen des Staatssicherheitsdienstes

Wenn es um die Beschäftigung mit Geschichte und Politik der DDR geht, rückt immer wieder die Behörde der Bundesbeauftragten für die Unterlagen des Staatssicherheitsdienstes der ehemaligen Deutschen Demokratischen Republik (BStU) in den Blick der Öffentlichkeit. Fast vierzig Jahre sammelte das Ministerium für Staatssicherheit (MfS) der DDR im Auftrag der SED mit seinen zuletzt rund neunzigtausend hauptamtlichen und über einhundertsiebzigtausend inoffiziellen Mitarbeitern (IM) Material über Millionen von Menschen, in erster Linie über DDR-Bürger, aber auch über zwei Millionen Westdeutsche und Ausländer. Unzählige Lebensläufe wurden durch den Staatssicherheitsdienst mitgeprägt. Die Staatssicherheit überwachte nicht nur systematisch die Menschen in der DDR. Sie inhaftierte politisch missliebige Personen, beeinflusste den beruflichen Auf- oder Abstieg, nutzte menschliche Schwächen aus und schreckte auch nicht davor zurück, in die Privatsphäre ihrer Opfer vorzudringen. Der Staatssicherheitsdienst hat insgesamt rund einhundertachtzig Kilometer Akten hinterlassen, dazu Hunderttausende Fotos, Filme und Tonbandmitschnitte sowie mehrere tausend Säcke zerrissene Unterlagen.

Erst der Umbruch in der DDR und heftige Proteste der Bürger beendeten die Tätigkeit des Überwachungs- und Spitzelapparates. Als die SED-Regierung bei der Auflösung des Amtes für Nationale Sicherheit, des ehemaligen Ministeriums für Staatssicherheit, zögerte, stürmten Mitte Januar 1990 Demonstranten die Staatssicherheitszentrale in Ost-Berlin. Zuvor waren schon im Dezember 1989 die Stasi-Bezirkszentralen durch Bürgerrechtsgruppen besetzt worden. Nach einer gesetzlichen Regelung des Verbleibs, der Sicherung und Nutzung der Stasi-Akten im Spätsommer 1990 durch die Volkskammer wurde am 20. Dezember 1991 mit dem Stasi-Unterlagen-Gesetz die Behörde des Bundesbeauftragten für die Unterlagen des Staatssicherheitsdienstes der ehemaligen Deutschen Demokratischen Republik (BStU) errichtet. Das Gesetz gibt dem einzelnen Bürger das Recht auf Einsicht in die über ihn gesammelten Informationen, »damit er die Einflussnahme des Staatssicherheitsdienstes auf sein persönliches Schicksal aufklären kann«. Erstmals in der Geschichte sind damit die Akten eines Geheimdienstes für die

Bürger zugänglich gemacht worden. Die Angebote der Stasi-Unterlagenbehörde werden rege genutzt. Jahr für Jahr gehen fast einhunderttausend Anträge auf Akteneinsicht ein. Das Interesse der Menschen bleibt bis heute ungebrochen.

Der Historiker und frühere Mitarbeiter der Stasi-Unterlagenbehörde Klaus-Dietmar Henke hat den gesetzlichen Auftrag zusammengefasst: »Das Gesetz regelt ferner den Zugriff auf die ca. 180 Kilometer MfS-Akten für Rehabilitierung und Wiedergutmachung, die Strafverfolgung, die politische Überprüfung sowie für die zeitgeschichtliche Auseinandersetzung mit der Vergangenheit. In einem historisch und rechtsgeschichtlich einzigartigen Schritt entschied sich ein demokratisches Gemeinwesen, die Geheimpolizei einer überwundenen Diktatur aus dem Dunkel der Konspiration zu holen. Es ist ein Unterfangen, das den Opfern und Verfolgten verpflichtet ist und über die sofortige und unzweideutige Klärung vergangener Sachverhalte zur Aufklärung über die zweite deutsche Diktatur beitragen soll. Es ist zugleich Voraussetzung für eine informierte Debatte über Gefährdung und Zukunft der offenen Gesellschaft.«
Klaus-Dietmar Henke, Staatssicherheit, in: Handbuch zur deutschen Einheit, hrsg. von Werner Weidenfeld und Karl-Rudolf Korte, Bonn und Frankfurt am Main 1996, Seite 651 f.)

Bei der Beschäftigung mit der Geschichte und der Tätigkeit des Ministeriums für Staatssicherheit in der DDR dürfen zwei wichtige Punkte nicht außer Acht gelassen werden: Erstens ist die Aufarbeitung der Stasi-Vergangenheit nicht nur eine ostdeutsche Angelegenheit, sondern betrifft auch viele Menschen in der alten Bundesrepublik. Denn das MfS wirkte nicht nur in der DDR, sondern auch im Westen. Nach bisherigen Erkenntnissen konnte der Staatssicherheitsdienst dort auf insgesamt bis zu zwölftausend inoffizielle Mitarbeiter zurückgreifen. Im Gegensatz zu manch einem in der DDR erklärten sie sich freiwillig und ohne Druck zur Zusammenarbeit bereit.

Stasi als »Schild und Schwert der Partei«

Zum Zweiten muss berücksichtigt werden, dass, bei aller Verwerflichkeit des Verhaltens Einzelner, die Kollegen, Freunde oder Bekannte bespitzelt und verraten haben, die Verantwortung für die Tätigkeit des Staatssicherheitsdienstes bei der SED-Führung lag. Das MfS war in erster Linie von zentraler machtpolitischer Bedeutung für das Regime. Neben den in der DDR stationierten Streitkräften der Sowjetarmee sicherte besonders die Staatssicherheit die Macht der SED und die Existenz des von ihr kontrollierten Staates. Der Geheimdienst war kein eigenständiger »Staat im Staate«. Das MfS verstand sich vielmehr als »Schild und Schwert der Partei«, war also nichts anderes als ein Instrument im Dienste und unter Führung der SED. Die Bewältigung des Unrechts kann nicht auf den Bereich der Staatssicherheit beschränkt werden, ohne die eigentlichen Ursachen, Grundlagen und anderen Instrumente der kommunistischen Diktatur zu berücksichtigen. Nicht nur die inoffiziellen und offiziellen Mitarbeiter des Ministeriums für Staatssicherheit, sondern auch die Angehörigen anderer Institutionen des Unterdrückungsapparates wie etwa Polizei und Justiz sowie zuallererst die Mitglieder der SED-Führung sind die Verursacher und die Verantwortlichen für begangenes Unrecht in der DDR.

Justizielle Aufarbeitung

Die strafrechtliche Aufarbeitung des Unrechts begann schon im letzten Jahr der DDR. Die Ahndung von Partei- und Staatskriminalität begann als ein Selbstreinigungsprozess, sie wurde nicht vom Westen aufgezwungen. Viele Verfahren setzte die gesamtdeutsche Justiz ab dem 3. Oktober 1990 fort, zahlreiche neue kamen hinzu. Bei der Strafverfolgung ging es vor allem um Gewalttaten an der innerdeutschen Grenze, Rechtsbeugung, Wahlfälschung, Korruption und Amtsmissbrauch, Vermögensdelikte im Zusammenhang mit Ausreisen von DDR-Bürgern, Straftaten des Staatssicherheitsdienstes und Wirtschaftsdelikte bei der deutschen Vereinigung. Seit 1989/90 wurde gegen etwa einhunderttausend Personen wegen DDR-Unrechts ein Ermittlungsverfahren eingeleitet. In circa eintausenddreihundert Fällen kam es zur Eröffnung eines gerichtlichen Hauptverfahrens. Nur etwas mehr als siebenhundertfünfzig Männer und Frauen wurden schließlich rechtskräftig verurteilt; nur gegen vierzig Personen wurde eine Freiheitsstrafe ohne Bewährung verhängt. Das letzte Verfahren endete im Jahr 2005. Im Einigungsvertrag war festgelegt worden, dass eine Strafverfolgung für politische Vergehen ausschließlich auf der Basis der Gesetze der DDR möglich sein sollte. Die zu ahndenden Taten mussten damit schon zum Zeitpunkt ihrer Begehung nach DDR-Recht strafbar gewesen sein. Dieses am Grundgesetz der Bundesrepublik orientierte sogenannte Rückwirkungsverbot hat die strafrechtliche Verfolgung der alten Elite deutlich eingeschränkt.

Die justizielle Behandlung der DDR-Regierungskriminalität ist nicht unumstritten. Die Beschuldigten wehrten sich gegen die Verfahren, sprachen von »Siegerjustiz« des Westens und griffen damit einen Begriff auf, der sich nach 1945 gegen die alliierten Besatzungsmächte gerichtet hatte. In den Denkkategorien des untergegangenen Staates verhaftet, sehen sie die Justiz als politisches Instrument, um die DDR zu kriminalisieren und zu delegitimieren. Angesichts der geringen Verurteilungszahlen – die Verurteilungsquote liegt bei 0,7 Prozent – ist der Vorwurf der »Siegerjustiz« nicht zu halten. Vor allem ehemalige Opfer, die durch die Verfahren auf späte Gerechtigkeit hofften, beklagten eine nachlässige und schleppende Strafverfolgung. Für viele ehemals Verfolgte bedeuteten die vergleichsweise wenigen Urteile mit geringen Strafen eine Kapitulation des gesamtdeutschen Rechtssystems vor dem SED-Unrecht. Gerade für sie erweist es sich als Problem, dass nicht jede Schuld strafrechtlich geahndet werden kann. »Wir wollten Gerechtigkeit und bekamen den Rechtsstaat«, kommentierte die frühere DDR-Bürgerrechtlerin Bärbel Bohley.

Welchen Beitrag konnte die Justiz zur Aufarbeitung der DDR-Vergangenheit leisten? Vor allem ging es in den Verfahren um die strafrechtliche Verfolgung und Bestrafung der Täter. Das vereinigte Deutschland hat sich dabei in einer Konsequenz, die für die Opfer vor dem Hintergrund ihrer Leidensgeschichte oft nur schwer nachvollziehbar war, an rechtsstaatliche Grundsätze gehalten. Im Mittelpunkt stand die Verstrickung Einzelner in die Diktatur, die Überprüfung ihrer individuellen Schuld und Verantwortung für nachweisbare Straftaten. Mit den Verfahren gegen Mauerschützen und ihre Befehlsgeber genauso wie gegen ehemalige Richter und Staatsanwälte sowie Mitglieder der SED-Führung ist gleichzeitig klargestellt worden, dass niemand außerhalb des Rechts steht und niemand sich auf das selbst gesetzte Recht berufen kann, durch das grobe Menschenrechtsverletzungen gesetzlich abgesichert worden sind. Wer im System Verantwortung für begangenes Unrecht getragen hat, kann dafür zur Rechenschaft gezogen werden. Auch wenn es immer nur um die Schuld des einzelnen Angeklagten ging, wurde durch diese Verfahren auch der Unrechtscharakter der DDR deutlich. Das Bild der SED-Diktatur hat durch diese Verfahren klarere Konturen erhalten.

Rehabilitierung der Opfer

Die strafrechtliche Verfolgung sowie moralische Ahndung von Unrecht, das in Diktaturen begangen wird, gehört zu den größten Herausforderungen demokratischer Systeme. Der SED-Staat vertrieb Millionen aus ihrer Heimat und brachte rund zweihunderttausend Menschen aus politischen Gründen in die Gefängnisse. Zahlreiche Todesopfer sind zu beklagen; Tausende litten an außerrechtlicher Verfolgung und vielfach an diskriminierender Benachteiligung. Neben der Verurteilung der Täter hat vor allem die Wiedergutmachung des Unrechts und die Rehabilitierung der Opfer eine zentrale Bedeutung bei der Aufarbeitung von Diktaturen. Der staatlichen Fürsorge für jene Menschen, die Opfer politischer Verfolgung wurden oder als Widerständige sich dem diktatorischen Regime der DDR entgegenstellten und dafür ihren Preis in Form von Haft, Verfolgung und Benachteiligung zu zahlen hatten, kommt eine große Bedeutung zu.

Die Anfänge der strafrechtlichen Verfolgung des SED-Unrechts sowie der Rehabilitierung der Opfer erfolgten bereits Ende 1989 durch die DDR-Justiz; ebenso wurde noch durch die DDR-Volkskammer am 6. September 1990 ein erstes eigenständiges Rehabilitierungsgesetz verabschiedet. Teile davon wurden durch den Einigungsvertrag in bundesdeutsches Recht übernommen. Am 4. November 1992 trat mit dem Strafrechtlichen Rehabilitierungsgesetz eine grundlegende Neuregelung in Kraft. Ihm folgten 1994 das Verwaltungsrechtliche und das Berufliche Rehabilitierungsgesetz. Diese drei SED-Unrechtsbereinigungsgesetze eröffnen den Opfern von Willkürakten und Verfolgungsmaßnahmen des SED-Regimes die Möglichkeit, sich vom Makel persönlicher Diskriminierung zu befreien und Ausgleichsleistungen in Anspruch zu nehmen. Ehemalige politische Häftlinge können rehabilitiert werden und unter bestimmte Voraussetzungen eine materielle Entschädigung (»Opferpension«) erhalten. Ebenfalls aufgehoben werden können aufgrund von politischer Verfolgung durchgeführte rechtsstaatswidrige Verwaltungsmaßnahmen wie beispielsweise Vermögensentzug. Schließlich werden auch berufliche Benachteiligungen durch soziale Ausgleichsmaßnahmen abgemildert. Bei diesen Maßnahmen geht es nicht nur darum, Nachteile für die Betroffenen auszugleichen. Es wird zudem das Anliegen verfolgt, Opposition und Widerstand gegen die Diktatur sowie den mutigen Einsatz vieler Menschen für Freiheit und Demokratie angemessen und sichtbar zu würdigen.

Schülerwissen über die DDR

Die Aufarbeitung der DDR-Vergangenheit ist ein gesamtgesellschaftlicher Prozess. Politik, Wissenschaft, Justiz, Medien sowie die schulische und außerschulische politische Bildung müssen dabei zusammenwirken. Verschiedene Umfragen und Studien haben deutlich gemacht, dass gerade bei jungen Deutschen erhebliche Defizite im Wissen und im Einschätzungsvermögen über die DDR, die deutsche Teilung und deren Überwindung bestehen. Historische Sachverhalte können nur unzureichend benannt werden, Personen, Ereignisse, Zusammenhänge und Hintergründe aus der Zeit zwischen 1945 bis 1990 sind unbekannt, die Vergangenheit wird teilweise verklärt. Geschichtswissen und -bilder speisen sich bei der nachwachsenden Generation aus unterschiedlichen Quellen: aus Erzählungen von Eltern, Familien und sozialem Umfeld, aus den Medien und aus dem Besuch von Museen und Gedenkstätten. Ein wesentlicher Grundstein politisch-historischer Bildung wird jedoch im Schulunterricht gelegt. Hier müssen sich Lehrer und Schüler mit vorhandenen Erinnerungsbildern, kontroversen Deutungen in der Wissenschaft und Interpretationen

Befragung von Schülern zur DDR-Geschichte im Unterricht

	Angaben in Prozent	
Wie bewerten Sie die Auffassung, dass für die deutsche Geschichte seit 1945 mehr Unterrichtszeit zur Verfügung stehen sollte?	keine Angabe	5,3
	unwichtig	4,6
	eher unwichtig	11,9
	eher wichtig	40,2
	sehr wichtig	38,1
Für wie wichtig halten Sie die Auseinandersetzung mit der DDR-Geschichte im schulischen Unterricht?	keine Angabe	4,2
	unwichtig	3,4
	eher unwichtig	8,1
	eher wichtig	38,3
	sehr wichtig	46,0
Wie sehen Sie die Aufgabe, die Geschichte der DDR in der Verbindung mit der BRD-Geschichte als eine gesamtdeutsche Geschichte im Unterricht darzustellen?	keine Angabe	5,0
	unwichtig	3,9
	eher unwichtig	16,6
	eher wichtig	46,6
	sehr wichtig	28,0
Hilft Ihnen Ihr Wissen zur Nachkriegszeit in Deutschland auch beim Verständnis der Gegenwart?	keine Angabe	5,0
	trifft gar nicht zu	5,4
	trifft eher nicht zu	23,9
	trifft eher zu	44,7
	trifft voll zu	21,0

Welche Quellen haben Ihre Meinungen und Auffassungen zur DDR wesentlich geprägt?	keine Angabe	trifft gar nicht zu	trifft eher nicht zu	trifft eher zu	trifft voll zu
1. die Gespräche mit Eltern und Freunden	6,1	15,5	21,9	31,9	24,5
2. die Verbindung zu Zeitzeugen	6,7	19,9	25,5	28,6	19,2
3. jüngste Filme und Fernsehbeiträge	6,4	6,8	18,0	47,1	21,8
4. die Darstellung der DDR in der Literatur	7,1	16,7	38,9	28,3	9,1
5. neue Medien und die Computerwelt	7,3	22,7	37,7	23,5	8,8
6. der schulische Unterricht	6,8	13,9	19,2	39,2	20,9
7. der Besuch von Museen und Gedenkstätten	6,7	19,6	29,1	30,6	14,0

Quelle: DDR-Geschichte im Unterricht. Schulbuchanalyse – Schülerbefragung – Modellcurriculum, hrsg. von Ulrich Answald u. a., Berlin 2006, Seite 139 ff.

in den Medien auseinandersetzen. Es ist wichtig, in Schule und Unterricht komplexe historische Sachverhalte, Zusammenhänge und Orientierungen zu vermitteln sowie den Jugendlichen die Lebenswelten in Ost und West erfahrbar zu machen. Das Interesse an der deutschen Nachkriegsgeschichte ist bei den Schülern, wie die Umfragen zeigen, vorhanden. Sie wollen in der Schule erfahren, was es bedeutet hat, im geteilten Deutschland zu leben, wie die SED-Diktatur funktioniert hat und welche Lebensumstände ihre Eltern und Großeltern geprägt haben. Eine solche aktive Erinnerungsarbeit kann gleichzeitig Demokratiebewusstsein vermitteln. Die Jugendlichen erfahren auf diesem Weg, welchen Wert die Demokratie hat, was sie von einer Diktatur unterscheidet und was dafür getan werden muss, um die Demokratie zu erhalten und zu stärken.

Die Aufarbeitung der kommunistischen Vergangenheit durch Gesellschaft, Politik und Wissenschaft hat in Deutschland eine Breite und Intensität erlangt wie wohl in keinem anderen Land. Sie konnte dabei auf einer Aufarbeitungspraxis und -kultur aufbauen, die sich bei der Beschäftigung mit der NS-Diktatur in der Nachkriegsepoche herausgebildet hatte. Der britische Historiker Timothy Garton Ash hat die Deutschen gar als »Weltmeister« der Aufarbeitung von Vergangenheit bezeichnet. Nach wie vor bleibt es von herausragender Bedeutung, einem Verblassen der Erinnerung, einer Verharmlosung der Diktatur und dem Verschieben von Maßstäben entgegenzuwirken. Neben der wissenschaftlichen und gesellschaftlichen Auseinandersetzung mit dem SED-Staat geht es auch darum, die Aufmerksamkeit auf die Aus- und Nachwirkungen der mehr als vier Jahrzehnte dauernden kommunistischen Herrschaft zu richten. Dabei ist es wichtig, die Geschichte der DDR und der deutschen Teilung in der Geschichte von Demokratie und Diktatur im Deutschland des 20. Jahrhunderts zu verorten. So ist es nicht nur möglich, Lehren aus der Diktatur zu ziehen, sondern auch die allgemeine Einsicht in die institutionellen Grundlagen der demokratischen Bürgergesellschaft zu fördern, in der alle Deutschen heute vereint sind. Das wäre ein wichtiger Beitrag zur Gestaltung von Deutschlands Gegenwart und Zukunft.

Deutschland in Europa

Ende der deutschen Teilung

Die Wiedervereinigung war ein Ereignis welthistorischen Ausmaßes. Nicht nur die Teilung Deutschlands, sondern auch die Europas war überwunden; der ganze Ostblock brach zusammen und das internationale System veränderte sich grundlegend.

Die Friedliche Revolution in der DDR war dabei Teil der Freiheitsrevolutionen gegen die kommunistische Herrschaft in ganz Osteuropa. Ohne die gravierenden Veränderungen im Ostblock hätte es keine Wiedervereinigung gegeben. Wichtig waren die Entwicklungen in Polen, wo die oppositionelle Gewerkschaftsbewegung Solidarność im Sommer 1989 in die erste annähernd demokratisch gewählte Regierung einmündete, und in Ungarn, wo eine entschiedene Liberalisierungspolitik zur Öffnung der ungarisch-österreichischen Grenze auch für Flüchtlinge aus der DDR führte. Von herausragender Bedeutung war die Veränderung in der Politik der Sowjetunion. Hier kam 1985 mit Michail Gorbatschow ein Politiker an die Macht, der mit seiner Politik von Glasnost und Perestroika das kommunistische System reformieren wollte und doch dessen Zusammenbruch nicht aufhalten konnte. Seiner Politik der Nichteinmischung ist es zu verdanken, dass die Revolution in der DDR unblutig verlief. Die internationalen Verhandlungen ebneten schließlich den außenpolitischen Weg zur deutschen Einheit. Diese wurde allerdings nur möglich, weil sich die Menschen in der DDR zuvor selbst gegen die SED-Herrschaft aufgelehnt hatten. Durch Massenflucht und Massendemonstrationen führten sie den Zusammenbruch des kommunistischen Regimes herbei, durch ihr mutiges und entschlossenes Handeln eröffneten sie den Weg zur Vereinigung.

1989/90 sind wir Zeugen eines Epochenumbruchs geworden. Der Kalte Krieg in Europa und der Welt fand ein Ende, der Ost-West-Konflikt war Vergangenheit. Der kommunistische Ostblock hörte auf zu existieren. In dieser welthistorisch einmaligen Phase wurde Deutschland friedlich und mit Zustimmung aller Nachbarn wiedervereinigt. Bei einigen europäischen Partnerländern mischten sich zunächst noch die Erinnerungen an die unheilvolle Vernichtungspolitik des Hitler-Staates mit diffusen Befürchtungen vor einem hegemonialen Anspruch oder der wirtschaftlichen Dominanz Deutschlands. Man fürchtete eine signifikante Verschiebung des europäischen Gleichgewichts. Doch die Mehrheit von ihnen kam zu der Erkenntnis, dass mit der Einheit Deutschlands eine Quelle der Instabilität und der Krisen in Europa beseitigt werden konnte. Zum ersten Mal in ihrer Geschichte leben die Deutschen seither in einem Land, das keine Feinde hat.

Europäische Einigung

Das vereinigte Deutschland stand mit dem Zusammenbruch der alten Weltordnung außenpolitisch vor neuen Aufgaben. Die Auflösung der bipolaren Weltordnung hatte den Deutschen nicht nur die Wiedervereinigung gebracht, sondern mit dieser nach langen Jahrzehnten auch wieder die volle Souveränität. Die Erwartungen der Nachbarn an die Deutschen, die mit der Wiedervereinigung ihr größtes politisches Ziel erreicht hatten, waren beträchtlich. Das galt für die alten Verbündeten im Westen ebenso wie für die Staaten des ehemaligen Ostblocks. Auf die nationale Einheit hatte nun – insbesondere in Hinblick auf die osteuropäischen Länder – die europäische Einheit zu folgen. Der Eiserne Vorhang hatte nicht nur die deutsche Nation, sondern auch Westeuropa von Osteuropa getrennt. Durch die Überwindung des Ost-West-Gegensatzes boten sich neue Perspektiven für die Gestaltung eines einigen Europas und für eine tragfähige gesamteuropäische Friedensordnung. In diesem Prozess kam dem deutschen Staat eine besondere Bedeutung zu. Dabei konnte man sich auf die Grundzüge der deutschen Außenpolitik seit der Gründung der Bundesrepublik stützen. Von Beginn an lag ein breiter außenpolitischer Konsens westdeutscher Regierungen in dem Bemühen nach transatlantischer Partnerschaft und europäischer Integration. Später wurde die Westorientierung ergänzt von einer Politik des Ausgleichs mit den Staaten Osteuropas. Durch diese ausgleichende, in internationale Strukturen eingebundene Außenpolitik gewann Deutschland ein politisches Vertrauen bei seinen europäischen Nachbarn und Partnern, das schließlich den Weg in die Einheit ebnen sollte.

Aufgrund der geopolitischen Lage in der Mitte Europas – im Zentrum der Europäischen Union – kommt Deutschland eine besondere Brückenfunktion zwischen den Ländern West- und Osteuropas zu. Deutschland hat deshalb bei der EU-Osterweiterung 2004 eine zentrale Rolle gespielt. Die Aufnahme der mittelosteuropäischen Staaten in die EU lag nach der Wiedervereinigung im vitalen Interesse der Deutschen. Der europäische Integrationsprozess hat sich als notwendige und tragfähige Rahmenbedingung zur Absicherung von Frieden, Sicherheit und Wohlstand erwiesen. Die Deutschen wissen, dass sie von der politischen Integration in Europa, vom gemeinsamen Markt und dem Euro sowie von den Erweiterungen politisch und wirtschaftlich profitieren. Schließlich haben die Europäische Gemeinschaft (EG) und seit 1992 die Europäische Union (EU) den Vereinigungsprozess nicht nur aktiv begleitet. Mit ihrer Politik der wirtschaftlichen Förderung von Industriezweigen und Regionen hat die EU auch erheblichen Einfluss auf die Entwicklung in Deutschland und die Gestaltung der inneren Einheit genommen. Das gilt unter anderem für den Aufbau tragfähiger Wirtschaftsstrukturen in Ostdeutschland, insbesondere in der Landwirtschaft.

Kosten-Nutzen-Relation der EU

Der Marburger Finanzwissenschaftler Lars P. Feld analysiert die wirtschaftlichen Vorteile der EU für Deutschland und die anderen Mitgliedsstaaten:

»Betrachtet man den Streit um die EU-Finanzen aus einer gewissen Distanz, so wird die Verkürzung auf die Finanzströme aus dem und in den EU-Haushalt noch augenfälliger. Es scheint fast so, als ob der Sinn der Europäischen Union nur in der durch ihren Haushalt ausgelösten Umverteilung zwischen den Mitgliedsländern zu finden sei. Dies verhält sich mitnichten so. Insbesondere lässt eine solche Diskussion in der Regel mehrere Dinge außer Acht, die zumindest für die Einschätzung, inwieweit sich eine EU-Mitgliedschaft ökonomisch lohnt, von erheblicher Bedeutung sind. Dies gilt für einen realistischen Bezugspunkt einer allfälligen Kritik an der EU-Finanzpolitik. Da die EU nun einmal existiert, fällt es ausgesprochen schwer abzuschätzen, wie die Mitgliedsländer ohne sie dastünden. Naturgemäß ist dadurch kein realistischer Vergleich der Effizienz der Landwirtschafts-, Struktur- oder Wirtschaftspolitik mit und ohne Existenz der EU möglich. Man weiß daher nicht, ob die heute diskutierten Ineffizienzen dieser Politiken in der EU bei nationalstaatlicher Verantwortung größer oder kleiner wären. Gerade mit ihrem Binnenmarktprogramm hat die EU unter Beweis gestellt, dass sie eher ein Motor als eine Bremse der Marktliberalisierung in Europa ist. Zweitens liegt der hauptsächliche Vorteil der europäischen Integration in der Schaffung dieses gemeinsamen Marktes und vermutlich auch in der Schaffung der Währungsunion. Die wirtschaftlichen Vorteile, die sich durch eine Intensivierung des internationalen Handels und des Wettbewerbs innerhalb der EU ergeben, fließen jedoch in die Berechnungen der Nettozahler- oder -empfängerpositionen nicht ein. Sie können aber gerade auch aufgrund der Konzentration von Wirtschaftskraft in wirtschaftlichen Zentren regional verschieden ausfallen, sodass die durch die Finanzströme des EU-Haushalts suggerierten wirtschaftlichen Vor- und Nachteile der EU ein falsches Bild zeichnen. Ein dritter fundamentaler Vorteil, nämlich die Wahrung einer friedlichen Nachkriegsordnung, wird schließlich ökonomisch in aller Regel nicht einmal in Ansätzen gewürdigt.«

(Lars P. Feld, Nettozahler Deutschland? Eine ehrliche Kosten-Nutzen-Rechnung, in: Die neue Europäische Union: im vitalen Interesse Deutschlands? Studie zu Kosten und Nutzen der Europäischen Union für die Bundesrepublik Deutschland, hrsg. von Wolfgang Wessels/Udo Diedrichs, Berlin 2006, Seite 94 f.)

Deutsche Außenpolitik

Durch den Zwei-plus-Vier-Vertrag erlangte Deutschland nicht nur seine politische Souveränität. Es hatte durch die Vereinigung in Bezug auf seine zentraleuropäische Lage, den erheblichen Bevölkerungszuwachs um sechzehn Millionen auf knapp achtzig Millionen Einwohner (1990) sowie die vergrößerten Wirtschafts-, Wissenschafts- und Technologiepotenziale erheblich an Gewicht gewonnen. So stellte sich für die Staatenwelt natürlich die Frage nach der neuen Rolle des vereinigten Deutschlands in der internationalen Politik. Würde Europa nunmehr von den Deutschen dominiert werden? Würde sich Deutschland vom Westen ab und Mittelosteuropa zuwenden? Würde die Bundesrepublik jetzt eine eigenständigere Politik betreiben? Zunächst schien sich mit der Vereinigung keine Notwendigkeit für Änderungen in der deutschen Außenpolitik zu ergeben. Die Bundesregierungen verzichteten auf eine weitgehende außenpolitische Autonomie und betonten weiterhin die Integration in gesamteuropäische Politik-, Wirtschafts- und Sicherheitsstrukturen. Diese Haltung lag in der Kontinuität der bisherigen Außenpolitik begründet und entsprach zugleich den neuen Bedingungen. In der zunehmend komplexeren Welt ist es heute keinem Staat mehr möglich, seine Interessen erfolgreich alleine wahrzunehmen. Sowohl in den klassischen Bereichen der Sicherheits-, Finanz- und Wirtschaftspolitik als auch angesichts neuer Herausforderungen, wie zunehmender Globalisierung, internationalem Terrorismus und Kriminalität, Klimawandel und humanitären Katastrophen kann Deutschland den Herausforderungen nur gemeinsam mit seinen europäischen und transatlantischen Partnern begegnen.

Gleichwohl galt es, sich den veränderten internationalen Rahmenbedingungen seit dem Ende des Ost-West-Konflikts anzupassen. Erst nach der Jahrtausendwende hat die Bundesrepublik in vollem Umfang den neuen außenpolitischen Spielraum genutzt, den sie mit der staatlichen Einheit 1990 erlangt hatte. Deutschland übernahm maßgeblich Verantwortung für die internationale Sicherheit und engagiert sich im Rahmen des kollektiven Sicherheitssystems seit 2002 mit Tausenden Bundeswehrsoldaten in Afghanistan. Schon zuvor hatte sich die Bundeswehr im Rahmen internationaler Mandate an der Befriedung des Balkans (Bosnien, Kosovo) beteiligt. Zugleich fördert Deutschland zunehmend die Schaffung zivilgesellschaftlicher Strukturen im internationalen Maßstab, engagiert sich weltweit bei der Katastrophenhilfe und bei Dialoglösungen in internationalen Konfliktregionen wie zum Beispiel dem Nahen Osten. Dass die Bundesrepublik diese neue Rolle ausfüllen kann, liegt vor allem an der Reputation und Glaubwürdigkeit, die sie sich in der internationalen Staatenwelt über Jahrzehnte hinweg aufgebaut hat. Während des Kalten Krieges hatte sie in besonderer Weise die Grenzen ihres eigenen außenpolitischen Handelns anerkannt und sich stets auf das Mögliche und Erforderliche im internationalen Rahmen konzentriert. Das vereinte Deutschland hat gezeigt, dass es den Grundlagen seiner bewährten Außenpolitik treu geblieben, dem über viel Jahrzehnte erworbenen Vertrauen gerecht geworden ist und mit seiner neuen Verantwortung umzugehen versteht.

Literatur

Chronik der Wende. Die Ereignisse in der DDR zwischen 7. Oktober 1989 und 18. März 1990, hrsg. von Hannes Bahrmann und Christoph Links, 12. Aufl., Berlin 2009. – *Umfassende Chronik vom revolutionären Aufbruch im Herbst 1989 bis zur Vollendung der deutschen Einheit am 3. Oktober 1990.*

Die deutsche Vereinigung. Dokumente zu Bürgerbewegung, Annäherung und Beitritt, hrsg. von Volker Gransow und Konrad H. Jarausch, Köln 1991. – *Die Dokumentation enthält Materialien aus den Jahren 1989/90 zu fast allen Aspekten des Einigungsprozesses.*

Dokumente zur Deutschlandpolitik. Deutsche Einheit. Sonderedition aus den Akten des Bundeskanzleramtes 1989/90, bearb. von Hanns Jürgen Küsters und Daniel Hofmann, München 1998. – *Vor Ablauf der allgemeinen Sperrfrist für Archivgut Publizierung einer umfangreichen Sammlung offizieller, interner und vertraulicher Dokumente aus dem Bundeskanzleramt, die den nationalen und internationalen Weg zu Wiedervereinigung belegen.*

Funken, Michael, Das Jahr der Deutschen. Die glückliche Geschichte von Mauerfall und deutscher Einheit, München 2008. – *Journalistisch aufbereitete Darstellung verschiedener Ereignisse auf dem Weg zur deutschen Einheit.*

Das ganze Deutschland. Reportagen zur Einheit, hrsg. von Rainer Eppelmann, Markus Meckel und Robert Grünbaum, Berlin 2005. – *Das Buch versammelt zahlreiche Zeitungs- und Zeitschriftenreportagen renommierter Journalisten, welche die verschiedenen Phasen des Einigungsprozesses vom Mauerfall bis zur Gegenwart des vereinten Deutschland anschaulich illustrieren.*

Görtemaker, Manfred, Die Berliner Republik. Wiedervereinigung und Neuorientierung, Berlin 2009. – *Der Band beschreibt die Entwicklung Deutschlands seit 1989/90. Mauerfall und Wiedervereinigung, die Gestaltung einer neuen gesamtdeutschen Innen- und Außenpolitik im*

Kontext der jüngeren deutschen Vergangenheit, die Wandlung des Parteiensystems und die Ausgestaltung der inneren Einheit werden dabei in den Blick genommen.

Grosser, Dieter, Das Wagnis der Währungs-, Wirtschafts- und Sozialunion. Politische Zwänge im Konflikt mit ökonomischen Regeln, Stuttgart 1998. – *Vorgeschichte, Entscheidungs- und Verhandlungsprozess des ersten Staatsvertrages werden in dieser umfassenden Studie detailliert dargestellt.*

Hertle, Hans-Hermann, Chronik des Mauerfalls. Die dramatischen Ereignisse um den 9. November 1989, 11. erw. Aufl., Berlin 2009. – *Weniger Chronik als eine genaue Darstellung der unmittelbaren Vorgeschichte, der Hintergründe und des Verlaufs des Mauerfalls.*

Jäger, Wolfgang, Die Überwindung der Teilung. Der innerdeutsche Prozeß der Vereinigung 1989/90, Stuttgart 1998. – *Es werden die Entwicklung der DDR zur Demokratie sowie die innerdeutschen Entscheidungen und Verhandlungen, die zur deutschen Einheit führten, eingehend und mit viel Detailwissen beschrieben.*

Jarausch, Konrad H., Die unverhoffte Einheit 1989–1990, Frankfurt am Main 1995. – *Von der Massenflucht des Sommers 1989 bis zum 3. Oktober 1990 werden die Ereignisse zur deutschen Vereinigung dargestellt und analysiert.*

Kowalczuk, Ilko-Sascha, Endspiel. Die Revolution von 1989 in der DDR, München 2009. – *Das Buch schildert, warum und wie es 1989 zur Revolution in der DDR kam und welche Entwicklungen die Zeit zwischen dem Sommer 1989 und den freien Volkskammerwahlen vom 18. März 1990 prägten.*

Lindner, Bernd, Die demokratische Revolution in der DDR 1989/90, Bonn 2001. – *Mit zahlreichen Bild- und Textdokumenten illustrierte Schilderung des revolutionären Umbruchs.*

Mählert, Ulrich, Kleine Geschichte der DDR, 6. überarb. Aufl., München 2009. – *Kompakte Gesamtdarstellung der Geschichte der DDR von ihrer Vorgeschichte seit 1945 bis zur deutschen Einheit, welche die einzelnen historischen Etappen in ihren Charakteristika und mit den sie tragenden Persönlichkeiten darstellt.*

Materialien der Enquête-Kommission »Aufarbeitung von Geschichte und Folgen der SED-Diktatur in Deutschland«, hrsg. vom Deutschen Bundestag, Bd. 1–9 in 18 Teilbd., Baden-Baden 1995. – *Die mit mehr als 15 200 Seiten umfangreichste Gesamtschau zur Geschichte des SED-Staates. Band 7 befasst sich ausführlich mit der Friedlichen Revolution im Herbst 1989 und der Wiedervereinigung Deutschlands.*

Materialien der Enquête-Kommission »Überwindung der Folgen der SED-Diktatur im Prozess der deutschen Einheit«, hrsg. vom Deutschen Bundestag, Bd. 1–8 in 14 Teilbd., Baden-Baden 1999. – *Ausführliche Studien, Stellungnahmen und Expertisen von Politikern, Wissenschaftlern und Experten zum deutschen Einigungsprozess seit 1990.*

Neubert, Ehrhart, Unsere Revolution. Die Geschichte der Jahre 1989/90. München 2008 (in Zusammenarbeit mit der Bundesstiftung zur Aufarbeitung der SED-Diktatur). – *Als Zeitzeuge und Zeithistoriker zugleich schildert, deutet und strukturiert Ehrhart Neubert in dieser ersten Gesamtdarstellung die Geschichte der Friedlichen Revolution und deutschen Einheit 1989/90.*

Paqué, Karl-Heinz, Die Bilanz. Eine wirtschaftliche Analyse der deutschen Einheit, München 2009. – *Gründliche Untersuchung der wirtschaftspolitischen Entscheidungen bei der Herstellung der deutschen Einheit sowie eine Bilanz des Aufbaus Ost seit 1990.*

Revolution und Vereinigung 1989/90. Als in Deutschland die Realität die Phantasie überholte, hrsg. von Klaus-Dietmar Henke, München 2009. – *Historiker und Mitgestalter von Friedlicher Revolution und Vereinigungsprozesses entwerfen ein vielschichtiges Bild der historischen Ereignisse und ihrer Folgen bis in die Gegenwart.*

Ritter, Gerhard A., Der Preis der deutschen Einheit. Die Wiedervereinigung und die Krise des Sozialstaates, 2. erw. Aufl., München 2007. – *Gründliche und quellengesättigte Analyse des deutschen Einigungsprozesses und der daraus resultierenden sozialen Entwicklungen in Deutschland.*

Rödder, Andreas, Deutschland einig Vaterland. Die Geschichte der Wiedervereinigung, München 2009. – *Auf der Grundlage intensiver Quellenforschungen und zahlreicher Zeitzeugengespräche ist eine umfassende Darstellung des deutschen Vereinigungsprozesses entstanden.*

Schröder, Klaus, Die veränderte Republik. Deutschland nach der Wiedervereinigung, München 2006. – *Analyse der ökonomischen, sozialen, politischen und kulturellen Dimensionen des Transformationsprozesses im wiedervereinigten Deutschland seit 1990.*

Schröder, Richard, Die wichtigsten Irrtümer über die deutsche Einheit, Freiburg 2010. – *Pointierte Auseinandersetzung mit Mythen und Legenden zur DDR, zum Vereinigungsprozess und zu der Entwicklung des vereinten Deutschlands.*

Schuller, Konrad, Die deutsche Revolution 1989, Berlin 2009. – *Auf der Basis ausgiebiger Quellenrecherchen und zahlreicher Zeitzeugen-*

interviews wird ein vielschichtiges Bild der Friedlichen Revolution und der Vereinigung entworfen.

Weber, Hermann, Die DDR 1945–1990, 3. überarb. und erw. Auflage, Oldenbourg 2000. – *Neben einer Darstellung der gesamten Geschichte der Sowjetischen Besatzungszone und DDR steht ein ausführlicher Forschungsbericht sowie eine umfangreiche wissenschaftliche Bibliografie.*

Der Weg zur Deutschen Einheit. Mythen und Legenden, hrsg. von Andreas H. Apelt, Robert Grünbaum, Martin Gutzeit, Berlin 2010. – *Durch wissenschaftliche Analysen sowie Gespräche mit zahlreichen Akteuren und Beobachtern des Geschehens wird der Prozess der Vereinigung ebenso detailliert wie authentisch nachgezeichnet. Zugleich findet eine Auseinandersetzung mit zahlreichen Vorurteilen und Klischees rund um den Vereinigungsprozess statt.*

Weidenfeld, Werner, Außenpolitik für die deutsche Einheit, Stuttgart 1998. – *Eingehende, faktenreiche Darstellung und Analyse des außenpolitischen Weges zur Wiedervereinigung.*

Wer war wer in der DDR? Ein Lexikon ostdeutscher Biographien, hrsg. von Helmut Müller-Enbergs u. a., 2 Bde., 5. überarb. und erw. Aufl., Berlin 2010. – *Umfassendes biografisches Nachschlagewerk zur Geschichte der DDR sowie zu Personen aus Ostdeutschland.*

Wolle, Stefan, Die heile Welt der Diktatur. Alltag und Herrschaft in der DDR 1971–1989, 3., aktual. und erw. Auflage, Berlin 2009. – *Ein prägnanter, wissenschaftlich fundierter Überblick über Staat und Gesellschaft der DDR in den letzten beiden Jahrzehnten ihrer Existenz, von den Alltagserfahrungen ihrer Bewohner bis zu den Herrschaftspraktiken der SED-Staates.*

Bildnachweis

Seite 10: Bundesarchiv, Bild 183-H27035
Seite 12: oben: Bundesregierung/Hubmann
unten: Bundesarchiv, Bild 183-S88796/Zühlsdorf
Seite 17: Bundesstiftung zur Aufarbeitung der SED-Diktatur, Fotobestand Klaus Mehner
Seite 20: Bundesregierung/Reinecke
Seite 23: Bundesregierung/Schaack
Seite 39: Bundesstiftung zur Aufarbeitung der SED-Diktatur, Fotobestand Klaus Mehner
Seite 42: Bundesstiftung zur Aufarbeitung der SED-Diktatur, Fotobestand Uwe Gerig
Seite 49: Bundesstiftung zur Aufarbeitung der SED-Diktatur, Fotobestand Klaus Mehner
Seite 52: Bundesstiftung zur Aufarbeitung der SED-Diktatur, Fotobestand Klaus Mehner
Seite 53: Bundesregierung/Schambeck
Seite 57: Bundesarchiv, Bild 183-1990-0922-002/Gahlbeck
Seite 63: Bundesstiftung zur Aufarbeitung der SED-Diktatur, Fotobestand Klaus Mehner
Seite 65: Bundesstiftung zur Aufarbeitung der SED-Diktatur, Fotobestand Klaus Mehner
Seite 69: Bundesstiftung zur Aufarbeitung der SED-Diktatur, Fotobestand Klaus Mehner
Seite 73: Bundesregierung/Specht
Seite 80: Bundesregierung/Lehnartz
Seite 87: Bundesarchiv, Bild 183-1989-1219-034/Mittelstädt
Seite 92: Bundesarchiv, Bild 183-1990-0214-026/Häßler
Seite 96: Bundesstiftung zur Aufarbeitung der SED-Diktatur, Fotobestand Klaus Mehner
Seite 109: Bundesarchiv, Bild 183-1990-0412-019/Oberst

Seite 115: Bundesregierung/Lehnartz
Seite 121: Bundesregierung/Kühler
Seite 129: Bundesarchiv, Bild 183-1990-1006-012/Wüstneck
Seite 132: Bundesregierung/Schambeck
Seite 133: Bundesregierung/Schambeck
Seite 144: Bundesstiftung zur Aufarbeitung der SED-Diktatur, Fotobestand Klaus Mehner
Seite 152: Bundesregierung/Lehnartz
Seite 155: Bundesarchiv; Bild 183-1990-1002-003/Bauer
Seite 158: Bundesarchiv, Bild 183-1990-1115-009/Schindler
Seite 159: Bundesregierung/Kirschner
Seite 166: Bundesregierung
Seite 170: Bundesregierung/Reineke
Seite 171: Bundesregierung/Schambeck
Seite 172: Bundesregierung/Fassbender
Seite 181: Bundesstiftung zur Aufarbeitung der SED-Diktatur, Alexander Thies
Seite 183: Bundesregierung
Seite 186: Bundesstiftung zur Aufarbeitung der SED-Diktatur